Goldmann JURA
Band 8335
—
Hans-Jörg Koch / Hans Walter
Nach dem Verkehrsunfall –
Was tun?

# Nach dem Verkehrsunfall - Was tun?

Ein Verkehrsrichter und ein erfahrener
Anwalt beraten die Verkehrsteilnehmer

Von

Dr. Hans-Jörg Koch

Richter

und

Dr. Hans Walter

Rechtsanwalt

3. Auflage

WILHELM GOLDMANN VERLAG

MÜNCHEN

70512 · Made in Germany · III · 31135
© 1966, 1967, 1975 by Wilhelm Goldmann Verlag, München. Druck: Presse-
Druck Augsburg. Verlagsnummer 8335 · Pe/ho
ISBN 3-442-08335-4

# Inhalt

Vorwort . . . . . . . . . . . . . . . . . . . . . . . 9

**Erster Teil:**
Wie vermeidet man strafrechtliche Folgen? . . . . . . . . 11

A. Was tun, bevor die Polizei kommt? . . . . . . . . . . . 13
   **I. Hilfe leisten ist erstes Gebot!** . . . . . . . . . . . 13
      1. Jeder ist verpflichtet . . . . . . . . . . . . 13
      2. Der Helfer muß sich nicht aufopfern . . . . . . 14
   **II. Was ist „Unerlaubtes Entfernen vom Unfallort"?** . . . 15
      1. Was ist ein „Verkehrsunfall"? . . . . . . . . . 17
      2. Wartepflicht bei Bagatellschäden . . . . . . . 17
      3. Wer darf weiterfahren? . . . . . . . . . . . 18
      4. Wer muß warten? . . . . . . . . . . . . . 19
      5. Wie lange und auf wen muß gewartet werden? . . 20
      6. Was man nicht zu tun braucht . . . . . . . . . 21
      7. Welche Feststellungen müssen ermöglicht werden? . . . 21
      8. Meldepflicht nach berechtigtem Entfernen vom Unfallort . 24
      9. Die Konsequenzen . . . . . . . . . . . . . 25
   **III. An was man sonst noch denken sollte** . . . . . . . 25
      1. Schutz des fließenden Verkehrs . . . . . . . . 25
      2. Sicherung von Beweismitteln . . . . . . . . . 26
      3. Einigung oder Polizei? . . . . . . . . . . . . 28
      4. Das Abschleppen . . . . . . . . . . . . . . 29

B. Was ist der Polizei erlaubt? . . . . . . . . . . . . . . 29
      1. Die Personalien muß man angeben . . . . . . . 30
      2. Auszusagen braucht man nicht . . . . . . . . 30
      3. Kraftfahrzeugpapiere vorzeigen! . . . . . . . . 32
      4. „Hauchen Sie mal!" . . . . . . . . . . . . . 32
      5. Festnahme zur Ausnüchterung . . . . . . . . 34
      6. Der Führerschein in Gefahr . . . . . . . . . . 35
      7. Kann das Fahrzeug weggenommen werden? . . . 35
      8. Die gebührenpflichtige Verwarnung . . . . . . 36

C. Was ist nach der Unfallaufnahme zu beachten? . . . . . . 37
      1. Strafantrag und Nebenklage – wozu und wann? . . . . 37
      2. Verkehrsverstöße können verjähren . . . . . . 38

D. Wie verhält man sich im Strafverfahren? . . . . . . . . . 39
   **I. Der Strafbefehl und was sich dagegen unternehmen läßt** . . 39
      1. Verfahren für einfache Fälle . . . . . . . . . 40
      2. Soll ich zahlen oder nicht? . . . . . . . . . . 41

## Inhalt

   3. Wenn man die Frist verpaßt . . . . . . . . . . 42
   4. Der Einspruch . . . . . . . . . . . . . . . . 43
   5. Für welche Fälle ist der Einspruch nicht vorgesehen? . . 44
 **II. Die Gerichtsverhandlung** . . . . . . . . . . . . . 45
   1. Die Anklageschrift . . . . . . . . . . . . . . 45
   2. Die Zeit vor der Strafsitzung . . . . . . . . . . 46
   3. Verhandlung ohne den Angeklagten? . . . . . . . 46
   4. Was in der Strafsitzung geschieht . . . . . . . . 47
   5. Verurteilt – was nun? . . . . . . . . . . . . . 49
   6. Welche Strafen gibt es? . . . . . . . . . . . . 50
 **III. Schuldig – und doch straflos** . . . . . . . . . . . 52
   1. Einstellung des Verfahrens wegen Geringfügigkeit . . 53
   2. Absehen von Strafe . . . . . . . . . . . . . . 56
 **IV. Speziell: Das Bußgeldverfahren** . . . . . . . . . . 56

E. **Wenn das Gericht gesprochen hat** . . . . . . . . . . . 58
 **I. Strafaufschub und Ratenzahlung** . . . . . . . . . . 58
   1. Wenn man ins Gefängnis soll . . . . . . . . . . 58
   2. Wenn man zahlen soll . . . . . . . . . . . . 59
 **II. Was tun nach Führerscheinentzug?** . . . . . . . . . 59
   1. Wer darf was entziehen? . . . . . . . . . . . . 59
   2. Führerscheinwegnahme durch die Polizei – was nun? . . 60
   3. Die vorläufige Entscheidung des Gerichts . . . . . 61
   4. Die endgültige Entscheidung des Gerichts . . . . . 63
   5. Dauer und Umfang der Entziehung . . . . . . . . 63
   6. Kann man die endgültige Entziehung anfechten? . . . 64
   7. Das Fahrverbot . . . . . . . . . . . . . . . 65
   8. Die Abkürzung der Sperrfrist bei Führerscheinentzug . 65
   9. Sie müssen einen Antrag stellen . . . . . . . . . 66
   10. So wird der Antrag formuliert . . . . . . . . . 67
   11. Gründe zur Abkürzung der Sperrfrist . . . . . . . 67
   12. Der Antrag muß gut belegt sein . . . . . . . . . 70
   13. Letzte Hürde: das „Führerscheinamt" . . . . . . . 70
   14. Der Führerscheinentzug durch die Verwaltungsbehörde . 71
 **III. Wer ist vorbestraft?** . . . . . . . . . . . . . . . 72
   1. Wo wird was eingetragen? . . . . . . . . . . . 72
   2. Wann werden die Eintragungen wieder gelöscht? . . . 74
 **IV. Die Verkehrssünderkartei – ein Schreckgespenst?** . . . 74
   1. Wozu dient die Kartei? . . . . . . . . . . . . 75
   2. Meldung, Auskünfte, Tilgung . . . . . . . . . . 76

## Zweiter Teil:
Schadenersatz und Versicherung . . . . . . . . . . . . 79

A. Was ist nach einem Schadensfall zu tun? . . . . . . . . 81
 **I. Beweissicherung** . . . . . . . . . . . . . . . . 81

## Inhalt

**II. Pflichten gegenüber der Versicherung** . . . . . . . . 85
  1. Um welche Versicherung handelt es sich? . . . . . 85
  2. Folgen der sogenannten Obliegenheitsverletzungen . 86
  3. Welche Pflichten sind nach dem Unfall zu beachten? . 86
    a) Aufklärungspflicht . . . . . . . . . . . . . 86
    b) Schadensminderungspflicht . . . . . . . . . . 94
    c) Anmeldefrist . . . . . . . . . . . . . . . . 95
  4. Was tun, wenn gegen Sie Ansprüche erhoben werden? . 96
    a) Schuldbekenntnis und Zahlung verboten! . . . . 96
    b) Meldung an die Versicherung . . . . . . . . . 98
    c) Anzeige von Gerichtsverfahren . . . . . . . . 98
  5. Verhalten bei Zahlungsbefehl und Klage . . . . . . 99
    a) Eigene Maßnahmen . . . . . . . . . . . . . 99
    b) Den Prozeß führt die Versicherung . . . . . . 100
  6. Vor einer Reparatur: die Kaskoversicherung fragen! . 101
  7. Bei Entwendungs- oder Brandschaden: Anzeige bei der Polizei! . . . . . . . . . . . . . . . . . . . . . 101
  8. Bei Körperschäden: Arzt aufsuchen! . . . . . . . . 101
  9. Bei Todesfall: Meldung an die Versicherung! . . . . 102
**III. Geltendmachung eigener Ansprüche** . . . . . . . . . 102
  1. Fristen . . . . . . . . . . . . . . . . . . . . . 102
    a) Anzeigefristen . . . . . . . . . . . . . . . . 102
    b) Klagefristen . . . . . . . . . . . . . . . . . 104
    c) Verjährungsfristen . . . . . . . . . . . . . . 105
  2. Der Rechtsweg . . . . . . . . . . . . . . . . . 107

**B. Der Schaden** . . . . . . . . . . . . . . . . . . . . 109
 **I. Welcher Schaden wird ersetzt?** . . . . . . . . . . . 109
  1. Der Unfall als Verletzungshandlung . . . . . . . . 109
  2. Nicht ärmer und nicht reicher als vor dem Unfall! . . 110
  3. Der Richter kann schätzen . . . . . . . . . . . . 111
  4. Welche einzelnen Schäden werden ersetzt? . . . . . 111
  5. Ursächlicher Zusammenhang . . . . . . . . . . . 113
 **II. Wer kann Ansprüche erheben?** . . . . . . . . . . . 114
  1. Die unmittelbar Unfallbeteiligten . . . . . . . . . 114
  2. Der Hilfeleistende . . . . . . . . . . . . . . . 115
  3. Der Verfolger . . . . . . . . . . . . . . . . . 116
  4. Selbstaufopferung . . . . . . . . . . . . . . . 117
  5. Mittelbar Geschädigte . . . . . . . . . . . . . 118
    a) Die allgemeine Regel . . . . . . . . . . . . . 118
    b) Ansprüche der Hinterbliebenen . . . . . . . . 119
    c) Ersatz für entgangene Dienstleistungen . . . . . 120
  6. Ansprüche aus Beförderungsvertrag . . . . . . . . 121
  7. Der Gefälligkeitsfahrgast . . . . . . . . . . . . 123
 **III. Gegen wen können Ansprüche erhoben werden?** . . . 125
  1. Ansprüche gegen den Kraftfahrzeughalter . . . . . 125

## Inhalt

2. Ansprüche gegen den Fahrer . . . . . . . . . . 128
3. Ansprüche gegen den Geschäftsherrn des Fahrers . . . 129
4. Ansprüche gegen Eltern und andere Aufsichtspflichtige . 131
5. Ansprüche gegen Tierhalter . . . . . . . . . . 132
6. Ansprüche gegen Bahn- und Luftfahrtunternehmer . . 133
7. Ansprüche gegen Arbeitnehmer, Arbeitskameraden und Arbeitgeber . . . . . . . . . . . . . . 134
   a) Haftung des Arbeitnehmers . . . . . . . . 134
   b) Haftung des Arbeitgebers . . . . . . . . . 136
   c) Haftung unter Arbeitskameraden . . . . . . 137
8. Ansprüche gegen Verkehrssicherungspflichtige . . . . 137
9. Ansprüche gegen Hoheitsträger . . . . . . . . . 141
   a) Postfahrzeuge . . . . . . . . . . . . . 141
   b) Polizei . . . . . . . . . . . . . . . 141
   c) Bundeswehr . . . . . . . . . . . . . 143
   d) NATO-Streitkräfte . . . . . . . . . . . 143
IV. **Mitverschulden und Schadensausgleich** . . . . . . . 144
V. **Die einzelnen Schadensarten** . . . . . . . . . . 148
   1. Der Sachschaden . . . . . . . . . . . . . 148
      a) Finanzierungsfragen . . . . . . . . . . 148
      b) Der Fahrzeugschaden . . . . . . . . . . 150
      c) Mietwagenkosten, Nutzungsausfall . . . . . 158
      d) Schaden an Kleidung und mitgeführten Sachen . . 163
   2. Der Personenschaden . . . . . . . . . . . 164
      a) Beerdigungskosten . . . . . . . . . . . 164
      b) Kosten der Heilung . . . . . . . . . . 165
      c) Erwerbsausfall . . . . . . . . . . . . 166
      d) Vermehrung der Bedürfnisse . . . . . . . 168
      e) Schmerzensgeld . . . . . . . . . . . . 169

Sachregister . . . . . . . . . . . . . . . . . . 177

# Vorwort zur 1. Auflage

Auch der korrekteste Autofahrer und jeder, der sich redlich bemüht, die Verkehrsvorschriften zu befolgen, kann in einen Verkehrsunfall verwickelt werden. Ob er daran schuld ist, das stellt sich sehr oft erst viel später heraus. Ganz unabhängig von der Schuldfrage muß man aber schon unmittelbar, nachdem es „gekracht" hat, im eigenen Interesse vieles überlegen. Was muß man tun, um sich eventuelle Schadenersatzansprüche zu sichern? Wozu ist man verpflichtet, will man sich nicht wegen Unfallflucht oder unterlassener Hilfeleistung strafbar machen? Welche Befugnisse hat die Polizei, wenn sie am Unfallort erscheint, und was darf sie nicht tun?

Wer sich nie um diese Fragen gekümmert hat, wird recht hilflos auf der Straße stehen und kann größte Nachteile erleiden. Bei einer Umfrage unter Führerscheinprüflingen konnten 57% nicht sagen, wie sie sich bei einem Verkehrsunfall verhalten würden. Viele erklärten, in der Fahrschule sei dies nicht gelehrt worden, andere wollten wissen, wo man sich informieren könne. Auch wenn die polizeiliche Vernehmung vorüber ist, heißt es Entschlüsse fassen, um seine Rechte und Interessen zu wahren: Welche Schäden kann man ersetzt verlangen, wie steht es bei Gefälligkeitsfahrten, was hat es mit dem Schmerzensgeld auf sich, welche Wirkungen hat ein Abfindungsvergleich? Und wenn ein Strafbefehl ins Haus geflattert kommt oder der Führerschein eingezogen worden ist: Was kann man dagegen unternehmen? Wann gilt man als „vorbestraft", und wann wird ein Verstoß in die Verkehrssünderkartei eingetragen?

Tausend Fragen, auf die der Laie keine Antwort weiß. In komplizierten Fällen wird er sich natürlich an einen Rechtsanwalt wenden müssen. Aber ein „Grundwissen" sollte jeder Verkehrsteilnehmer haben – es ist heute ebenso wichtig wie die Lektüre der Tageszeitung. Diese Kenntnisse möchte unser Taschenbuch vermitteln. Es ist aus der Praxis heraus für den juristischen Laien geschrieben, wird aber auch dem nicht mit Verkehrsproblemen befaßten Juristen nützliche Hinweise geben können. Im ersten Teil behandelt ein Verkehrsrichter die strafrechtlichen, im zweiten Teil ein erfahrener Anwalt die zivilrechtlichen Fragen, die sich aus einem Verkehrsunfall ergeben.

Wörrstadt/Rheinhessen
und Düsseldorf, im Winter 1967                       Die Verfasser

# Vorwort zur 3. Auflage

Seit dem Erscheinen der 1. Auflage sind die verschiedenen Regelungen des Straßenverkehrsrechts vielfach geändert worden (zuletzt durch die Neufassung des „Unfallflucht"-Tatbestandes, § 142 Strafgesetzbuch). Neu gestaltet wurden auch der Allgemeine Teil des Strafgesetzbuches (vor allem das Geldstrafen-System: Einführung von Tagessätzen), das Bußgeldverfahren (Ordnungswidrigkeitengesetz), die Strafprozeßordnung sowie die Erfassung und Tilgung von Vorstrafen (Bundeszentralregistergesetz). Dies, sowie eine umfangreiche neue Rechtsprechung, die das Verhalten nach dem Verkehrsunfall (Schuldbekenntnis, Hilfeleistungspflicht, Obliegenheiten gegenüber der Versicherung) und die Schadensregulierung betrifft (Gleichberechtigungsgrundsatz, Lohnfortzahlung im Krankheitsfall, gestiegene Schmerzensgeldsätze), machten eine Überarbeitung des Bandes notwendig, damit er seinen Zweck erfüllt, ein zuverlässiger Wegweiser für Unfallbetroffene zu sein.

Wörrstadt/Rheinhessen
und Düsseldorf, im Sommer 1975

Die Verfasser

ERSTER TEIL

# Wie vermeidet man strafrechtliche Folgen?

# A. Was tun, bevor die Polizei kommt?

## I. Hilfe leisten ist erstes Gebot!

*Zuerst der Mensch – dann erst die Frage nach der Schadenshaftung und der eventuellen Strafbarkeit.* Das sollte für jeden Verkehrsteilnehmer eine Selbstverständlichkeit sein. Und das Gesetz fordert es. Nicht der Ruf nach der Polizei, sondern die Sorge um den Verletzten ist nach einem Verkehrsunfall dringend. Leider läßt schon die Lektüre der Tagespresse erkennen, daß diese Regel auch den Kraftfahrern oft unbekannt ist. Viele fahren aus Bequemlichkeit oder um ein dringendes Geschäft nicht zu verpassen an einer Unfallstelle vorüber – sie mindern vielleicht aus Neugier kurz die Geschwindigkeit, um dann aber um so kräftiger Gas zu geben nach dem Motto: „Mir könnte so etwas nicht passieren...!" Sie vergessen dabei etwas sehr Wesentliches: daß nämlich ein derartiges Verhalten nicht nur menschlich verwerflich ist, sondern auch strafbar sein kann – Freiheitsstrafe bis zu einem Jahr oder Geldstrafe bis zu 360 Tagessätzen stehen nach § 330 c des Strafgesetzbuches[1] darauf!

Wann muß man nun helfend eingreifen? Wozu ist man im einzelnen verpflichtet?

### 1. Jeder ist verpflichtet

Viele glauben, nur Ärzte oder die Insassen eines der am Unfall beteiligten Fahrzeuge müßten sich um Verletzte oder um das beschädigte Fahrzeug des „anderen" kümmern. Das ist ein Irrtum! Auch völlig Unbeteiligte müssen notfalls eingreifen: Der zufällige Passant, die Hausfrau, die am Fenster ihrer Wohnung Augenzeugin der Karambolage wird, der telefonisch verständigte Inhaber einer Reparaturwerkstätte mit Abschleppwagen – sie alle sind angesprochen und dürfen sich nicht „drücken", um Unannehmlichkeiten aus dem Wege zu gehen.

Eine Hilfeleistungspflicht besteht vor allem, wenn ein Mensch verletzt worden ist. Aber auch einen Verkehrstoten muß man zum Fahrbahnrand schaffen, damit andere nicht gefährdet werden! Auch wenn ein Fahrzeug wegen Motorschadens auf der Straße stehengeblieben ist, wenn ein Betrunkener in der Fahrbahn liegt, wenn

---

[1] Abgedruckt in „Strafgesetzbuch", Goldmann JURA Band 8015.

ein Stück der Ladung eines Lastwagens auf die Straße gefallen ist, kann – vor allem bei Nacht – eine Pflicht zum Eingreifen bestehen. Man muß nicht nur dann anhalten, wenn einer der Unfallbeteiligten oder gar die Polizei einen durch Zeichen ausdrücklich dazu auffordert. Vielmehr muß man von sich aus zur Unfallstelle gehen und sich und eventuell auch das eigene Fahrzeug in angemessenem Ausmaß zur Verfügung stellen. Daß dies mit Zeitverlust und anderen Unerfreulichkeiten verbunden ist, spielt keine Rolle.

Andererseits braucht man natürlich nicht mehr zu helfen, wenn schon genügend andere sich bemüht haben, also sichere Gewähr für sofortige Hilfe besteht. Zunächst einmal muß man sich aber vergewissern, ob dies tatsächlich der Fall ist. Debattieren die schon anwesenden Passanten noch unentschlossen darüber, was am besten zu tun sei, dann ist man selbst noch immer hilfepflichtig, und man ist es so lange, bis die eigene Hilfe überflüssig ist. Worin diese Hilfe im einzelnen zu bestehen hat, läßt sich schwer allgemein sagen. Das Wichtigste ist der Abtransport des Verletzten. Vorsicht aber bei schweren Verletzungen, wenn man keine Kenntnisse in Erster Hilfe hat! Besser ist die Verständigung der nächsten Unfallmeldestelle (wenn sie rasch erreichbar ist) oder eines Krankenwagens oder Arztes, eventuell auch der Polizei.

Die Gerichte verlangen, daß die notwendige Hilfe *sofort* geleistet wird. Zögert man unnötig, macht man sich bereits strafbar. Daran ändert es nichts mehr, wenn man sich später doch noch entschließt zu helfen oder wenn die eigene Hilfe entbehrlich wird, weil sich inzwischen andere bemühen. Die Anforderungen sind sehr streng, das sollte man sich eindringlich klarmachen. So macht sich der an eine Unglücksstelle gerufene Arzt, der dem Hilferuf nicht Folge leistet, unter Umständen sogar dann strafbar, wenn er beim Eintreffen an der Unglücksstelle gar nicht mehr hätte helfen können.

## 2. Der Helfer muß sich nicht aufopfern

Was zu tun ist, hängt von der Schwere des Unfalls ab. Jedenfalls braucht man nicht mehr zu tun, als den eigenen Fähigkeiten entspricht. Man sollte es nicht tun, wenn die Gefahr besteht, daß die gutgemeinte „Hilfe" mehr Schaden als Nutzen bringt: Wer nicht in Erster Hilfe ausgebildet ist, sollte besser einen anderen Kraftfahrer anhalten, damit dieser einen Arzt holt. Auch verlangt das Gesetz keine Selbstaufopferung. Sich selbst und seine Angehörigen (besonders Kleinkinder im eigenen Pkw) braucht man nicht erheblicher Gefahr auszusetzen: *Die Hilfeleistung muß „zumutbar" sein.* Es kann sich allerdings niemand darauf berufen, er habe dringende Geschäfte erledigen oder einen Termin wahrnehmen müssen. Anders ist es, wenn man selbst mit einem Schwerkranken auf der Fahrt zum Krankenhaus ist.

Soweit Hilfeleistung erforderlich und zumutbar ist, ist auch der zur Hilfe verpflichtet, der den Unfall verschuldet hat. Während sich sonst jeder Unfallbeteiligte, auch der vielleicht Schuldlose (was sich ja erst später herausstellt), wegen unerlaubten Entfernens vom Unfallort strafbar macht, wenn er seine Fahrt fortsetzt, darf er ausnahmsweise einen Verletzten zum Krankenhaus bringen, wenn nicht andere Kraftfahrer dies rasch genug tun können; nur muß er dann sofort wieder zur Unfallstelle zurückkehren (darüber in einem späteren Kapitel).

Fahrlässig unterlassene Hilfeleistung ist zwar nicht strafbar. Aber nicht alles, was so aussieht, ist nur „Fahrlässigkeit": Wer z. B. damit rechnet, daß sich ein Verkehrsunfall ereignet habe – etwa, weil er einen beschädigten Wagen im Straßengraben liegen sieht, oder wer während der Fahrt einen Aufprall verspürt –, sich dann aber selbst beschwichtigt und „nicht so genau hinsieht", weil er weder Zeit noch Lust hat, anzuhalten, macht sich ebenfalls strafbar. Ebenfalls strafrechtlich belangt werden kann derjenige, der es für möglich hält, daß gerade *seine* Hilfe notwendig wäre (weil er zum Beispiel der einzige Autofahrer unter vielen Herumstehenden ist), aber trotzdem weiterfährt. Um allen strafrechtlichen Risiken zu entgehen, sollte man sich zum Grundsatz machen: *Anhalten und nachsehen, ob man helfen kann und benötigt wird.*

Wie es mit Schäden steht, die man durch die Hilfeleistung bei einem Unfall erlitten hat, erfahren wir auf Seite 115 in Teil II dieses Buches.

## II. Was ist „unerlaubtes Entfernen vom Unfallort"?

„*Unfallflucht*" hieß das Delikt früher amtlich, „*Fahrerflucht*" nannte man es in der Alltagssprache oft, »*Unerlaubtes Entfernen vom Unfallort*" heißt es seit 21. Juni 1975 (13. Strafrechtsänderungsgesetz) in der Gesetzessprache. Was das ist, weiß jeder. Weiß es wirklich jeder? Müssen wir bei jedem Kratzer, bei jeder kleinen Beule am Unfallort stehenbleiben? Wann dürfen wir weiterfahren? Das zu wissen, ist wichtig. Bekanntlich schützt Unkenntnis nicht vor Strafe.

Die einschlägige Vorschrift (§ 142 StGB) lautet:

*(1) Ein Unfallbeteiligter, der sich nach einem Unfall im Straßenverkehr vom Unfallort entfernt, bevor er*

*1. zugunsten der anderen Unfallbeteiligten und der Geschädigten die Feststellung seiner Person, seines Fahrzeugs und der Art seiner Beteiligung durch seine Anwesenheit und durch die Angabe, daß er an dem Unfall beteiligt ist, ermöglicht hat, oder*

*2. eine nach den Umständen angemessene Zeit gewartet hat, ohne daß jemand bereit war, die Feststellungen zu treffen,*

*wird mit Freiheitsstrafe bis zu drei Jahren oder mit Geldstrafe bestraft.*

*(2) Nach Absatz 1 wird auch ein Unfallbeteiligter bestraft, der sich*

*1. nach Ablauf der Wartefrist (Absatz 1 Nr. 2) oder*

*2. berechtigt oder entschuldigt*

*vom Unfallort entfernt hat und die Feststellungen nicht unverzüglich nachträglich ermöglicht.*

*(3) Der Verpflichtung, die Feststellungen nachträglich zu ermöglichen, genügt der Unfallbeteiligte, wenn er den Berechtigten (Absatz 1 Nr. 1) oder einer nahe gelegenen Polizeidienststelle mitteilt, daß er an dem Unfall beteiligt gewesen ist, und wenn er seine Anschrift, seinen Aufenthalt sowie das Kennzeichen und den Standort seines Fahrzeugs angibt und dieses zu unverzüglichen Feststellungen für eine ihm zumutbare Zeit zur Verfügung hält. Dies gilt nicht, wenn er durch sein Verhalten die Feststellungen absichtlich vereitelt.*

*(4) Unfallbeteiligter ist jeder, dessen Verhalten nach den Umständen zur Verursachung des Unfalls beigetragen haben kann.*

Warum – so wird mancher Autofahrer fragen – droht das Gesetz mit so schweren Strafen (der Strafrahmen wurde von bisher zwei auf drei Jahre erhöht)? Die Antwort lautet: weil der Geschädigte unter allen Umständen geschützt und vor dem Verlust seiner Ersatzansprüche bewahrt werden soll. Diese Begründung wird gewiß jeder Autofahrer im eigenen Interesse einsehen. Nur ein Wartegebot ermöglicht die Klärung der Schuldfrage an Ort und Stelle, und nur eine solche ist zuverlässig und verwertbar.

Daß nach einem Verkehrsunfall jeder Beteiligte sofort zu halten, sich über die Unfallfolgen zu vergewissern (und den Verkehr zu sichern) hat, ergibt sich bereits aus § 34 Abs. 1 StVO ergänzend. Wer dies nicht tut, begeht *jedenfalls eine Ordnungswidrigkeit* (d. h., wenn kein Fall der Unfallflucht oder unterlassenen Hilfeleistung – s. oben S. 13 – vorliegt).

## 1. Was ist ein „Verkehrsunfall"?

Die Frage ist nicht so leicht zu beantworten, wie es zunächst den Anschein hat. Ein Verkehrsunfall, der zum Anhalten und Warten verpflichtet, hat sich dann ereignet, wenn in irgendeinem Zusammenhang mit den Gefahren des Straßenverkehrs ein Mensch verletzt oder eine Sache nicht ganz unerheblich beschädigt worden ist. „Sache" im Rechtssinne ist auch ein Tier. Ob die verletzte Person oder der Zwergpinscher am Straßenverkehr teilgenommen haben, ist dabei völlig gleichgültig. Die weitverbreitete Meinung, nur wenn zwei Fahrzeuge auf der Straße zusammengestoßen seien, könne man von einem Verkehrsunfall sprechen, ist falsch. Auch wer mit seinem Fahrzeug ein Haus oder einen Baum rammt, eine Laterne oder einen Hund anfährt, der gerade an der Laterne zu tun hat, verursacht einen „Unfall". Auch der Begriff des „Verkehrs" ist weit zu fassen. So macht beispielsweise auch ein Unfall wartepflichtig, der sich auf dem Parkplatz eines Hotels ereignet, selbst wenn das Parkschild den üblichen Zusatz trägt: „Nur für Gäste". Gleiches gilt auch für eine Karambolage auf dem Gelände einer Tankstelle; auch dieses ist – anders als das reine Privatgrundstück – dem allgemeinen Verkehr eröffnet, desgleichen das Parkhaus eines Kaufhauses.

## 2. Wartepflicht bei Bagatellschäden

Muß man auch warten, wenn man beim Herausfahren aus einer engen Parklücke in der Großstadt den Personenwagen des „Nebenmannes" leicht gestreift hat? Das richtet sich danach, ob ein nicht ganz unerheblicher Sachschaden, ein sogenannter „Bagatellschaden", vorliegt. Wann ist dies der Fall?

Allgemein läßt sich folgendes sagen: Ein Bagatellschaden ist dann gegeben, wenn man vernünftigerweise damit rechnen kann, daß der Geschädigte, wäre er anwesend, den ihm zugefügten Schaden auf seine Kosten beheben lassen würde. Auf die Dicke der *eigenen* Brieftasche kommt es natürlich nicht an.

Die Rechtsprechung der oberen Gerichte hat sich bemüht, Grundsätze und bestimmte Grenzwerte für den Schaden festzulegen. Das Ergebnis dieser Fleißarbeit ist allerdings recht unterschiedlich. Im Jahre 1961 wurde so ein Schaden von 10,– DM noch nicht als „völlig belanglos" angesehen. Diese „Wertgrenze" ist aber inzwischen überholt. Schon leichtes Eindrücken des vorderen Kotflügels eines Pkw und deutliche Kratzer an der Lackierung begründen nach Ansicht der meisten Gerichte die Pflicht, zu warten. „Harmlose

Kratzer" sind daher nur solche, die man selbst mit einem Lackstift beseitigen kann oder die doch zumindest nicht notwendig machen, daß eine größere Fläche gespachtelt wird. Und ein Kratzer an einem „Käfer" ist nicht dasselbe wie ein Kratzer an einem Mercedes, das weiß jeder Kraftfahrer. Das Verbiegen eines Rücklichtes und des hinteren Kennzeichenschildes oder ein Stoßstangenschaden sind z. B. auch nicht mehr als ganz unerheblich angesehen worden. Angesichts der allgemein gestiegenen Reparatur- und Lebenshaltungskosten wird inzwischen ein Schaden bis etwa 20,- DM (Reparaturkosten bzw. Ersatzteilwert) noch nicht als „Unfall" im Sinne des § 142 StGB anzusehen sein. Man wird aber in Zweifelsfällen tunlichst am Unfallort bleiben. Sonst setzt man sich leicht dem Verdacht aus, mit einem nicht belanglosen Schadensbetrag gerechnet und sich dennoch entfernt zu haben. Der Jurist nennt das „bedingt vorsätzliche Fahrerflucht".

Ähnlich verhält es sich, wenn ein Mensch verletzt worden ist: Belanglose Hautabschürfungen, für die man noch nicht einmal ein Wundpflaster benötigt, sind keine „Körperverletzungen" im Sinne des Gesetzes und machen auch noch keinen „Unfall" aus.

### 3. Wer darf weiterfahren?

Wann darf man nun seine Fahrt fortsetzen, obschon ein Personen- oder Sachschaden eingetreten ist, an dem man schuldig sein *könnte*? (Es genügt, daß man ihn *mitverursacht* hat.) Es sind dies besonders die folgenden Fälle:

a) Der *Schaden* des anderen ist *belanglos* (siehe oben).

b) Der Fahrer hat nur sich selbst verletzt oder *nur* sein *eigenes Fahrzeug beschädigt,* und der Unfall ist auch ausschließlich von ihm verursacht worden. Daß die Versicherungsgesellschaft ein gewisses Feststellungsinteresse haben könnte, ändert hieran nichts.

c) *Alle Unfallbeteiligten verzichten auf Feststellungen.* Dieser Verzicht muß jedoch ausdrücklich und unmißverständlich erklärt sein. Wenn z. B. ein junger, unerfahrener Autofahrer zunächst nach der Polizei verlangt, dann aber doch den anderen Unfallbeteiligten unwidersprochen wegfahren läßt, ohne dessen Namen und Kennzeichen zu kennen, dann ist darin noch kein Verzicht zu erblicken. Dasselbe gilt, wenn der Verletzte noch unter der Schockwirkung des Unfalls steht und nur undeutlich antwortet. Nur klare Verzichterklärungen sind wirksam und geben das Recht, weiterzufahren. Man tut gut daran, sich zu vergewissern, daß auch andere Personen diese gehört haben.

d) Der *Schaden* wird *an Ort und Stelle ersetzt,* und weitere Schäden sowie Strafermittlungen sind nicht zu erwarten.

e) *Beschädigt* worden ist der *Wagen eines Bekannten,* Verwandten oder des Arbeitgebers („Firmenwagen"). Bei nahen Angehörigen kann man fast stets annehmen, daß sie keinen Wert auf ein Warten am Unfallort legen. Auch wer nachts das vor dem Haus abgestellte Fahrzeug des Nachbarn leicht beschädigt, darf annehmen, diesem werde es auch noch genügen, wenn man ihn am nächsten Tag verständigt. Allerdings muß man ihm einen Zettel mit kurzem Hinweis an die Scheibe kleben. Beim Arbeitgeber kann man einen stillschweigenden Verzicht nicht immer annehmen. Es ist vielmehr von Fall zu Fall zu entscheiden, ob er ein Interesse daran hatte, daß gerade an der Unfallstelle Feststellungen getroffen werden, und ob der Kraftfahrer das wußte.

In gewissen Fällen darf man die Fahrt gleichfalls straflos fortsetzen, muß aber unter Umständen sofort wieder an den Unfallort *zurückkehren* (oder aber die Feststellungen auf andere Art unverzüglich nachträglich ermöglichen: siehe unten S. 24). So, wenn ein Arzt sich auf dem Weg zum Krankenhaus befindet, wohin er einen Schwerkranken transportiert, oder wenn der Fahrer die Person, die er angefahren hat, ins Krankenhaus bringt – aber nur dann, wenn andere Beförderungsmöglichkeiten im Augenblick nicht vorhanden sind (dann *muß* er sogar so handeln), ferner wenn man selbst verletzt ist. Kurzfristig entfernen darf sich auch ein Verkehrsteilnehmer, der sich vor tätlichen Angriffen erregter Augenzeugen in Sicherheit bringen will.

Nicht weiterfahren darf man hingegen – das muß noch einmal betont werden – wegen dringender geschäftlicher Angelegenheiten und Termine. Selbst wenn einem das Geschäft des Jahres in die Binsen zu gehen droht – man muß warten!

### 4. Wer muß warten?

Häufig verkannt wird auch, daß *nicht nur der Autofahrer* wartepflichtig werden kann. Jeder Verkehrsteilnehmer muß warten, also auch der Radfahrer und selbst der Fußgänger, wenn er z. B. in berauschtem Zustand plötzlich auf die Fahrbahn gesprungen ist und dadurch bewirkt hat, daß ein Wagen ins Schleudern kam. Auch der Elektriker, der aus Nachlässigkeit Drähte auf die Fahrbahn hat fallen lassen und dadurch einen Unfall verursacht hat, muß an Ort und Stelle bleiben, oder wer an der Unfallstelle sichtbehindernd geparkt und dadurch vielleicht zu dem Zusammenstoß zweier Pkw „beigetragen" hat. Die Wartepflicht besteht auch, wenn man zu Recht von der eigenen Unschuld überzeugt ist. Denn *auf die Schuldfrage kommt es in diesem Stadium noch nicht an,* das muß immer wieder unterstrichen werden. Also muß auch der Fahrer eines an sich ordnungsgemäß geparkten Autos, auf das ein anderer auffährt, zunächst warten. War er zur Zeit des Unfalls nicht anwesend, muß er freilich nicht an die Unfallstelle kommen. Das wird oft übersehen. Es nützt aber wenig, später dem Richter zu sagen: „Aber ich war doch der Meinung, der andere sei schuld!" Deshalb muß auch der Geschädigte stets warten, selbst dann, wenn er keinen Schadenersatz verlangen will. § 142 Abs. 4 StGB stellt ganz klar nur darauf ab, ob das Verhalten einer Person nach den Umständen zur Verursachung des Unfalles beigetragen haben *kann.* Auch wer in diesem Sinne nur einigermaßen „verdächtig" ist, muß warten – das wird oft verkannt.

Auch die Insassen eines Autos müssen warten, wenn sie irgendwie „beteiligt" waren, ohne selbst gefahren zu sein. So etwa der Fahrzeughalter, der dem fahrunkundigen Minderjährigen, der noch keinen Führerschein besitzt, oder der Ehefrau zu „Lehrzwecken" für kurze Zeit das Steuer überlassen hatte, der Fahrlehrer oder der Freund, der den angetrunkenen Fahrer zu der Fahrt überredete. Der volkstümliche Begriff „Fahrer"-Flucht ist daher zu eng. Angst, daß andere Verfehlungen entdeckt würden (kein Führerschein!), rechtfertigt die Weiterfahrt schon gar nicht. Wenn ein an sich nicht beteiligter Insasse den Fahrer animiert weiterzufahren, macht er sich zwar nicht des unerlaubten Entfernens vom Unfallort, wohl aber der Anstiftung dazu schuldig.

## 5. Wie lange und auf wen muß gewartet werden?

Grundsätzlich auf die Polizei. Die Unfallbeteiligten haben aber das Recht, sich mit der Feststellung durch andere Personen zufriedenzugeben. Besteht allerdings einer der Beteiligten oder der Geschädigte darauf, daß die Polizei geholt werde, dann ist dies unbedingt bindend und durch keine sonstige Bereitwilligkeit ersetzbar. Dabei kommt es nicht darauf an, ob die Mitwirkung der Polizei tatsächlich erforderlich ist.

Leider gibt es keine absolute Wartezeit. Maßgeblich sind „die Umstände", und es ist natürlich auch für die Zumutbarkeit, am Unfallort noch zu bleiben, nicht egal, ob nur ein Kotflügel geschrammt oder ein Mensch getötet wurde, daher die allgemeine Formulierung.

*Unbegrenzt muß aber niemand warten.* So ist beispielsweise entschieden worden, daß man auf nächtlicher, unbelebter Straße nicht länger als eine halbe Stunde warten muß. Kommt bis dahin niemand vorbei, der bereit ist, die Polizei oder den Geschädigten selbst zu verständigen, darf man wegfahren. *Dann muß man sich aber nach neuem Recht nachträglich beim Geschädigten oder bei einer nahe gelegenen Polizeidienststelle melden:* vgl. dazu unten S. 24.

## 6. Was man nicht zu tun braucht

Nicht verpflichtet ist man hingegen,

zu dulden, daß andere – die Polizei u. U. ausgenommen – den Wagen nach Kraftfahrzeugpapieren, Diagrammscheiben oder ähnlichen Urkunden durchsuchen,

an den Unfallort zurückzukehren, wenn man erst wesentlich später von dem Unfall erfährt, vorausgesetzt, daß man zu dieser Zeit schon eine größere Strecke vom Unfallort weg ist. In einem Fall hatte ein Kraftfahrer einen Unfall mitverursacht, hatte davon aber nichts bemerkt. Als er sich gerade 500 m von der Unfallstelle entfernt hatte, wurde er gestellt. Er weigerte sich aber, seine Personalien anzugeben. Der Kraftfahrer wurde wegen Unfallflucht verurteilt.

Der Bundesgerichtshof hat den Grundsatz aufgestellt: Wenn man erst auf der Weiterfahrt Kenntnis von der eigenen Beteiligung an einem Unfall erlangt hat (etwa, weil einem andere nachgefahren sind und angehalten haben oder weil man zunächst nur aus *wirklicher* ‚Kopflosigkeit' weitergefahren ist: echte Kurzschlußhandlungen sind aber ganz selten, auf Straffreiheit sollte man nicht „spekulieren") oder wenn man erst beim Aussteigen eine deutliche Beschädigung am Fahrzeug entdeckt, muß man an die Unfallstelle zurückkehren, „sofern noch ein räumlicher und zeitlicher Zusammenhang mit dem Unfallgeschehen besteht". Das ist eine etwas vage Formulierung. Im Zweifelsfall also im eigenen Interesse zurückfahren und sich zur Verfügung stellen! Es kann sich ja auch die Schuld des anderen ergeben!

## 7. Welche Feststellungen müssen ermöglicht werden?

Die anderen Unfallbeteiligten und der Geschädigte müssen Gelegenheit haben, folgendes festzustellen:

a) *Name und Anschrift* durch Vorlage des Führerscheins oder des Personalausweises. Es genügt nicht, wenn der Fahrer den Beifahrer an den Unfallstelle läßt, falls dieser nicht ausdrücklich beauftragt und in der Lage ist, hinreichend Auskunft zu geben. Vor allem dann nicht, wenn Alkoholverdacht besteht. Das Fahrzeug selbst muß natürlich stets am Unfallort bleiben.

b) Das *amtliche Kennzeichen* des Fahrzeugs.

c) Die *Art der Beteiligung.* Dazu gehört in erster Linie der Grad der Alkoholisierung (damit eventuell eine Blutprobe entnommen werden kann), Übermüdung des Fahrers, Zustand des Fahrzeugs hinsichtlich seiner Betriebssicherheit (ob Bereifung, Bremsen, Beleuchtung oder sonstiges mangelhaft ist), desgleichen die Unfallschäden.

Damit die anderen diese Feststellungen treffen können, muß der Unfallbeteiligte nicht nur passiv am Unfallort „anwesend sein", sondern er *muß auch selbst angeben, daß er am Unfall beteiligt gewesen sei.* (Diese Verschärfung gilt seit 21. Juni 1975.) Den Hergang des Unfalls schildern muß man nicht. Nur muß man sich als jemand zu erkennen geben, an den möglicherweise Schadenersatzansprüche gerichtet werden können. Daß man sich damit zugleich nicht nur dem Geschädigten, sondern auch der Polizei zu erkennen geben muß, ist eine heikle und nicht ganz unbedenkliche Sache dieser Pflicht, die aber besteht. Keinesfalls darf man sich aber – wie dies früher ohne strafrechtliche Folgen möglich war – als scheinbar unbeteiligter Zuschauer still und heimlich an der Unfallstelle aufhalten, und eventuell sogar die klare Frage, ob man mit dem Unfall etwas zu tun habe, verneinen. Wer das tut und sich dann von der Unfallstelle entfernt, ist nun schon strafbar, auch wenn er im übrigen eine angemessene Zeit „gewartet" hat. Warten allein genügt nicht mehr, es besteht eine, auf die Tatsache der Beteiligung beschränkte „Offenbarungspflicht" (auch *„Vorstellungspflicht"* genannt).

Wer die notwendigen Feststellungen lediglich erschwert, macht sich nicht schon deshalb allein der Unfallflucht schuldig, vorausgesetzt, er bleibt am Unfallort oder kommt nach erlaubter kurzer Wegfahrt (siehe oben) wieder dorthin zurück. Trotzdem sollte man während des Wartens nicht die nächste Kneipe aufsuchen oder sich ein paar kräftige Züge aus der mitgeführten Kognakflasche gestatten. Denn wie sich ein solcher *„Nachtrunk"* später in der eventuellen Strafverhandlung oder auch bei der Auseinandersetzung mit der Versicherung des anderen Beteiligten auswirkt, läßt sich nie ganz übersehen. Man setzt sich allzu leicht dem Verdacht aus, vorherigen Alkoholgenuß vertuschen zu wollen. Also möglichst den „Beruhigungsschluck" auch dann meiden, wenn man während der

Fahrt nicht unter Alkoholeinfluß stand! (Ein solcher „Nachtrunk" kann übrigens, wenn er während oder nach der Unfallflucht erfolgt ist und die Rückberechnung des Blutalkoholwertes erschwert, sogar strafschärfend berücksichtigt werden.)

Es reicht in der Regel nicht aus, eine *Visitenkarte* am Scheibenwischer des beschädigten Wagens zurückzulassen. Denn dann hat man eben nur die „Personalien" angegeben (die erlogen sein könnten!), nicht aber das Kennzeichen, und auch zur eigentlichen Schuldfrage keine Feststellungen ermöglicht. Natürlich wird sich der andere oft damit begnügen, aber darauf kann man sich eben nicht verlassen. Für Fälle geringfügiger Parkschäden und bei Anerkennung der Alleinschuld hatten die Gerichte unter früherem Recht überwiegend die „Visitenkartenlösung" gebilligt (aber: es müßten Anschrift und polizeiliches Kennzeichen vollständig, deutlich sichtbar und gut befestigt hinterlassen werden). Das genügt aber heute nicht mehr; gefordert wird eindeutig die „Anwesenheit" des Unfallbeteiligten. Es bleibt allerdings abzuwarten, ob die Gerichte deshalb, weil die neu eingeführte Pflicht zu nachträglicher Meldung (s. unten) die Interessen der Berechtigten bei Bagatellschäden ausreichend wahrt, aus Gründen der „Interessenabwägung" und „Zumutbarkeit" nicht doch wieder zu einer beschränkten Anerkennung der „Visitenkartenlösung" kommen.

Es genügt auch nicht der bloße Hinweis auf das polizeiliche Kennzeichen des Fahrzeugs, und zwar zumindest bei Firmenwagen nicht (nach Ansicht des Bundesgerichtshofes sogar nie), weil es für den Geschädigten hernach schwierig ist, festzustellen, wer den Wagen am Unfalltag gefahren hat. Wer einen falschen Namen oder ein falsches Kennzeichen angibt und sich dann mit Einwilligung des anderen entfernt, macht sich gleichfalls strafbar. Denn er erschwert oder verhindert die Durchsetzung der Schadenersatzansprüche ebenso wie derjenige, der gleich weiterfährt. Nicht deutlich genug kann gesagt werden, daß *sämtliche* genannten Feststellungen ermöglicht werden müssen. Ein Unfallbeteiligter darf also nicht schon deshalb wegfahren, weil er unter den Augenzeugen Personen entdeckt hat, die ihn kennen und auch wissen, wo er wohnt. Denn das nützt dem Geschädigten nichts. Dieser muß die Gewißheit haben, daß der Hergang des Unfalls an Ort und Stelle rekonstruiert und festgehalten wird und die Spuren gesichert werden.

Auch wer nach längerer Verfolgung gestellt wird, wird bestraft. Er geht in diesem Falle nicht, wie manche glauben, straflos aus, weil er ja noch „erwischt" wurde. Er hat sich wissentlich entfernt, obwohl er hätte warten müssen; das genügt. Er ist ebenso strafbar wie derjenige, der sich am nächsten Tage – womöglich mit inzwischen alkoholfreiem Blut – „freiwillig" der Polizei stellt. Das ist zumindest verspätete und darum nutzlose „tätige Reue". Sie kann sich strafmildernd auswirken, äußersten Falles zu einer Einstellung führen (s. unten S. 53).

## 8. Meldepflicht nach berechtigtem Entfernen vom Unfallort

Es wurde bereits oben ausgeführt, daß man sich als Unfallbeteiligter unter bestimmten Voraussetzungen von der Unfallstelle entfernen darf: Wenn man lange genug („angemessene Zeit") gewartet hat, ohne daß zu Feststellungen bereite Personen erschienen (oben S. 21), oder wenn man sich berechtigt oder entschuldigt vom Unfallort entfernte, besonders um (selbst oder mit einem anderen Verletzten) zum Krankenhaus zu fahren (oben S. 19).

Während schon unter früherem Recht für den zweiten Fall eine Rückkehrpflicht von der Rechtsprechung bejaht wurde, blieb derjenige, der sich nach bestimmter Wartezeit entfernte, straflos. Das ist nun seit 21. Juni 1975 anders, wie aus § 142 Abs. 2,3 StGB (abgedruckt oben S. 16) im einzelnen zu entnehmen ist.

In beiden Fällen besteht die Verpflichtung, die Feststellungen unverzüglich (d. h., ohne daß man in vorwerfbarer Weise zögert, nachdem Hilfe geleistet oder der Schock abgeklungen ist usw.) nachträglich zu ermöglichen (sog. *„Nachholpflicht"*). Wer statt dessen danach untätig bleibt, ist wegen „unerlaubten Entfernens vom Unfallort" strafbar, obwohl er zunächst erlaubterweise wegfuhr (oder wegging). Das ist eine wichtige Neuerung!

*Wie der Unfallbeteiligte seiner Pflicht, die Feststellungen nachträglich zu ermöglichen, genügen kann,* besagt § 142 Abs. 3 StGB: Er muß entweder den Berechtigten (= den anderen Unfallbeteiligten und dem Geschädigten) oder einer nahe gelegenen Polizeidienststelle mitteilen,

– daß er an einem Unfall beteiligt gewesen ist,
– wie seine Anschrift lautet,
– wo er sich selbst aufhält,
– wie das Kennzeichen seines Fahrzeugs ist,
– wo das Fahrzeug sich zur Zeit der Mitteilung befindet.

Außerdem muß er das Fahrzeug zu unverzüglichen Feststellungen für eine ihm zumutbare Zeit zur Verfügung halten.

*Diese nachträgliche Meldung allein genügt aber nicht, um straflos zu bleiben!* Das muß klar gesagt werden! Wer wartepflichtig ist, muß *zunächst warten* und darf sich nicht entfernen. Tut er dies dennoch, dann hilft ihm die spätere Meldung bei den genannten Personen und Stellen gar nichts, er bleibt strafbar wegen unerlaubten Entfernens vom Unfallort.

Strafbar bleibt auch, wer die Meldepflicht zwar formell erfüllt, dabei aber in der Absicht gehandelt hat, die „echten" Feststellungen zu vereiteln (indem er z. B. vorher Lackspuren am Fahrzeug entfernte).

## 9. Die Konsequenzen

Wir sehen also: Lieber die unter Umständen harmlosen Folgen in Kauf nehmen, als sich „verdrücken" und nachher schwer bestraft werden! Abgesehen davon ist Unerlaubtes Entfernen vom Unfallort vor allem auch moralisch gesehen ein schweres Delikt, dessen sich kein anständiger Autofahrer schuldig machen möchte. Ein wichtiger Hinweis: Bei Unerlaubtem Entfernen vom Unfallort entfällt der Versicherungsschutz. Darüber mehr in Teil II auf Seite 86 ff.

## III. An was man sonst noch denken sollte

Es gibt außer den beiden Hauptpflichten – nämlich: Hilfe zu leisten und am Unfallort zu warten, falls man irgendwie beteiligt ist – noch eine Vielzahl von Dingen, die man beachten muß oder doch im eigenen Interesse auch ohne gesetzliche Verpflichtung beachten sollte.

## 1. Schutz des fließenden Verkehrs

Wenn es zur Sicherung des Verkehrs erforderlich ist, müssen liegengebliebene Fahrzeuge durch besondere Sicherungslampen, Fackeln oder ähnliche Beleuchtungseinrichtungen oder durch rückstrahlende Warneinrichtungen auf ausreichende Entfernung kenntlich gemacht werden. Wer dies unterläßt und dadurch eine Gefahr herbeiführt, kann mit einer Freiheitsstrafe rechnen (§ 315c Abs. 1 Nr. 2g). Denn die unzureichende Beleuchtung von Fahrzeugen, die nachts auf der Straße stehengeblieben sind, gehört zu den größten Gefahrenquellen für den fließenden Verkehr überhaupt. Daran sollte bei Verkehrsunfällen, die sich nachts ereignen, gedacht werden. Es empfiehlt sich daher, nicht nur das eingebaute *Warnblinklicht* einzuschalten, sondern auch *Sicherungsleuchten* mitzuführen und in solchen Fällen aufzustellen. Eine gesetzliche Verpflichtung hierzu besteht allerdings nur bei Kraftfahrzeugen von mehr als 2,5 t. Auch sonst ist alles zu tun, um weitere Unfälle zu verhüten. Bei leichteren Karambolagen auf stark befahrenen Straßen darf – und muß – man daher die Fahrbahn frei machen, sollte jedoch vorher den Stand der Fahrzeuge aufzeichnen. Eine allgemeine Pflicht jedes Beteiligten, nach einem Verkehrsunfall den Verkehr zu sichern, begründet im übrigen § 34 Abs. 1 StVO. Wer dies unterläßt, begeht jedenfalls eine Ordnungswidrigkeit (d. h., auch wenn die mangelnde Sicherung nicht zu einem Unfall führt).

## 2. Sicherung von Beweismitteln

Wer erstmals in einen Verkehrsunfall verwickelt wird, denkt in der Aufregung des Augenblicks selten an etwas, das versäumt zu haben er vielleicht später bitter bereut: die Sicherung der „Beweismittel" (siehe dazu auch Teil II, Seite 81 ff). Freilich ist die Polizei hierzu besser befähigt als der ungeschulte Privatmann; denn sie ist nicht nur für solche Maßnahmen ausgebildet, sondern hat auch tägliche Erfahrungen auf diesem Gebiet. Aber es kann einige Zeit dauern, bis das Unfallkommando eintrifft – sei es, daß es nicht schnell genug verständigt werden kann, sei es, daß die verfügbaren Beamten gerade dienstlich unterwegs sind. Dann sollte man im eigenem Interesse selbst dafür sorgen, daß Beweise, die verlorengehen könnten, erhalten bleiben. Schließlich ist es ein ganz gesunder Egoismus, auch bei der Unfallaufnahme durch die Polizei ein wenig wachsam zu sein und die Polizeibeamten auf Umstände aufmerksam zu machen, die man für wichtig hält. Zwar läßt sich die Polizei nicht gern belehren; aber man sollte ruhig darauf bestehen, daß bestimmte Spuren festgestellt werden – vielleicht ist der aufnehmende Beamte sogar dankbar für die Unterstützung. Zumindest aber ist es zweckmäßig, sich selbst seine Notizen zu machen.

Worauf kommt es dabei nun im einzelnen an? Um es vorweg zu sagen: *Zeugenaussagen* sind sehr zweifelhafte Beweismittel – sie können gut, sie können untauglich sein. Ob sie das eine oder das andere sind, das herauszufinden ist eine der Aufgaben des Richters. Die Aussagen von Zeugen können auf vielerlei Art und aus mancherlei Gründen falsch sein (ohne daß man es ihnen gleich oder jemals ansieht): Da ist die bewußt unrichtige Bekundung eines selbst verletzten oder dem Verletzten nahestehenden Zeugen (etwa des Mitfahrers des anderen Kraftfahrers). Da ist die aus Gleichgültigkeit falsche Aussage des Zeugen, der nur rasch wieder zu seiner Arbeitsstelle zurück will und den die Belehrung über seine Wahrheitspflicht und die Folgen unrichtiger Aussage „kaltgelassen" hat. Oft entspricht, ohne daß der Zeuge sich dessen bewußt wird, seine Aussage nicht dem wirklichen Hergang, weil sie von Mitleid gefärbt ist, oder weil er glaubt, etwas gesehen zu haben, was er in Wirklichkeit gar nicht sehen konnte.

Auch wird der Geschehnisablauf häufig in der Erinnerung durch unfallbedingte Gedächtnislücken entstellt. Und je mehr Zeit seit dem Unfall verstrichen ist, desto unzuverlässiger wird allgemein die Erinnerung. Natürlich sollte man sich trotzdem um die Anschriften derjenigen, die den Unfallort neugierig umstehen und behaupten, etwas gesehen zu haben, bemühen – später verläuft sich die Menge, und wenn nur *ein* zuverlässiger Zeuge darunter war, kann sich die Mühe gelohnt haben. Besonders erfreut wird allerdings niemand über die Aussicht sein, demnächst als Zeuge zur Polizei oder gar vom Gericht vorgeladen zu werden: Mit Absagen muß man rechnen, und der Privatmann kann niemanden zwingen, seine Personalien anzugeben; das darf nur die Polizei (siehe Seite 30).

Objektiver als jene Zeugen, die reden können, sind meistens die *„stummen Zeugen"*: Brems-, Blockier- und Schleuderspuren, die Stellung der Fahrzeuge zueinander, ihre Beschädigungen und Betriebssicherheit (Reifen, Lenkung, Beleuchtung, Blinkanlage), der Zustand der Fahrbahn, ihr Verlauf, die Lichtverhältnisse und vieles andere mehr, mit anderen Worten: die Gesamtsituation, wie sie sich dem Auge des alles erfassenden Beobachters darstellt. Sehr nützlich kann es sich zwecks „privater Unfallaufnahme" erweisen, wenn man für alle Fälle einen Fotoapparat mitführt. Lichtbilder, sofort an Ort und Stelle gemacht, haben schon manche Unfallskizze und erst recht manche Zeugenaussage in ihrem Beweiswert erschüttert, ja sogar Ortsbesichtigungen durch das Gericht erspart. Macht man solche Aufnahmen, dann gilt als Grundregel: Nahaufnahmen (nämlich der Beschädigungen an den Fahrzeugen) sind zwar nicht uninteressant, wichtiger aber ist, die Straße aus gewisser Entfernung in beiden Fahrtrichtungen so aufs Bild zu bannen, daß sich später aus den Bildern eine Gesamtschau ergibt, daß sie nicht nur Ausschnitte wiedergeben, die kaum Schlüsse auf die entscheidende Situation vor dem Unfall zulassen. Das gilt unter anderem auch deswegen, weil die Verkehrsverhältnisse es nicht immer gestatten, die Fahrzeuge unverändert im ursprünglichen Stand zu belassen, sondern sie, um den fließenden Verkehr nicht zu behindern, an den Fahrbahnrand gefahren werden müssen.

Ist es erforderlich, den Stand der Fahrzeuge vor dem Eintreffen der Polizei, oder wenn sie gar nicht verständigt worden ist, zu verändern, dann sollten die Umrisse der Fahrzeuge und der Stand der Räder durch Kreide oder andere Merkzeichen kenntlich gemacht und hernach notiert werden. Dann sollten die Standorte im rechten Winkel (nicht schräg) zu beiden Fahrbahnrändern hin (Bordsteinkante, Bankettanfang) durch Messung (Metermaß, Abschreiten) festgelegt werden, desgleichen in der Längsrichtung zu einem unveränderlichen Festpunkt (Baum, Haus, Kilometerstein) hin. Ansonsten notiere man sich außer den Personalien aller Beteiligten (der andere Verkehrsteilnehmer muß sie Ihnen geben: siehe unter „Unerlaubtes Entfernen vom Unfallort" auf Seite 21) Datum und Uhrzeit, Örtlichkeit (Ortschaft, Straße, Kilometerbezeichnung, soweit ersichtlich), Typ und äußere Beschaffenheit der Kraftfahrzeuge und einige Bemerkungen über Beobachtungen, die für die Schuldfrage wesentlich erscheinen und die sonst vielleicht wieder in Vergessenheit geraten.

## 3. Einigung oder Polizei?

Eine Pflicht, die Polizei zu verständigen, besteht nicht. Bei Bagatellschäden wie auch bei eindeutiger Schuld (Vorfahrtverletzung, unvorsichtiger Ausfahrt aus Grundstücken) sollte man sich rasch schlüssig werden, ob man sich nicht mit dem „Gegner" einigen sollte. Die Versicherungsbedingungen untersagen dies allerdings. Sie beruhen auf der Erwägung, daß der Unfallschock in der Regel eine ruhige Prüfung verhindert. Im Zweifelsfalle sollte man sich daher nicht so sehr auf das Versprechen des anderen verlassen, er sei zu vollem Schadenersatz bereit, wenn die Polizei nicht verständigt werde. Verpflichtet er sich hierzu freilich schriftlich oder unter Zeugen (es gibt zweckdienliche Anerkenntnisformulare für solche Fälle), dann genügt dies im späteren Streitfalle (wenn der andere nämlich nicht mehr zu seiner freiwillig gemachten Zusage stehen will). Fühlt man sich selber nicht ganz unschuldig, sollte man abwägen, ob der Schadenfreiheitsrabatt die direkte Ersatzleistung aufwiegt. Das sind naturgemäß alles Entscheidungen, die man – wie gesagt – nur bei eindeutigen Verkehrssituationen an Ort und Stelle treffen kann. Geht es um hohe Summen oder ereignet sich der Unfall bei Nacht und Nebel, sollte man – ob schuldig oder nicht – zurückhaltend sein und die notwendigen präzisen Ermittlungen der Polizei überlassen.

## 4. Das Abschleppen

Ist das Kraftfahrzeug durch den Unfall betriebsunfähig geworden und muß es abgeschleppt werden, ist folgendes zu beachten: Grundsätzlich muß auch das abgeschleppte Fahrzeug einen Führer haben. Dieser braucht aber keinen Führerschein zu haben; er soll ja nur die richtige Spur und den nötigen Abstand einhalten. Der Fahrer des Abschleppfahrzeuges braucht nur denjenigen Führerschein, der für das ziehende Fahrzeug erforderlich ist: Wenn also ein Traktor einen Pkw abschleppt, braucht der Traktorfahrer nicht etwa den Führerschein Klasse 3, sondern muß nur Klasse 4 besitzen. Ist die Lenk- oder Bremsvorrichtung des beschädigten Fahrzeuges defekt, dann dürfen Abschleppseile oder Abschleppstangen zum Transport nicht benützt werden. Wenn sie jedoch zulässig sind, darf der Abstand zwischen abschleppendem und Unfallfahrzeug höchstens 5 Meter betragen. Ist der Abstand größer als 2,75 m, dann müssen die Seile durch einen roten Lappen oder auf andere Weise ausreichend kenntlich gemacht sein, damit nicht ein neues Unglück passiert. Selbstverständlich ist der Fahrer des Abschleppfahrzeuges zu ganz besonderer Vorsicht verpflichtet.


## B. Was ist der Polizei erlaubt?


Wenn die Polizei am Unfallort eintrifft, darf sie gewiß nicht alles tun, was ihr gerade in den Sinn kommt. Die Rechte des Kraftfahrers sind vor allem durch die Strafprozeßordnung[2] garantiert; er muß sie aber auch kennen, um den richtigen Gebrauch davon machen zu können. Der Staatsbürger hat aber nicht nur Rechte, sondern (im Interesse der Allgemeinheit und des Unfallgeschädigten) auch Pflichten. Diese muß er erfüllen, so unbequem es sein mag. So muß er den Anordnungen eines Polizisten „in rechtmäßiger Amtsausübung" nachkommen. Das bedeutet: Wenn sich der Polizist nicht offensichtlich vorschriftswidrig verhält, sollte sich Herr Müller dessen Anweisungen besser nicht schimpfend widersetzen, auch wenn er sich noch so sehr im Recht glaubt. Allzuleicht begeht er sonst „Widerstand gegen Vollstreckungsbeamte". Und dieses Delikt kann auch auf eine gleichzeitig angeklagte Verkehrsverfehlung „abfärben",

---

2 Abgedruckt in »Strafprozeßordnung", Goldmann JURA Band 8016.

d. h., es erweckt bei dem Richter den Eindruck, er habe es mit einem Verkehrsrowdy zu tun (was Herr Müller wahrscheinlich gar nicht ist). *Also nicht allzu lautstark auf Rechte pochen, die man nicht kennt!*

Was muß man tun, was darf man verweigern, was muß man dulden?

## 1. Die Personalien muß man angeben

Die Polizei darf verlangen, daß der Kraftfahrer ihr seine Personalien angibt, also Name, Geburtsdatum, Beruf, Anschrift. Zu dieser Auskunft ist er verpflichtet. Weigert er sich, dann ist das Übel ein doppeltes:

Er macht sich strafbar und kann mit Geldbuße bis zu 1000 DM belegt werden (§ 111 des Gesetzes über Ordnungswidrigkeiten).

Der Polizist darf ihn sogar vorläufig festnehmen und zur Polizeiwache bringen, um dort seine Personalien festzustellen. Fingerabdrücke werden nicht nur von Berufsverbrechern genommen – also nicht halsstarrig sein. Zur vorläufigen Festnahme ist der Polizist aber nicht nur berechtigt, wenn Herr Müller die Personalien nicht angeben will, sondern auch dann, wenn er sie nicht angeben kann (etwa, weil ihm der Alkohol die Sinne getrübt und er seine Papiere vergessen hat).

Zu den Personalien gehören nicht die Einkommensverhältnisse; ihre Angabe ist nicht erzwingbar. Oft steht dann in polizeilichen Protokollen die nichtssagende Bemerkung „Vermögensverhältnisse geordnet" oder schlicht „Angaben verweigert". Ob man sich damit einen Gefallen tut, ist fraglich: Die Polizei ist kein Hilfsorgan des Finanzamtes, so daß von dort keine Gefahr droht. Andererseits muß man gewärtig sein, daß das Gericht auf Grund des angegebenen Berufes den Verdienst schätzt (es muß ihn wegen der Höhe einer eventuellen Geldstrafe wissen).

## 2. Auszusagen braucht man nicht

Die Polizei kann zwar die Angaben der Personalien verlangen bzw. wegen ihrer Verweigerung Anzeige erstatten, aber sie kann nicht erzwingen, daß man sich dem Unfallgeschehen im einzelnen äußert. Es gibt keine Aussagepflicht des Kraftfahrers, der an einem Unfall schuldig sein könnte, also als „Beschuldigter" in Betracht kommt. Denn niemand braucht sich selbst zu belasten, und ein falsches Wort kann ungerechtfertigten Verdacht begründen. Nach der

Strafprozeßordnung muß der Polizeibeamte den Kraftfahrer sogar darüber belehren, daß es ihm nach dem Gesetz freisteht, sich zu äußern oder nicht zur Sache auszusagen, und daß er auch schon zuvor einen Verteidiger (Rechtsanwalt) befragen kann.

Dieses Recht des Beschuldigten, nicht aussagen zu müssen, hat freilich praktisch zwei Seiten: Einerseits mag man unter dem Eindruck des Unfalles im ersten Augenblick bereit sein, unbesehen alle Schuld auf sich zu nehmen. Andererseits ist oft ein an Ort und Stelle abgelegtes Geständnis das, was der Wahrheit näherkommt als spätere Angaben, die nur dazu dienen, sich einer Bestrafung zu entziehen. Bei einfachen Verkehrsunfällen zumindest sollte von dem Aussageverweigerungsrecht kein übertriebener Gebrauch gemacht werden. Die Sachaufklärung wird unnötig verzögert, und man muß damit rechnen, daß die Staatsanwaltschaft sich eben allein auf die Aussagen der Zeugen stützt. Wenn dann ein Strafbefehl ins Haus flattert und man nun erst das sagt, was man schon dem Unfallkommando gegenüber hätte sagen können, dann mag man vor Gericht mit seinem Einspruch Erfolg haben. Aber es können vermeidbare Kosten entstanden sein, und im Ergebnis hat man sich selbst keinen Gefallen getan. Also sich nicht „aus Prinzip" auf eine Aussageverweigerung versteifen!

Sind Sie freilich selbst völlig im unklaren, wie es zu dem Unfall kam, sind Sie womöglich verletzt, dann wird auch die Polizei Verständnis haben, wenn Sie erklären, Sie wollten sich den Hergang noch einmal in aller Ruhe durch den Kopf gehen lassen und alsbald – eventuell nach Rücksprache mit einem Rechtsanwalt – Ihre schriftliche Äußerung aufs Revier schicken. Das muß und wird man Ihnen erlauben.

Ein dringender Rat: *Lesen Sie das Protokoll über die polizeiliche Vernehmung selbst durch,* und zwar ganz genau. Denn dieses Protokoll ist eine Grundlage der Entschließungen der Staatsanwaltschaft oder des Gerichts. Ohne Ihre Unterschrift gilt das Protokoll nichts, und niemand kann Sie zwingen, etwas zu unterschreiben, was Sie nicht für richtig befunden haben und deshalb nicht unterzeichnen wollen. Es hat keinen Sinn, nur um die Sache „hinter sich zu haben", rasch seinen Namen unter das zu setzen, was der Polizeibeamte als Ihre Einlassung aufgenommen hat. Er kann Sie falsch verstanden oder Sie können sich mißverständlich ausgedrückt haben. Wenn Sie das Protokoll unterschreiben, obwohl Sie es nicht oder nur flüchtig gelesen haben, müssen Sie damit rechnen, daß Ihnen der Richter Ihre Darstellung später vorhält, wenn Sie etwa gegen einen Strafbefehl Einspruch eingelegt haben und in der Verhandlung etwas völlig anderes erzählen, als in den Akten festgehalten ist. Er wird Sie fragen, warum Sie damals das Gegenteil zu Protokoll gegeben haben. Und er wird argwöhnen, Sie hätten seinerzeit unter dem Eindruck des Unfalls unbefangen die Wahrheit gesagt, sich inzwischen aber überlegt, was an Eingeständnissen Ihnen schaden könne, oder aber sich von fachkundiger Seite beraten lassen. Wenn Sie nach dem Durchlesen auf einer Abänderung des polizeilichen Protokolls bestehen (oder auf einem berichtigenden Zusatz), wird Ihnen das niemand übelnehmen – denn auch das ist Ihr gutes Recht, und wenn Sie es nützen, ersparen Sie damit auch der Justiz unnötige Arbeit und Aufklärungen. Ihre Aussage wird meistens maschinenschriftlich aufgenommen, jedenfalls dann, wenn Sie auf eine schriftliche Vorladung hin auf dem Revier erscheinen und dort vernommen werden. Aber gerade bei den leichteren Delikten (Ordnungswidrigkeiten) kann sein, daß der Beamte Ihre Angaben handschriftlich im Konzept aufnimmt (dabei u. U. sogar sich der Kurzschrift bedient) und sie später erst in Reinschrift überträgt. Besonders in solchen Fällen sollte man bei der Unterzeichnung dessen, was einem „vorgelesen" oder was „selbst gelesen" sein soll, vorsichtig sein.

### 3. Kraftfahrzeugpapiere vorzeigen!

Der Polizei sind auf Verlangen vorzuzeigen: Führerschein, Kraftfahrzeugschein und Schaublätter des Fahrtschreibers. Diese Pflicht besteht ganz unabhängig von derjenigen, die Personalien anzugeben. Weigert man sich, macht man sich strafbar. Entnimmt der Beamte das Schaublatt des Fahrtschreibers zur Verwahrung – was er besonders dann tun wird, wenn der Verdacht überhöhter Geschwindigkeit besteht –, muß er hierüber eine Bescheinigung ausstellen.

### 4. „Hauchen Sie mal!"

Die Polizei darf den Kraftfahrer auffordern, in das *Prüfröhrchen* zu blasen, um bei entsprechenden Anhaltspunkten feststellen zu können, ob alkoholbedingte Fahruntüchtigkeit gegeben ist. Was hat es nun mit diesem Prüfröhrchen, das inzwischen auch im Handel erhältlich ist, auf sich? Es enthält ein gelbes chemisches Präparat, das sich grün verfärbt, wenn der Alkoholgehalt der Atemluft mehr als 0,3 Promille beträgt. Es wird in die Öffnung eines leeren Meßbeutels gedrückt, der in nicht weniger als 10 und nicht länger als 20 Sekunden vom Kraftfahrer prall aufzublasen ist. In der Mitte des

Röhrchens ist ein gelber Markierungsring angebracht. Färbt sich die gelbe Substanz bis über diesen Ring hinaus grün, dann ist der Blutalkoholgehalt höher als 0,7 Promille. Wie hoch er dann im Einzelfall ist, kann zunächst niemand sagen: Der Betroffene kann ebensogut nur 1 Promille im Blut haben und durchaus noch fahrtüchtig sein, wie er „volltrunken" sein kann. Wie es um ihn steht, das beweist erst die nachfolgende Blutprobe. Entscheidend ist jedenfalls folgendes: Wenn der gelbe Markierungsring von der Grünfärbung überschritten ist, dann ist die „Alcotest-Probe", wie man sie auch nennt, positiv ausgefallen, und der Polizist muß den Kraftfahrer nun auffordern, mit zum nächsten Arzt zu kommen; andernfalls darf man, liegt sonst nichts vor, weiterfahren. Wird man also aufgefordert, zur Entnahme einer Blutprobe mitzukommen, dann besagt das für sich allein noch gar nichts – es kann alles noch gut verlaufen.

Zwei wichtige Hinweise: Zu diesem „Pusten" kann niemand gezwungen werden; versucht ein Polizist es dennoch, obwohl man es abgelehnt hat, macht er sich u. U. strafbar (Allerdings: Wie sollte man praktisch gegen seinen Willen zum Hauchen veranlaßt werden können?). Jedoch: Man sollte sich keinesfalls sträuben! Denn wenn man ein reines Gewissen hat, wird sich alles bald klären, und weigert man sich, macht man sich verdächtig, und der Polizist darf mit uns die Fahrt zum Arzt antreten. *Gegen die Mitnahme zum Arzt aber gibt es kein Wehren!* Also besser gleich hauchen und friedlich sein! Es hat also wenig Sinn, sich der höflichen oder soldatisch-knappen Bitte „Hauchen Sie mal!" zu widersetzen. Der Polizist darf aber die Alcotest-Probe frühestens 15 Minuten nach dem Genuß alkoholischer oder aromatischer Getränke (Fruchtsaft) vornehmen, weil dann erst der entstellende Einfluß des „Mundalkohols", der über den Blutalkohol nichts aussagt, verschwunden ist. Da der Beamte nicht wissen kann, wann man zuletzt getrunken hat, vielleicht im Gedränge auch nicht danach fragt, sollte man ihn darauf aufmerksam machen. Im übrigen darf bei der Prüfung nicht geraucht werden, weil sonst die eigentliche Reaktionsfarbe durch Tabakrauch überdeckt werden kann; dann muß die Prüfung nach kurzer Zeit (und eventuell auf Kosten des Kraftfahrers!) wiederholt werden. Schließlich auch: „Schutzmittel" gegen den Alcotest-Nachweis gibt es, obwohl oft angepriesen, bisher nicht; es ist also zwecklos, vorher Pastillen oder Lorbeerblätter zu kauen, das Prüfröhrchen ist unbestechlich wie ein Richter.

Wird eine *Blutprobe* erforderlich, so darf der Polizist selbst sie freilich nicht entnehmen. Nur der fachkundige, approbierte Arzt ist dazu befugt. Einen Assistenten kann man, kennt man seine Stellung, theoretisch ablehnen. (Die von ihm entnommene Blutprobe darf aber verwertet werden.) Verpflichtet zur Entnahme der Blutprobe sind nur Amtsärzte. Aber auch ein Privatarzt wird ein solches Ersuchen der Polizei kaum je ablehnen.

Mehr als die Entnahme der Blutprobe muß man sich – so meinen die Juristen überwiegend – nicht gefallen lassen. Aber die „aktive Mitarbeit", wie es so schön heißt (passive Mitarbeit gibt es wohl kaum), sollte nicht verweigert werden: Fingerprobe, Gehen auf einem weißen Strich, Schriftprobe und was der Arzt sonst alles nach der Reihenfolge eines eigens dafür geschaffenen Formulars gerne mit einem anstellen möchte – man sollte mittun! Denn in Grenzfällen kann es der eigenen Entlastung dienen, und ist man wirklich erheblich alkoholisiert, würde der Bericht der Polizei gleich von „renitentem Verhalten" sprechen, was bei der Strafzumessung zu Buche schlagen kann.

Das entnommene Blut kommt in einer verschlossenen Venüle zum Gerichtsmedizinischen Institut zur Untersuchung. Was dort nicht verbraucht wird, schließt man – vorsorglich, für besonders schlaue Zweifler – im Kühlschrank ein. Die Kosten der Blutprobeentnahme muß, wenn er bestraft wird, der Kraftfahrer tragen, andernfalls muß sie der Staat übernehmen. Nach überwiegender Ansicht der Gerichte muß der Kraftfahrer die Blutprobekosten auch dann zahlen, wenn der Befund negativ war, der Alcotest aber positiv (so daß Anlaß zu einer Blutprobe entstand), falls er wegen eines anderen, auf der Fahrt begangenen Deliktes (z. B. falschen Überholens) bestraft wird; das ist freilich sehr unbillig.

## 5. Festnahme zur Ausnüchterung

Wenn der alkoholverdächtige Kraftfahrer Anstalten macht, davonzufahren, darf die Polizei den Zündschlüssel abziehen und einstekken. Ist der Rauschzustand besonders bedenklich, darf sie den Kraftfahrer zum Schutze der Allgemeinheit (und zu seinem eigenen) sogar zur „Ausnüchterung" mit auf die Wache nehmen. Daß sie unter Umständen auch Gewalt anwenden darf, haben wir oben schon gehört. Natürlich darf sie dabei nicht übertreiben. Wenn jemand lediglich „einäugig" gefahren ist, sich aber nicht ausweisen kann und nun nicht zur Wache mitkommen will, darf nicht schon der Gummiknüppel in Aktion treten. Das Mittel muß im rechten Verhältnis zur notwendigen Aufklärung stehen.

## 6. Der Führerschein in Gefahr

Die Polizei darf den Führerschein „bei Gefahr im Verzug" – wie das Gesetz sagt – beschlagnahmen; der wichtigste Fall ist wiederum die „Trunkenheit am Steuer". Gibt der Kraftfahrer den Fahrausweis freiwillig und bis zur Entscheidung durch den Richter, mit der er nun selbst rechnet, ab, dann ist eine „förmliche" Beschlagnahme entbehrlich; andernfalls soll die Polizei binnen 3 Tagen um richterliche Bestätigung nachsuchen, mit welcher dann auch die Entscheidung über die vorläufige Entziehung der Fahrerlaubnis verbunden ist (vgl. dazu auch das Führerschein-Kapitel auf Seite 61).

## 7. Kann das Fahrzeug weggenommen werden?

In den Fällen, in denen der Zündschlüssel abgezogen und der Führerschein sichergestellt werden darf, kann unter Umständen auch das Kraftfahrzeug einstweilen mit Beschlag belegt werden. Eine eigentliche „Beschlagnahme" des Fahrzeugs selbst ist sonst – stets „Gefahr im Verzug" vorausgesetzt – nur dann erlaubt, wenn es als Beweismittel geeignet ist und im derzeitigen Zustand belassen werden soll (damit später ein Kraftfahrzeugsachverständiger die Art der Beschädigungen feststellen und daraus seine Schlüsse ziehen kann). Nach neuerer gesetzlicher Regelung kann eine Beschlagnahme auch dann erfolgen (sie bedarf, wie erwähnt, richterlicher Bestätigung), wenn die Möglichkeit besteht, das Gericht werde es im kommenden Verfahren einziehen. Diese Möglichkeit besteht u. a. dann,

wenn jemand gefahren ist, obwohl ihm die Fahrerlaubnis entzogen oder ein Fahrverbot gegen ihn ausgesprochen war;

wenn jemand als Halter des Fahrzeuges eine solche Fahrt angeordnet oder geduldet hat;

wenn jemand vorsätzlich ein nicht haftpflichtversichertes Fahrzeug gefahren hat.

Voraussetzung ist in allen diesen Fällen aber, daß dem „Täter" das Fahrzeug gehört. Hat also jemand ohne Wissen des Eigentümers und ohne Führerschein eine „Schnaps- und Schwarzfahrt" veranstaltet und dabei einen Unfall verursacht, darf die Polizei zwar den Zündschlüssel abziehen, nicht aber den Pkw beschlagnahmen.

## 8. Die gebührenpflichtige Verwarnung

Die Verwaltungsbehörde (in der Regel Polizeibeamte) darf bei geringfügigen Ordnungswidrigkeiten gebührenpflichtige Verwarnungen aussprechen. Sie hat ihre Richtlinien, wann solche Fälle vorliegen und wann nicht. Der Sachschaden darf 1000 DM nicht übersteigen. Außerdem dürfen es keine gefährlichen Delikte sein. An Ort und Stelle „bezahlen" kann man beispielsweise niemals Verstöße wie falsches Überholen, übermäßige Geschwindigkeit, Vorfahrtverletzung, falsches Einbiegen, Abbiegen und Wenden, Nichteinhalten der rechten Straßenseite, Nichtbeachtung der Verkehrsregelung durch Polizeibeamte oder Verkehrsampel, wenn diese zu einem Unfall geführt haben. Bei falschem Parken oder minimaler Geschwindigkeitsüberschreitung beispielsweise kann man unter Umständen mit einer gebührenpflichtigen Verwarnung davonkommen, die nirgends eingetragen wird. Der Polizist, der sie verlangt, muß entweder in Uniform sein oder sich ausweisen können.

Die gebührenpflichtige Verwarnung soll grundsätzlich sofort erhoben werden. Wenn man die Gebühr (weil man das Portemonnaie nicht dabei hat) aber binnen einer Woche bei der hierfür bezeichneten Stelle oder bei der Post (zur Überweisung) einzahlt, genügt dies auch noch, falls diese Frist vom kontrollierenden Beamten bewilligt wird (bei einem Verwarnungsgeld über 5 DM soll dies grundsätzlich geschehen, auch wenn der Betroffene sofort zahlen könnte). Voraussetzung ist ferner, daß der Betroffene mit diesem Verfahren einverstanden ist (was er in aller Regel sein sollte, weil dies der schmerzloseste aller Wege ist!).

Das Verwarnungsgeld beträgt mindestens 2 DM und höchstens 40 DM.

Der Polizist muß eine Bescheinigung über die Zahlung ausstellen. Diese sollte man gut aufbewahren; denn als Ordnungswidrigkeit kann dieselbe Verfehlung dann vom Gericht nicht mehr geahndet werden. Anders steht es, wenn z. B. ein Verkehrsteilnehmer verletzt worden ist, es sich also um ein Vergehen handelt, und sich dies erst später herausstellt, weil der Polizist es im Gedränge der Verkehrsregelung nicht bemerkt hat. War der Polizist als Freund und Helfer ganz besonders gnädig und verwarnte er – was er kann – ohne Gebühr und nur mit erhobenem Zeigefinger, dann ist theoretisch ein gerichtliches Nachspiel noch immer möglich, wenn auch praktisch selten; denn außer ihm und dem Verwarnten selbst weiß ja wohl niemand von der „läßlichen Sünde".

# C. Was ist nach der Unfallaufnahme zu beachten?

## 1. Strafantrag und Nebenklage – wozu und wann?

Manche Verstöße werden nur auf einen Antrag des Verletzten hin verfolgt. Wenn Sie bei einem Verkehrsunfall verletzt wurden und sich noch nicht im klaren darüber sind, ob der andere etwas falsch gemacht hat oder ob Sie selbst der schuldige Teil sind, dann *stellen Sie vorsorglich Strafantrag*. Gelegenheit dazu haben Sie meistens schon bei der ersten Vernehmung durch die Polizei, die auch fast immer die entsprechende Frage stellt. Das wichtigste Vergehen im Straßenverkehr, das unter Umständen nur dann strafrechtlich verfolgt wird, wenn ein solcher Strafantrag vorliegt, ist die fahrlässige Körperverletzung. Meistens ist aber auch hier keine besondere Erklärung des Verletzten notwendig, weil die Staatsanwaltschaft das „besondere öffentliche Interesse" in der Regel bejaht und es dann nicht mehr darauf ankommt, ob Sie als der Verletzte wollen, daß der andere bestraft werde. Aber bei geringfügigeren Verletzungen oder wenn Sie zu dem anderen in einem nahen persönlichen Verhältnis stehen (Verwandtschaft, Schwägerschaft, Freundschaft), kann es auf Ihre Entscheidung durchaus ankommen. Und dann ist wichtig zu wissen, daß der Strafantrag binnen drei Monaten, vom Unfall ab gerechnet, gestellt werden muß (außer Sie würden erst später erfahren, wer der andere war – dann beginnt die Frist in diesem Augenblick zu laufen). Nach Ablauf der drei Monate ist nichts mehr zu wollen, wenn die Staatsanwaltschaft das „besondere öffentliche Interesse" verneint. Die strafgerichtliche Entscheidung ist im übrigen für die Schadensregulierung unter den Haftpflichtversicherungen nicht bindend. Sie wird aber doch Verhandlungsgrundlage sein, obschon der Strafprozeß nicht dazu bestimmt ist, die Berechtigung von Schadenersatzansprüchen zu klären.

Auch wenn Sie der Gegner „Hornochse", „Idiot" oder dergleichen genannt hat (was man gemeinhin als Beleidigung bezeichnet), müssen Sie diese Strafantragsfrist beachten. Nur wenn der Strafantrag rechtzeitig gestellt wurde, kann die Staatsanwaltschaft ein Ermittlungsverfahren einleiten. Sie wird es aber gewöhnlich nicht tun, weil bei diesen Delikten zur Erhebung der öffentlichen Klage ein „öffentliches Interesse" erforderlich ist, das die Staatsanwaltschaft bei der Beleidigung in der Regel verneint. Der Beleidigte ist also darauf angewiesen, sich durch eine Privatklage Genugtuung zu verschaffen. Häufig weist schon die Polizei auf diese Möglichkeit hin.

Alle sonstigen Verstöße, die im Straßenverkehr begangen werden können, werden ohne Rücksicht auf das Interesse des einzelnen verfolgt. Sie können also wohl dort, wo ein Strafantrag notwendig ist, diesen wieder „zurückziehen", wenn Sie sich inzwischen beruhigt oder gütlich geeinigt haben. Aber eine „echte" Anzeige wegen Unfallflucht, einer Verkehrsübertretung oder Fahrens ohne Führerschein können Sie nicht mehr „null und nichtig" machen, auch wenn der Betroffene Sie aufsucht und händeringend darum bittet. In den meisten Fällen ist der Gang der Dinge also nicht mehr aufzuhalten. Aber es ist – wie gesagt – wichtig, zu wissen, daß man durch unterlassene Antragstellung selbst Rechte verlieren oder ihre Durchsetzung zumindest erschweren kann.

Dann gibt es noch eine andere Einrichtung: die sogenannte *Nebenklage*. Als körperlich Verletzter oder Beleidigter kann man sich, wenn der Staatsanwalt Anklage gegen den anderen erhoben hat, dem Verfahren als Nebenkläger anschließen; das können auch die nächsten Angehörigen eines durch einen Verkehrsunfall Getöteten. Der Antrag muß bei dem Gericht eingereicht werden, vor dem die Verhandlung stattfindet. Am besten erkundigt man sich aber zuvor bei einem Rechtsanwalt, der einen dann auch vertritt und in der Verhandlung neben dem Staatsanwalt zur Frage der Schuld (weniger zur Strafhöhe, an der Sie ja nicht aus Rachegefühlen interessiert sein sollten) Stellung nimmt. Sie haben dann fast ähnliche Rechte wie der Staatsanwalt, dürfen während der Verhandlung im Sitzungssaal bleiben, auch wenn Sie Zeuge sind, und können, wenn der „andere" freigesprochen wird, das Urteil in geeigneter Weise anfechten. Die Anschlußerklärung kann jederzeit erfolgen, also insbesondere auch noch in der Strafsitzung selbst, nach Einspruch gegen einen Strafbefehl (s. unten S. 41) neuerdings aber erst, wenn Termin zur Hauptverhandlung anberaumt ist.

## 2. Verkehrsverstöße können verjähren

Muß man noch ein Jahr nach einem Parkunfall damit rechnen, daß einem ein Strafbefehl ins Haus flattert? In der Regel nicht. Das Gesetz geht nämlich davon aus, daß klare Verhältnisse im Interesse des Rechtsfriedens wichtiger sind als die „restlose Bestrafung" aller großen und kleinen Missetäter. Darum gibt es eine Verjährung von Straftaten. Sie ist natürlich nach der Schwere der Verstöße abgestuft: Verkehrsordnungswidrigkeiten verjähren binnen drei Monaten, vom Verstoß ab gerechnet (§ 26 Abs. 4 StVG), leichtere Vergehen in drei Jahren, schwerere Vergehen (solche, die im Höchstmaß mit Freiheitsstrafe von mehr als einem Jahr bis zu fünf Jahren bedroht sind) erst in fünf Jahren (und dazu zählen auch beispielsweise fahrlässige Körperverletzung, unerlaubtes Entfernen vom Unfallort und Trunkenheit im Straßenverkehr): § 78 StGB. Nun kann man aber besonders bei Ordnungswidrigkeiten nicht unbedingt schon nach drei Monaten frohlocken: Denn die Verjährung kann durch bestimmte richterliche Handlungen, die das Gesetz aufzählt, unterbrochen werden. Wenn der Richter z. B. auf Antrag der Staatsanwaltschaft einen Zeugen zu vernehmen hat und Termin hierfür bestimmt, beginnt die Dreimonatsfrist in diesem Augenblick von neuem zu laufen.

Praktisch ist eine Verjährung von Ordnungswidrigkeiten fast nur denkbar, wenn die polizeilichen Ermittlungen sich sehr lange hinziehen und daher längere Zeit kein Richter mit der Sache befaßt wird. Die Justizbehörden müssen natürlich stets prüfen, ob die Verjährung nicht bereits eingetreten ist. Wenn ja, wird das Verfahren eingestellt und Sie erhalten hierüber Bescheid, wie überhaupt von jeder abschließenden Entscheidung. Vorsorglich können Sie aber in der Verhandlung stets die Nachprüfung anregen, ob nicht schon alles verjährt ist, wenn Sie glauben, daß dies der Fall sein könnte. Daß Sie dies tun, wird Ihnen kein Richter übelnehmen, denn es ist Ihr gutes Recht.

## D. Wie verhält man sich im Strafverfahren?

### I. Der Strafbefehl und was sich dagegen unternehmen läßt

„Strafbefehl" heißt das Schriftstück, das alltäglich Tausende von friedlich gesinnten Autofahrern aus der Feierabendstimmung reißt. Dank einer oft längst vergessenen Verkehrssünde sehen sie sich plötzlich unter Justitias Schwert. Ein Mitmensch hatte sie angezeigt. Das Gericht prüft den Fall und kam zum Schuldspruch. Was soll der Verurteilte nun tun? Soll er die Strafe anerkennen und zahlen, um seine Ruhe zu bekommen, oder soll er um sein vermeintliches Recht kämpfen mit der Aussicht auf weitere Verluste? Ein Fall soll zeigen, wie man auf einen Strafbefehl am besten reagiert.

Als Herr Müller nach Geschäftsschluß nach Hause kommt, findet er einen Strafbefehl des Amtsgerichts vor, den der Briefträger vormittags seiner Ehefrau zugestellt hatte. Herr Müller sieht sich beschuldigt, vor einigen Wochen beim Überholen auf der Stahlstraße in Vorderstadt den Pkw-Fahrer Schulze dadurch gefährdet zu haben, daß er sich zu knapp wieder vor dessen Auto einordnete; Herr Schulze habe nur durch eine Notbremsung einen Unfall verhindern können, sei aber dabei mit seinem Kopf gegen die Windschutzscheibe gestoßen. Weiter werden in dem Strafbefehl die einschlägigen gesetzlichen Bestimmungen genannt, wonach Herr Müller sich strafbar gemacht habe, desgleichen die Zeugen (nämlich Herr Schulze selbst, ein nachfolgender Autofahrer und dazu noch ein Fußgänger, der den Vorgang beobachtet habe), und schließlich wird gesagt, welche – von der Staatsanwaltschaft beantragte und vom Richter durch Unterschrift gebilligte – Geldstrafe festgesetzt worden ist; hinzu kommen, wie stets, die gesondert berechneten Kosten des Verfahrens. Im Anschluß daran wird Herr Müller wie folgt belehrt:

Dieser Strafbefehl wird vollstreckbar, wenn Sie nicht binnen einer Woche nach Zustellung hier schriftlich oder zur Niederschrift der Geschäftsstelle Einspruch erheben. Ein schriftlicher Einspruch muß innerhalb der Woche beim hiesigen Amtsgericht eingegangen sein.

Endlich wird darauf hingewiesen, daß die Geldstrafe ohne weitere Aufforderung alsbald nach Rechtskraft zu entrichten sei, andernfalls der Gerichtsvollzieher zur zwangsweisen Beitreibung erscheine. Für den Fall, daß diese erfolglos bleiben sollte (weil Herr Müller keine pfändbaren Sachen besitzt), ist in dem Strafbefehl zugleich eine ersatzweise Freiheitsstrafe festgesetzt. Das heißt, wenn weder gezahlt noch der Kuckuck geklebt werden kann, müßte Herr Müller diese Freiheitsstrafe im Regelfall hinter Gefängnisgittern absitzen.

## 1. Verfahren für einfache Fälle

Was hat es nun zunächst einmal mit einem solchen Strafbefehl auf sich? Das Gesetz hat folgende Regelung getroffen: Bei Vergehen kann auf dem Weg des Strafbefehls eine Strafe festgesetzt werden, wenn die Staatsanwaltschaft dies schriftlich beantragt. Freiheitsstrafen dürfen allerdings nicht mehr auferlegt werden. Auch die Fahrerlaubnis darf durch Strafbefehl entzogen werden, wenn die Sperrfrist nicht höher ist als zwei Jahre, ferner kann ein Fahrverbot ausgesprochen werden.

Bevor ein solcher Strafbefehl von der Staatsanwaltschaft beantragt und vom Richter dann eventuell erlassen wird, muß der Beschuldigte – das wäre in unserem Falle Herr Müller – gehört worden sein; allerdings genügt es, daß ihn die Polizei vernommen oder ihm doch Gelegenheit zur Äußerung gegeben hat. Einen „Anspruch" auf Vernehmung speziell durch den Richter hat der Beschuldigte nicht. Der Richter muß dann nach dem Ergebnis der Ermittlungen sorgfältig prüfen, ob eine strafbare Handlung vorliegt. Hat er Bedenken, dann wird er eine mündliche Verhandlung ansetzen, in welcher dann alle Beteiligten zu Wort kommen.

Gedacht ist das Strafbefehlsverfahren für *einfache und leichtere Fälle,* vor allem auch für den Fall, daß der Autofahrer schon bei der Polizei seine Schuld zugegeben hat. Wer freilich wiederholt vorbestraft ist, wird auch bei leichteren Verfehlungen um eine öffentliche Verhandlung nicht herumkommen. Denn das Gericht erhofft sich davon einen wesentlich nachhaltigeren Eindruck bei dem Angeklagten, als ihm ein nur „schriftliches" Verfahren wie das Strafbefehlsverfahren hinterlassen kann. Der Beschuldigte hat freilich keinen Einfluß darauf, ob seine Sache beschleunigt durch Strafbefehl erledigt oder ob er angeklagt wird; es hat deshalb wenig Sinn, beim Gericht oder bei der Staatsanwaltschaft solche Anträge zu stellen.

## 2. Soll ich zahlen oder nicht?

Herr Müller überlegt sich nun, ob er gegen diesen Strafbefehl etwas einwenden soll. Wenn er „Einspruch" einlegt, so hat dies zur Folge, daß der Richter eine Verhandlung ansetzt, so als wäre Anklage erhoben worden. In dieser Verhandlung würde dann der ganze Sachverhalt nochmals eingehend geprüft. Wenn Herr Müller einen Rechtsanwalt aufsucht, wird ihm dieser folgendes zu überlegen geben: Einspruch einzulegen hat nur dann Sinn, wenn Herr Müller entweder sich für unschuldig hält (z. B. er glaubt, gar nicht der Fahrer des betreffenden Kraftfahrzeugs gewesen zu sein, oder er hält es für ausgeschlossen, daß der Überholvorgang nicht korrekt war, oder er glaubt mit Sicherheit nachweisen zu können, daß der Überholte seine Geschwindigkeit während des Einordnens erhöht hat, oder er will den Sachverhalt zwar nicht leugnen, aber meint, ein solches Verhalten sei nicht strafbar) oder die festgesetzte Strafe für zu „hart" hält.

Es ist allerdings dringend zu raten, nicht leichtfertig Einspruch einzulegen. Denn dem Gericht haben die Aussagen der Unfallzeugen, die Unfallskizze, eventuell auch Blutalkoholgutachten,

Tachoscheibe, Tatort- und Schadensschilderung und möglicherweise ein Bundeszentralregisterauszug mit einschlägigen Vorstrafen des Herrn Müller bereits vorgelegen. Ein Strafbefehl wird also nicht auf bloße Anzeige hin erlassen. Die eigene Meinung gilt wenig, wenn sie sich nicht durch Tatsachen erhärten läßt. Denn der Richter, der bei dem Unfall nicht dabei war, kann nur das beurteilen, was er festgestellt hat. Dabei kann er die Einlassung des Beschuldigten und die Aussagen der Zeugen frei würdigen, sie also für wahr oder unglaubhaft halten.

Kann Herr Müller sich nicht rechtzeitig schlüssig werden, dann hat er die Möglichkeit, rein vorsorglich Einspruch einzulegen.

Die Einspruchsfrist beträgt eine Woche von der Zustellung an gerechnet. Hat Herr Müller den Strafbefehl am 4. des Monats erhalten, muß also seine Einspruchsschrift spätestens am 11. des Monats eingegangen oder seine Erklärung bei der Geschäftsstelle des Gerichts (nicht beim Richter selbst) aufgenommen sein. Fällt das Ende der Frist auf einen Sonnabend, Sonn- oder Feiertag, dann endet sie mit Ablauf des nächsten Werktages. Überlegt sich Herr Müller die Sache in letzter Minute, so steht ein sogenannter Nachtbriefkasten zur Verfügung, der an der Eingangstür zum Gerichtsgebäude angebracht ist und eingehende Post bis Mitternacht meistens noch selbsttätig stempelt.

### 3. Wenn man die Frist verpaßt

Nun ist es in Ausnahmefällen denkbar, daß Herr Müller ohne sein Verschulden von der Zustellung des Strafbefehls keine Kenntnis erhalten hat: Nehmen wir an, er ist Fernfahrer, so daß ihm seine Frau den Bescheid nicht an einen bestimmten Ort nachsenden konnte. Oder er ist in Urlaub gefahren und sein Vermieter hat die Zustellung für ihn entgegengenommen. Jedenfalls ist nach Müllers Rückkehr die Wochenfrist schon verstrichen. Auch in solchen Fällen läßt das Gesetz den Beschuldigten nicht schutzlos. Herr Müller muß sofort, spätestens binnen einer Woche (Eingang bei Gericht), nachdem er von der Fristversäumnis erfahren hatte, um *„Wiedereinsetzung"* nachsuchen und zugleich, jedenfalls innerhalb der Antragsfrist, Einspruch einlegen. Er muß dabei angeben, aus welchem Grund er die Frist versäumt hat (§ 45 StPO). Seine Angaben muß er glaubhaft machen, evtl. durch eidesstattliche Versicherungen des Arbeitgebers oder des Vermieters.

## 4. Der Einspruch

Der Einspruch selbst bedarf keiner besonderen Begründung. Es genügt, wenn Herr Müller schreibt:

An das
Amtsgericht
in Vorderstadt
Betr.: Strafsache gegen mich; Aktenzeichen Cs . . . / . . .
In obiger Sache lege ich gegen den mir am . . . zugestellten Strafbefehl Einspruch ein.

Will Herr Müller dies nur rein vorsorglich tun (die Verträge über Kfz-Haftpflichtversicherung fordern dies oft), dann empfiehlt es sich unbedingt, das deutlich zu machen und zu bitten, zunächst noch keinen Verhandlungstermin zu bestimmen; bis in spätestens 8 Tagen werde mitgeteilt, ob der Einspruch aufrechterhalten bleibe. (Grundsätzlich ist in solchen „vereinfachten Verfahren" natürlich auch vom Beschuldigten rascher Entschluß und Meidung unnötiger Eingaben zu verlangen.) Das Gesetz gibt dem Angeklagten nämlich neuerdings die Möglichkeit, den Einspruch sogar noch bis zur Verkündung des Urteils im ersten Rechtszug zurückzunehmen. In wenig aussichtsreichen Fällen wird der Richter mit Herrn Müller die Aussichten zwanglos erörtern. Denn Herr Müller ist ja Laie und soll die Überlegungen des Richters erfahren. Wird die Verhandlung durchgeführt und Herr Müller verurteilt (wie es in einer solchen Gerichtsverhandlung zugeht, erfahren wir später S. 47), muß er die doppelten Kosten tragen, zu denen evtl. noch Auslagen von Zeugen kommen. Oft wird auch übersehen, daß der *Richter nicht an die im Strafbefehl festgesetzte Strafe gebunden* ist. Er kann durchaus zu dem Schluß kommen, das Verhalten des Herrn Müller sei wesentlich tadelnswerter, als man zunächst annahm, und deshalb auf eine höhere Strafe erkennen.

Kommt der Angeklagte nicht zur Verhandlung und hat er auch nicht einen Verteidiger beauftragt, ihn zu vertreten – welcher dann natürlich auch anwesend sein und eine Vollmacht vorlegen müßte –, dann wird der Einspruch ohne weitere Verhandlung verworfen. Wer sein Recht sucht, muß auch rechtzeitig dasein. Anders freilich, wenn sich Herr Müller mit triftigen Gründen, z. B. Krankheit, entschuldigt hat; berufliche Gründe und Vergeßlichkeit sind nicht ausreichend. Die Entschuldigung muß freilich – etwa durch ein ärztliches Attest – glaubhaft gemacht sein, denn die Gerichte haben mit Angeklagten, die das Verfahren verzögern wollen, schlechte Erfahrungen gemacht.

Wohnt Herr Müller in Norddeutschland und kommt der Strafbefehl von einem süddeutschen Gericht – wo sich der Unfall ereignet haben soll –, dann muß er freilich nicht zur Verhandlung dorthin reisen (hängt viel von dem Ausgang des Verfahrens ab, empfiehlt sich das aber). Allerdings kommt er nicht umhin, entweder einen Rechtsanwalt in der süddeutschen Stadt zu beauftragen, in der Verhandlung seine Rechte wahrzunehmen, oder aber zugleich mit der Einspruchsschrift den Antrag zu verbinden, das dortige Gericht möge ihn vom Erscheinen in der Verhandlung entbinden und ihn von einem norddeutschen Richter – dem seines Wohnsitzes – vernehmen lassen; im letzteren Falle kann sich die Bestellung eines Verteidigers erübrigen.

## 5. Für welche Fälle ist der Einspruch nicht vorgesehen?

Hier seien einige genannt, die nach praktischer Erfahrung häufig sind und irrtümlich von den Betroffenen zum Anlaß genommen werden, gegen den Strafbefehl vorzugehen.

Wer zwar einsieht, daß er die festgesetzte Geldstrafe verdient hat oder doch jedenfalls hinnehmen muß, sich aber zur sofortigen Zahlung außerstande sieht, darf keinen Einspruch einlegen. Er kann vielmehr ein Gesuch um Bewilligung von Ratenzahlungen oder um Stundung einreichen (siehe dazu S. 59).

Zwecklos ist es auch zu beantragen, die Geldstrafe „herabzusetzen". *Ohne Hauptverhandlung darf der Richter den Strafbefehl überhaupt nicht abändern.* Der Antragsteller muß sich deshalb überlegen, ob er es auf eine Verhandlung ankommen lassen will.

Wer seine Schuld zwar nicht leugnen will, aber meint, sie sei gering, und es sei doch auch „nicht viel passiert", der kann allenfalls eine *Einstellung wegen Geringfügigkeit* erstreben (s. dazu unten S. 53). Hat man dies nicht schon bei der polizeilichen Vernehmung beantragt, so kann es unter Umständen angebracht sein, vorsorglich Einspruch einzulegen, zugleich aber zu bemerken, daß man nur eine Einstellung aus den genannten Gründen, nicht aber eine öffentliche Verhandlung wünsche. Die Prozentzahl solcher Einstellungen ist gering; übertriebene Hoffnungen sind fehl am Platz. Teilt das Gericht mit, daß eine Einstellung nicht möglich sei, so kann sich Herr Müller hiergegen nicht beschweren, weil es sich um eine Ermessensentscheidung handelt. Er wird dann seinen Einspruch am besten zurücknehmen.

Schließlich gibt es, wenn alle anderen Mittel erschöpft sind, das *Gnadengesuch,* gerichtet auf Strafaussetzung, Herabsetzung oder Erlaß der Strafe (siehe auch S. 52, 59, 70). Hier ist allerdings zu bemerken, daß grundsätzlich zunächst vom Einspruchsrecht Gebrauch gemacht werden sollte. Denn das ist der vom Gesetz vorgesehene normale Weg, und im übrigen auch der für den Betroffenen günstigste. Denn dringt er mit dem Einspruch nicht durch, kann er noch immer Revision oder Berufung einlegen, während Gnadengesuche ohne besondere Verhandlung nach Aktenlage und evtl. nach Einholung amtlicher Auskünfte beschieden werden.

Alles in allem eine Vielzahl von Möglichkeiten, die Herrn Müller zur Verfügung stehen. Ob er von ihnen Gebrauch macht, ob er Zeit, Kosten und Nervenkraft daransetzen will, eine Entscheidung zu erreichen, das hat er selbst zu bestimmen. Das gilt – wie gesagt – vor allem dann, wenn er sich nach Zustellung des Strafbefehls entschließen muß, ob er Einspruch einlegen soll oder nicht.

## II. Die Gerichtsverhandlung

Bei der Erörterung der Möglichkeiten, die man nach Zustellung eines Strafbefehls hat, wurde bereits angedeutet, daß ein Einspruch zu einer „Hauptverhandlung" führt, und auch, was man tun kann, um nach rechtskräftiger Entscheidung die Lage, in die man geraten ist, glimpflicher zu gestalten (Ratengesuch u. a. mehr).

### 1. Die Anklageschrift

Der Fall, daß man durch Einspruchseinlegung zum Mittelpunkt einer Gerichtssitzung wird, ist aber nicht der reguläre. Ohne weiteres eigenes Zutun wird man dies nämlich stets dann, wenn die Staatsanwaltschaft Anklage gegen den Verkehrsteilnehmer erhebt. Das ist nur möglich, wenn der Betreffende spätestens vor Abschluß der Ermittlungen zur Sache gehört worden ist, das heißt, wenn er Gelegenheit zur – mündlichen oder auch schriftlichen – Äußerung erhielt, gleichgültig, ob er diese Gelegenheit auch genutzt hat.

Die Anklageschrift enthält den Vorwurf, den die Strafverfolgungsbehörde Herrn Müller macht. Sie nennt die nach ihrer Meinung verletzten gesetzlichen Vorschriften und legt kurz dar, was das Ergebnis der Ermittlungen gewesen sei. Auch gibt sie an, worauf sich dieses Ergebnis stützt (Zeugen, Sachverständigengutachten, Lichtbilder etc.). Diese Anklage wandert in der Regel zum Einzelrichter beim Amtsgericht, in schwereren Fällen zum Schöffengericht – bei dem neben dem Berufsrichter zwei Schöffen, Laienrichter also, mitentscheiden – und nur in ganz gravierenden Fällen, die bei Verkehrsverstößen selten sind, zum Landgericht, das dann in der Hauptverhandlung mit drei Berufs- und zwei Laienrichtern besetzt ist. Die Anklage ist fast immer an das Gericht adressiert, das für den Bereich des Unfallortes zuständig ist (also an das Gericht in Buxtehude, wo der Unfall passiert ist, nicht an das Gericht in München, wo Herr Maier wohnt).

## 2. Die Zeit vor der Strafsitzung

Das Gericht muß die Anklage dem Angeklagten übersenden und ihn auffordern, innerhalb von 8 oder 14 Tagen mitzuteilen, ob er noch vor der Eröffnung des Verfahrens bestimmte Beweise erhoben haben oder irgendwelche Einwendungen erheben will (was selten geschehen wird, denn dazu hat er ja schon bei der polizeilichen Vernehmung Gelegenheit gehabt). Nach Ablauf der gesetzten Frist entscheidet das Gericht, ob es die Anklage (in der vorgelegten oder abgeänderten Form) zuläßt und das Verfahren eröffnet. Gleichzeitig wird ein Tag bestimmt, an dem die Verhandlung stattfinden soll. Den Eröffnungsbeschluß und die Ladung zu dem Termin erhält Herr Müller alsdann mit der Post. Nun hat er noch etwas Zeit – es sollen mindestens 8 Tage sein, meistens sind es mehr –, sich „seelisch" auf die Verhandlung vorzubereiten und zu überlegen, ob es sich lohnt, einen Verteidiger zu nehmen (dessen Gebühren Herr Müller freilich, wenn er verurteilt wird und nicht rechtsschutzversichert ist, selbst tragen muß).

## 3. Verhandlung ohne den Angeklagten?

Wie ist es nun, wenn Sie in München wohnen, die Sache aber vor dem Amtsgericht in Buxtehude verhandelt werden soll? Müssen Sie dorthin fahren? Nicht unbedingt. Sie können bei dem Amtsgericht beantragen, vom Erscheinen in der Hauptverhandlung entbunden zu werden. Das Gericht wird – wenn es nicht selbst schon diesen Gedanken gehabt und einen entsprechenden Beschluß gefaßt hat – prüfen, ob Ihrem Antrag entsprochen werden kann. Es wird dies tun, wenn voraussichtlich keine höhere Strafe als Geldstrafe bis zu 180 Tagessätzen, Verwarnung mit Strafvorbehalt oder Freiheitsstrafe bis zu 6 Monaten – evtl. auch neben Entziehung der Fahrerlaubnis oder Fahrverbot (siehe darüber Seite 65) – verhängt werden wird und Ihre Anwesenheit zur Klärung des Unfallherganges und damit der Schuldfrage nicht erforderlich erscheint (also vor allem dann, wenn Sie nach reiflicher Überlegung zugegeben haben, alleinschuldig zu sein, und nur eine geringere Strafe haben möchten). In diesem Falle werden Sie vom Amtsgericht München vernommen, dort außerdem aber noch einmal befragt, ob Sie von dem Buxtehuder Termin Nachricht haben wollen (für den Fall, daß Sie doch noch hinfahren wollen).

Einfach wegbleiben darf man aber keinesfalls, erst recht natürlich dann nicht, wenn man in der Nähe des zuständigen Gerichts wohnt. Der Ladung muß Folge geleistet werden, denn Ordnung muß sein. Nur wenn Sie Einspruch gegen einen Strafbefehl eingelegt haben (wie oben Seite 43 erörtert), genügt es, wenn ein informierter Rechtsanwalt Ihre Rechte wahrnimmt. In jedem Falle kann ein unentschuldigtes Ausbleiben bewirken, daß der Richter Sie durch die Polizei holen läßt (was sowohl kostspielig als auch peinlich ist).

In puncto „Entschuldigung" ist die Justiz im übrigen nicht weitherzig – das kann sie auch nicht sein, weil sonst jeder nach Belieben erschiene oder nicht. Geschäftsreisen, dringende Erledigungen oder eine Hochzeitsfeier (ausgenommen die eigene) sind keine ausreichenden Gründe. Wen eine wirklich ernsthafte Erkrankung daran hindert, zum Gericht zu fahren, muß dies rechtzeitig durch ein nicht allzu „dürftiges" ärztliches Attest nachweisen, das sich ausdrücklich über die Reise- oder Verhandlungsfähigkeit äußert (unzureichend ist ein Attest, man sei „arbeitsunfähig erkrankt", denn „arbeiten" soll man ja nicht). Schließlich hilft es nicht viel, den Termin hinausschieben zu wollen – besser ist es, man bringt ihn rasch hinter sich und weiß dann, woran man ist.

## 4. Was in der Strafsitzung geschieht

Sie sind – hoffentlich – zur festgesetzten Stunde im Gerichtsgebäude und haben auch den auf der Ladung angegebenen Sitzungssaal gefunden. Ihre Strafsache wird vom Gerichtswachtmeister aufgerufen und Sie betreten – eventuell zusammen mit Ihrem Verteidiger und den Zeugen – den Sitzungssaal, sofern Sie sich nicht schon vorher auf der Zuhörerbank die vorhergehende Sache angehört haben, um die Verhandlungsweise des Gerichts kennenzulernen. Ist Ihre Sache die erste des Tages (was weder ein gutes noch ein böses Omen ist), dann sitzen Urkundsbeamter und Staatsanwalt bereits an den beiden Stirnseiten des Richtertisches, und der Richter betritt nun – mit der Robe angetan – den Saal.

Der Richter stellt fest, daß Sie anwesend sind und ruft die Zeugen auf (gegen nicht erschienene Zeugen kann er Ordnungshaft verhängen). Er belehrt diese über ihre Pflicht, unparteiisch nach bestem Wissen und Gewissen die reine Wahrheit zu sagen, weder fahrlässig noch vorsätzlich etwas zu verschweigen, worauf sie später grundsätzlich (außer wenn es sich z. B. um Verletzte oder Angehörige von Ihnen handelt) beeidigt werden. Die Zeugen werden dann aus dem Saal geschickt, und Sie werden wieder vorgerufen. Zunächst fragt man Sie nach Ihren persönlichen Verhältnissen (die Frage nach Gehalt oder Umsatz können Sie hier als einzige unbeantwortet lassen, aber dann werden Sie u. U. „überschätzt" und sind selbst schuld daran), auch wie lange Sie schon den Führerschein haben, wie viele Kilometer Sie jährlich fahren.

Dann verliest der Staatsanwalt die Anklage, und nunmehr beginnt der entscheidende Teil der Sitzung: die *Beweisaufnahme*. Sie werden zunächst darauf hingewiesen, daß es Ihnen freistehe, sich zur Anklage zu äußern oder nicht zur Sache auszusagen. Das tut der Richter, der Ihnen gegenüber an der Mitte des großen Tisches sitzt und den Sie als „Herr Richter" oder „Herr Vorsitzender" anreden können – auf den Dienstrang kommt es hier nicht an. Aber etwas Höflichkeit ist nicht nur deshalb angebracht, weil auch der persönliche Eindruck bei einer eventuellen Bestrafung am Rande mitgewertet werden kann, sondern weil der Richter Sie ja nicht „überführt" sehen will, vielmehr – ohne Ihnen persönlich Böses zu wollen – unparteiisch Recht zu sprechen hat. Er redet auch Sie grundsätzlich mit „Herr Müller" an und wird nur dann barscher, wenn Sie ungehörige Antworten geben oder sich sonst unflätig aufführen (dann kann er sogar Ordnungsgeld oder Ordnungshaft gegen Sie verhängen!). Geben Sie möglichst sachliche Antworten, und zwar auf das, was Sie gefragt werden – egal was Sie sich zu Hause zurechtgelegt haben. Worauf es rechtlich ankommt, weiß das Gericht besser. Sie können aber alles sagen, was zur Sache gehört, und das Wort wird Ihnen allenfalls dann abgeschnitten, wenn Sie ins Schwätzen kommen; denn der Richter hat nicht nur Ihre Sache zu verhandeln. Außerdem: Je länger die Sitzung dauert, desto höher werden die Zeugengelder.

Auch der *Staatsanwalt* richtet zwischendurch Fragen an Sie – sehen Sie in ihm nicht den Teufel, wie er von Film und Illustrierten an die Wand gemalt wird. Er ist wohl etwas „aggressiver" als der Richter, aber nach dem Gesetz ebenfalls verpflichtet, auch die zu Ihrer Entlastung dienenden Tatsachen zu ermitteln. Der Herr auf der anderen Stirnseite des Tisches hat keine Redebefugnisse Ihnen gegenüber – er notiert nur alles, was geschieht, fein säuberlich in sein Protokoll.

Auch Ihr *Verteidiger* darf Fragen stellen – an Sie, an die hernach zu vernehmenden Zeugen, an den möglicherweise hinzugezogenen Sachverständigen, der während der ganzen Verhandlung anwesend ist. Ihrem Verteidiger sollten Sie auf dem Anwaltsbüro die volle Wahrheit gesagt haben. Er darf Sie nicht decken, wenn er weiß, daß Sie lügen, weil er sich sonst selbst strafbar machen könnte. Und Sie gehen mit ihm auch nicht gegen das Gericht an, sondern er soll Ihnen helfen, aus dem Wust der vielen Aussagen, soweit notwendig, die für Sie günstigen Umstände herauszuschälen, Beweisanträge stellen und schließlich für Sie plädieren.

Wenn die Zeugen vernommen werden, heißt es oft, ruhig Blut bewahren. Aber denken Sie daran, daß die Zeugen nicht unbedingt bewußt etwas Falsches zu Protokoll geben. Sie können sich irren wie Sie selbst. Es wird Ihnen nach jeder Vernehmung gestattet, Fragen an die Zeugen zu stellen oder ihnen Vorhaltungen zu machen, also darauf hinzuweisen, daß aus diesem oder jenem Grunde der Zeuge das oder jenes unmöglich gesehen haben könne. Ob der Zeuge auf seine Aussage zu beeidigen ist, entscheidet das Gericht.

Wenn die Beweisaufnahme abgeschlossen ist, erhebt sich der Staatsanwalt und führt aus, was er für erwiesen hält, und beantragt schließlich entweder, Sie freizusprechen, oder aber, Sie wegen eines bestimmten Deliktes zu bestrafen, wobei er sich auch zum Strafmaß (ob Freiheits- oder Geldstrafe und in welcher Höhe) äußern muß. Und wenn dann Ihr Verteidiger für Sie gesprochen hat, zieht sich das Gericht zur Beratung zurück. Beim Einzelrichter ergeht in einfacheren Sachen das Urteil gleich anschließend. Der Verkündung der Urteilsformel (man erhebt sich hierbei) folgt dann die meist knappe mündliche Begründung; Sie erfahren also, warum man Sie für schuldig oder unschuldig befunden hat. Ausführlicher steht das in der schriftlichen Begründung zu lesen, die erst später verfaßt und Ihnen nur dann übersandt wird, wenn Sie entweder das Urteil anfechten oder freigesprochen worden sind oder ausdrücklich (auf Ihre Kosten) um eine Urteilsabschrift bitten.

## 5. Verurteilt – was nun?

Nach der Urteilsverkündung werden Sie belehrt, was Sie gegen die Entscheidung unternehmen können und binnen welcher Frist dies geschehen muß; eventuell wird Ihnen diese Belehrung auch durch Aushändigung eines Vordruckes erteilt. Haben Sie ohnehin mit einer Bestrafung – und auch in dieser Höhe – gerechnet, dann kürzen Sie die Sache ab, wenn Sie das Urteil gleich annehmen, also auf Rechtsmittel verzichten, eventuell nach kurzer Rücksprache mit Ihrem Verteidiger. Das müssen Sie aber keineswegs, sondern Sie können sich alles zu Haus nochmals in Ruhe durch den Kopf gehen lassen – nur darf die Frist nicht versäumt werden. Gegen den Rat Ihres Verteidigers Berufung oder Revision einzulegen, ist ein fragwürdiges Unterfangen. Sie selbst mögen noch so sehr von Ihrem Recht überzeugt sein: Der Rechtsanwalt überschaut die Erfolgsaussichten besser. Hören Sie auf seinen Rat! Denn jede weitere Instanz bringt neue Kosten mit sich, die Sie zu tragen haben, wenn zuletzt doch das Urteil des ersten Richters bestätigt wird.

## 6. Welche Strafen gibt es?

Es gibt Geldstrafen und Freiheitsstrafen. *Die Geldstrafe* wird seit 1. 1. 1975 in sog. Tagessätzen verhängt, wobei die Höhe des Tagessatzes vom Gericht unter Berücksichtigung der persönlichen und wirtschaftlichen Verhältnisse des Angeklagten bestimmt wird. Ausgangspunkt ist dabei in der Regel das Nettoeinkommen, das der Betreffende an einem Tag hat oder haben könnte. Die Grundlagen für die Bemessung eines Tagessatzes (d. h., die Einkünfte des Angeklagten, sein Vermögen usw.) können geschätzt werden. Um zu vermeiden, daß das Gericht die wirtschaftlichen Verhältnisse zu hoch bewertet, empfiehlt es sich daher, hierzu Angaben zu machen (wozu man an sich nicht verpflichtet ist); Schweigen kann hier ärgerliche Folgen haben, die man sich dann selbst zuschreiben muß. Im übrigen wird ein Tagessatz auf mindestens 2 und höchstens 10 000 DM festgesetzt, und die Geldstrafe muß mindestens 5 und darf höchstens 360 volle Tagessätze betragen. Durch dieses etwas komplizierte neue Berechnungssystem, das an die Stelle der früheren „Pauschalgeldstrafe" getreten ist, soll eine größere Gerechtigkeit erreicht werden: die Zahl der Tagessätze soll ausweisen, was „die Tat wert ist", was wiederum unabhängig von den wirtschaftlichen Verhältnissen sein muß (während bisher z. B. 1000,– DM Geldstrafe hohe Schuld eines armen Mannes oder geringe Schuld eines reichen Mannes bei vergleichbarer Tat sein konnten). Die wirtschaftlichen Verhältnisse wiederum sollen noch exakter als bisher ermittelt und zur Grundlage für die Höhe des einzelnen Tagessatzes werden. Im Ergebnis interessiert den Angeklagten freilich, wie bisher, lediglich, was er insgesamt zahlen soll.

Wird die Geldstrafe nicht gezahlt und findet auch der Gerichtsvollzieher, der dann regelmäßig erscheint, nichts Pfändbares, so muß anstelle der Geldstrafe eine vom Gericht für diesen Fall schon festgesetzte Freiheitsstrafe abgesessen werden (1 Tag Freiheitsstrafe je Tagessatz). Die Vollstreckung oder Ersatzfreiheitsstrafe kann erlassen werden, wenn diese für den Verurteilten eine unbillige Härte bedeutete. Kann nicht sofort gezahlt werden, gibt es die Möglichkeit der Stundung oder der Ratengewährung, von der meistens schon im Urteil Gebrauch gemacht wird, wenn entsprechende Anhaltspunkte vorliegen (vgl. dazu unten S. 59).

Unter bestimmten, sehr engen Voraussetzungen gibt es seit diesem Zeitpunkt auch eine Art „Geldstrafe mit Bewährung" – das Gesetz spricht von *„Verwarnung mit Strafvorbehalt"*. Das Gericht kann den Täter neben dem Schuldspruch verwarnen, die Höhe der Geldstrafe bestimmen, dann aber die Verurteilung zu dieser Strafe vorbehalten und eine Bewährungszeit bestimmen, die ihm ermöglicht, sich „Nichtzahlung" zu verdienen. Schon kraft Gesetzes ist eine solche Verwarnung mit Strafvorbehalt jedoch neben einem Entzug der Fahrerlaubnis ausgeschlossen. Im übrigen ergibt sich aus den Gesetzesmaterialien, daß Verstöße im Straßenverkehr in der Regel nicht darunter fallen, weil sie einander sehr gleichen und kaum „besondere Umstände in der Tat und der Persönlichkeit des Täters", die vorausgesetzt werden, erkennen lassen. Deshalb soll diese Neuerung hier nicht näher dargestellt werden.

*Freiheitsstrafe* darf seit 1. 1. 1975 nicht unter einem Monat verhängt werden. Die einzelnen Tatbestände enthalten einen bestimmten „Strafrahmen", aus dem die angedrohte Mindeststrafe (andernfalls gilt die gesetzliche allgemein) und die Höchststrafe zu ersehen sind. Freiheitsstrafen bis zu 6 Monaten (sog. kurzfristige Freiheitsstrafen) dürfen nur dann verhängt werden, wenn dies aus besonderen Umständen, die in der Tat oder der Persönlichkeit des Angeklagten liegen, die zur Einwirkung auf den Täter oder zur Verteidigung der Rechtsordnung unerläßlich ist (wie z. B. bei besonders häufig begangenen Verkehrsdelikten), andernfalls ist auf Geldstrafe zu erkennen.

Die Vollstreckung einer Freiheitsstrafe von nicht mehr als einem Jahr kann zur *Bewährung* ausgesetzt werden, wenn zu erwarten ist, daß der Verurteilte sich schon die Verurteilung als solche zur Warnung dienen lassen und künftig auch ohne die Einwirkung des Strafvollzugs nicht mehr straffällig werden wird (bei Freiheitsstrafen, die darüber liegen, aber 2 Jahre nicht übersteigen, besteht diese Möglichkeit nur in extremen Ausnahmefällen, darüber überhaupt nicht mehr). Entscheidend sind die Persönlichkeit des Angeklagten, sein Vorleben usw. Bei besonders schweren Begleitumständen eines Unfalles (Tötung eines Menschen infolge überhöhter Geschwindigkeit unter Alkoholeinfluß) und bei Rückfalltätern wird sie meistens versagt werden müssen.

Gibt das Gericht Bewährung, dann bestimmt es eine Bewährungsfrist (sie beträgt mindestens zwei und höchstens fünf Jahre), nach deren Ablauf der Straferlaß geprüft wird, und erlegt meistens auch eine Geldbuße auf, die an eine gemeinnützige Einrichtung zu zahlen ist. Wenn man innerhalb der Bewährungszeit erneut etwas Nennenswertes „anstellt", die Buße nicht zahlt oder sonst zeigt, daß das Vertrauen des Gerichtes unberechtigt war, kann die Strafaussetzung widerrufen werden, und man muß die Strafe absitzen. Im anderen Falle erläßt das Gericht die Vollstreckung und teilt dies dem Verurteilten mit. Viele meinen, daß man bei Bewährung „nur eine Geldstrafe bekommen" habe. Das ist absolut falsch. *Verurteilt ist man zu einer Freiheitsstrafe,* die auch in das Bundeszentralregister eingetragen wird (siehe Seite 73), nur daß man diese Strafe zunächst nicht antreten muß. Die Geldbuße ist keine Strafe, sondern nur eine Art „Wiedergutmachung" gegenüber der Allgemeinheit.

(Über die Möglichkeit des Strafaufschubs bei Freiheitsstrafen ist auf Seite 58 einiges ausgeführt.) Neben Freiheits- oder Geldstrafe kann auch auf Fahrverbot und Entziehung der Fahrerlaubnis (dazu auf Seite 63), in schlimmen Fällen auch auf Einziehung des Fahrzeuges (Seite 35) erkannt werden; darauf ist meistens in der Anklageschrift schon aufmerksam gemacht, so daß man auf alles gefaßt den Gerichtssaal betritt, wenn auch in der Hoffnung, einen milden Richter zu finden. Eventuell gelingt es, eine Einstellung des Verfahrens (Seite 53) oder aber, wenn das Urteil rechtskräftig geworden ist, einen Gnadenerweis zu erreichen (wofür die Staatsanwaltschaft zuständig ist).

## III. Schuldig – und doch straflos

Unsere Gesetze wären schlecht, wenn sie starr und lebensfremd wären. Denn Recht ist Lebensordnung, und Richter sind keine Urteilsautomaten. Darum gibt es auch Möglichkeiten, einen Sünder straffrei davonkommen zu lassen, obwohl er sich strafbar gemacht hat. Abgesehen von dem Gnadenerweis (der erst nach rechtskräftiger Verurteilung möglich ist und darum erst unten S. 59 behandelt wird) sind dies die Einstellung wegen Geringfügigkeit und das Absehen von Strafe.

## 1. Einstellung des Verfahrens wegen Geringfügigkeit

Die sogenannte *Einstellung wegen Geringfügigkeit* – was ist das? Wie kann man sie erreichen? Die alten Römer kannten zwar noch keine Verkehrsprobleme, Führerscheine und Verkehrssünderkarteien. Wohl aber kannten sie einen Satz, der auf gut Deutsch besagt, daß der Staatsanwalt sich um Kleinigkeiten nicht kümmere: Minima non curat praetor. Dieser Grundsatz gilt auch bei uns. Wer gegen ein Gesetz schuldhaft verstößt, ist strafbar – daran ist nicht zu rütteln. Auch wer zwei Äpfel beim Sonntagsspaziergang von einem fremden Baum „erntet" und genüßlich verzehrt, ist strafbar. Aber ernstlich wird natürlich niemand annehmen, daß der harmlose Spaziergänger wegen einer solchen Bagatelle nun auch tatsächlich bestraft werde; höchstens, daß ihn der Feldhüter einmal verwarnt. Wie steht es nun in Verkehrsstrafsachen mit solchen „Kleinigkeiten"?

Häufig legen Kraftfahrer gegen einen Bußgeldbescheid oder gegen einen Strafbefehl Einspruch ein, schreiben aber dem Gericht, sie wollten gar nicht bestreiten, zu schnell gefahren oder sonst nachlässig gewesen zu sein; aber – der Richter solle die Sache doch „niederschlagen". Haben sie Aussicht auf Erfolg?

Bei Vergehen ist die Einstellung zulässig, wenn die Schuld gering ist und an der Strafverfolgung kein öffentliches Interesse besteht, jedoch nur mit allseitiger Einigkeit hierüber (Gericht, Staatsanwaltschaft und neuerdings auch Angeklagter). So weit – so gut. Wann besteht aber nun kein „öffentliches Interesse" daran, daß Herr Müller bestraft werde? Wann ist die Schuld gering?

Vergleicht man einen Raubüberfall mit verbotenem Parken, dann ist die Verkehrsverfehlung freilich immer geringfügig und nicht nennenswert. Aber so hat dies der Gesetzgeber natürlich nicht gemeint. Sonst hätte er ganz davon absehen müssen, leichte Verkehrsverstöße unter Strafe zu stellen; das hat er aus gutem Grunde nicht getan.

Die Einstellung wegen Geringfügigkeit (§ 153 StPO) ist in der Praxis gerade bei Verkehrsdelikten, welche Vergehen betreffen, selten. Die Gerichtsbehörden wägen das Für und Wider von Fall zu Fall gegeneinander ab. Die Chancen, auf diese Weise davonzukommen, sind also nicht sehr groß, was nicht heißt, daß man sie nicht nutzen sollte. Werden bestimmte Verfehlungen häufig begangen, dann verbietet schon das öffentliche Interesse ein Absehen von Strafe (bei Ordnungswidrigkeiten ist ein solches Absehen häufiger; s. dazu unten S. 57).

Was kann nun der Kraftfahrer selbst tun, um eventuell eine Einstellung seiner Sache zu erreichen? Gibt es hierfür irgendwelche Fristen? Das Gesetz ist großzügig: Die Einstellung kann in jeder Lage des Verfahrens, das heißt bis zu einer abschließenden Entscheidung erfolgen. Insbesondere der Richter wird bereits von sich aus geeignete Fälle daraufhin überprüfen. Wenn er die Einstellung beschließt, wird dies dem Beschuldigten mitgeteilt. Dieser will ja wissen, was aus seiner Sache geworden ist. Wird sie abgelehnt, ergeht keine besondere Benachrichtigung. Aber der Kraftfahrer, der einen Strafbefehl oder eine Ladung zur Gerichtsverhandlung erhalten hat, darf auch selbst um Einstellung bitten. Besondere Fristen gibt es nicht. Wer natürlich eine Einspruchsfrist verstreichen oder sich verurteilen läßt, kann nicht später noch auf eine Einstellung hoffen – das ist zu spät. Wer ernsthaft glaubt, eine Einstellung wegen Geringfügigkeit erreichen zu können, wird also vorsorglich einmal Einspruch einlegen. Andernfalls bleibt nur noch (bei Vergehen) das Gnadengesuch. An der Bestrafung selbst ist hernach nicht mehr zu rütteln.

Außerhalb der Gerichtsverhandlung bereiten Einstellungen formell keine Schwierigkeiten: Die Staatsanwaltschaft leitet die Akten dem Gericht zu – oder umgekehrt – mit der Anfrage, ob einer Einstellung zugestimmt werde. Ist es aber zu einer Verhandlung gekommen, dann kann das Verfahren umständlicher sein. Nämlich dann, wenn die Sache nicht vor einem größeren Amtsgericht, sondern etwa vor einem ländlichen Gericht verhandelt wird. Dort sind nämlich meistens Beamte des gehobenen Dienstes (Inspektoren, Amtmänner) als Vertreter der zuständigen Staatsanwaltschaft tätig. Sie haben keine vollen Befugnisse und dürfen in der Regel einer Einstellung nicht zustimmen. Soweit diese Zustimmung nicht telefonisch eingeholt werden kann, bleibt dem Richter, wenn er eine Sache für einstellungsreif hält, nur die Möglichkeit, die Sitzung zu vertagen und die Akten der Staatsanwaltschaft zuzuleiten. Stimmt diese zu, ist alles in Ordnung. Tut sie es aber nicht, dann muß die Sache nochmals verhandelt werden. Das bedeutet für den Fall der Verurteilung vermehrte Kosten, zumal wenn viele Zeugen geladen sind und ein Verteidiger auftritt. Dieses Verfahren ist daher denkbar unglücklich und für den Angeklagten riskant. Man hat deshalb erwogen, zukünftig dem Richter die Befugnis zu selbständiger Einstellung zu verleihen, welche dann von der Staatsanwaltschaft angefochten werden könnte. Einstweilen fehlt aber eine solche Regelung.

Wer unschuldig ist, muß freigesprochen werden. Das kann er verlangen. Denn er will ja, daß der Vorwurf, er habe etwas falsch gemacht, von ihm genommen wird. Wer überzeugt ist, unschuldig zu sein, und auch nach reiflicher Überlegung glaubt, daß ihm das Gegenteil nicht nachgewiesen werden kann, sollte deshalb nicht nur eine Einstellung wegen Geringfügigkeit anstreben. Denn diese setzt voraus, daß der Kraftfahrer schuldig ist, und sei es auch noch so gering. Der Richter darf daher nach neuer gesetzlicher Regelung niemals ohne Zustimmung des angeklagten Kraftfahrers wegen Geringfügigkeit einstellen.

Praktisch sollte man jedoch seine eigene Überzeugung nicht zu hoch bewerten, zumal wenn man nicht rechtskundig ist, und einer Einstellung wegen Geringfügigkeit in der Regel den Vorzug geben, anstatt auf einer weiteren Durchführung des Verfahrens zu bestehen. Denn in eigener Sache ist jeder befangen. Irgendwelche sonstigen Wirkungen treten nicht ein. Die Einstellung wegen Geringfügigkeit wird in kein Register, in keine Kartei eingetragen – die Akte wird weggelegt, der Fall ist regelmäßig für immer abgeschlossen.

Das Gericht (und im Vorverfahren die Staatsanwaltschaft) können auch, jeweils mit Zustimmung des anderen, vorläufig das Verfahren einstellen (bzw. vorläufig von der Erhebung der Anklage absehen) unter der Auflage einer Bußzahlung für eine gemeinnützige Einrichtung (o. dgl.): §153a StPO. Die Frist beträgt höchstens ein halbes Jahr, danach wird das Verfahren entweder endgültig eingestellt oder aber – wenn die Auflage oder Weisung schuldhaft nicht erfüllt wurde – fortgesetzt, wenn dies nicht schon vor Fristablauf geschehen mußte. Diese Entscheidung wird allerdings der „Verkehrssünderkartei" mitgeteilt.

In beiden Fällen der Einstellung des Verfahrens trägt die Staatskasse die Kosten des Verfahrens (Gebühren und Auslagen der Staatskasse). Seine notwendigen Auslagen (= Verteidigerkosten, Fahrtkosten usw.) wird der Angeklagte bei Einstellung wegen Geringfügigkeit in der Regel tragen müssen, bei Einstellung gegen Auflage oder Weisung fallen sie ihm kraft Gesetzes zur Last (was ja auch berechtigt ist).

## 2. Absehen von Strafe

Nun gibt es auch Fälle, in denen das Verschulden keineswegs gering wiegt, in denen aber trotzdem jedermann das Empfinden hat, Strafe wäre fehl am Platze, weil der Schuldige *„schon gestraft genug"* sei – nämlich dann, wenn die Folgen der Tat, die den Täter getroffen haben, so schwer sind, daß die Verhängung einer Strafe offensichtlich verfehlt wäre. So etwa, wenn zwar ein anderer Verkehrsteilnehmer leicht verletzt wurde, der Schuldige aber selbst schwerste Dauerschäden davongetragen hat, die ihn berufsunfähig machen, auf Lebenszeit an den Rollstuhl fesseln, oder wenn er zwar „noch einmal davongekommen" ist, aber das einzige Opfer des Verkehrsunfalles die eigene Frau wurde, die als Beifahrerin ums Leben kam. Hier könnte Strafe nichts mehr bewirken, sie müßte ins Leere gehen, würde neben dem schweren Verlust, den der Täter selbst erlitten hat, gar nicht mehr empfunden.

In solchen Fällen – außerdem vorausgesetzt allerdings, daß keine Freiheitsstrafe von mehr als einem Jahr verwirkt ist – kann sowohl schon die Staatsanwaltschaft von weiterer Verfolgung absehen als auch das Gericht die Hauptverhandlung durch ein Urteil beschließen, in dem die Schuld des angeklagten Autofahrers festgestellt, von Strafe aber abgesehen wird (§§ 153b StPO, 60 StGB). Diese Schuldfeststellung ist nicht nur optisch, der Allgemeinheit gegenüber, sondern auch wegen eventueller Entschädigungsansprüche Verletzter wichtig.

## IV. Speziell: Das Bußgeldverfahren

Wenn jemand einen Verkehrsverstoß begeht, der nicht ein „Vergehen" im strafrechtlichen Sinne ist, sondern nur eine Vorschrift der StVO oder StVZO verletzt, dann hat er wegen einer *„Ordnungswidrigkeit"* mit einem Bußgeld zwischen 5 und 1000 DM zu rechnen (das Gesetz über Ordnungswidrigkeiten – OWiG – spricht zwar von „Geldbuße", der Begriff ist aber irreführend, weil man so auch die Zahlungen an gemeinnützige Einrichtungen im „echten Strafverfahren" bezeichnet). Durch diese teilweise *Entkriminalisierung des Verkehrsstrafrechts* (die schweren Delikte wie fahrlässige Tötung, fahrlässige Körperverletzung, Straßenverkehrsgefährdung, Unfallflucht, Fahren ohne Fahrerlaubnis pp. sind nach wie vor Vergehen!) soll erreicht werden, daß die Deutschen nicht zu einem „Volk der Vorbestraften" werden, vor allem aber auch, daß die „Massendelikte" rascher geahndet werden können – woran ja auch ein erhebliches Interesse der jeweils Geschädigten besteht.

Zuständig ist zunächst *die Verwaltungsbehörde,* die in Bagatellfällen sogar von jedem Einschreiten absehen kann. Unterste Stufe ist die Verwarnung, die gegen oder ohne Gebühr in der Regel vom

Polizisten auf der Straße ausgesprochen wird (s. oben S. 36). Hingegen wird das eigentliche Bußgeld vom Schreibtisch aus durch Bußgeldbescheid verhängt, wobei der sog. „Bußgeldkatalog" eine gewisse Richtlinie für die Höhe des Bußgeldes gibt. Durch ihn kann auch ein Fahrverbot bis zu 3 Monaten verhängt werden. Vorher ist dem Betroffenen Gelegenheit zur Äußerung zu geben (blauer Anhörbogen, der übersandt wird). Ob der von dieser Möglichkeit Gebrauch macht, steht bei ihm.

Gegen den Bußgeldbescheid kann binnen einer Woche Einspruch eingelegt werden. Dann wandert die Akte über die – jetzt erst eingeschaltete – Staatsanwaltschaft zum Amtsgericht. Es verläuft dann alles ganz ähnlich wie im Strafbefehlsverfahren (s. dazu S. 43), jedoch mit einigen Verfahrenserleichterungen, die sich im einzelnen aus dem OWiG ergeben. So kann das Gericht, wenn Betroffener und Staatsanwaltschaft damit einverstanden sind, durch Beschluß (ohne Verhandlung) entscheiden – darf dann aber z. B. keine höhere Geldbuße verhängen –, auch muß die Staatsanwaltschaft nicht an der Hauptverhandlung – kommt es zu dieser – teilnehmen (dann ist der Richter befugt, auch ohne ihre Zustimmung das Verfahren einzustellen, wenn er eine Ahndung nicht für erforderlich hält; allerdings nicht gegen Zahlung einer Geldbuße für einen guten Zweck). Gegen den Beschluß oder das Urteil kann der Betroffene, wenn er nicht freigesprochen wird, Rechtsbeschwerde einlegen, aber nur, wenn ein Bußgeld von mehr als 200 DM festgesetzt oder der Einspruch als unzulässig verworfen oder ohne seine Zustimmung durch Beschluß entschieden worden oder die Rechtsbeschwerde zur Fortbildung des Rechts oder zur Sicherung einer einheitlichen Rechtsprechung zugelassen worden ist. In allen anderen Fällen entscheidet das Gericht praktisch abschließend; dies ist bei solchen Minimalverstößen im Sinne beschleunigter Erledigung hinzunehmen. Niemand ist im übrigen dagegen gefeit, daß der Richter nicht auf ein höheres Bußgeld erkennt (evtl. empfiehlt er dann aber, den Einspruch vorher zurückzunehmen) oder daß sich herausstellt, daß ein Vergehen vorliegt (z. B., wenn jemand verletzt wurde, was bei Erlaß des Bußgeldbescheides nicht bekannt war). Dann kann es unangenehm werden.

Eine Ordnungswidrigkeit – richtiger: ihre Verfolgung – verjährt in 3 Monaten, die Verjährung kann aber durch bestimmte Handlungen, die im Gesetz aufgezählt sind, unterbrochen werden. Nichtzahlung des Bußgeldes führt zur Festsetzung einer sog. Erzwingungshaft.

# E. Wenn das Gericht gesprochen hat

## I. Strafaufschub und Ratenzahlung

Das Gericht hat gesprochen – das Urteil ist gefällt oder der Strafbefehl unabänderlich geworden. Herr Müller hat eine Freiheitsstrafe von zwei Wochen anzutreten, Herr Schulze eine Geldstrafe von 250,– DM (nebst Gerichtskosten) zu entrichten. Beide werden schriftlich aufgefordert, die Strafe anzutreten bzw. die Geldsumme einzuzahlen (bei Strafbefehlen erfolgt keine besondere Aufforderung, die Frist ist bereits angegeben), beide möchten dies nicht gleich tun: Herr Müller hätte gerne zunächst noch einige Schulden abgezahlt, Herr Schulze möchte die Geldstrafe in fünf Monatsraten abtragen. Gibt es eine Möglichkeit für sie, das zu erreichen?

Zwar ist die Frage zu bejahen – aber die Regel bleibt, daß eine Strafe so rasch als möglich vollzogen werden soll und fühlbar bleiben muß.

### 1. Wenn man ins Gefängnis soll

Ist eine Freiheitsstrafe ausgesprochen und nicht zur Bewährung ausgesetzt, dann hat ein Aufschubgesuch nur dann Aussicht auf Erfolg, wenn die sofortige Vollstreckung dem Verkehrssünder erhebliche und außerhalb des Strafzwecks liegende Nachteile bringen würde. Daß jemand infolge sofortigen Strafantritts kein Geld verdienen und keine Schulden abtragen kann, daß ihn sein Arbeitgeber in besonders schlimmen Fällen vielleicht entläßt, daß die Familie praktisch mitbestraft ist, wenn der Ernährer fehlt – das sind zwangsläufige Folgen jedes Strafvollzuges; ebenso hat der Saisonarbeiter (Maurer, Landwirt) keinen Anspruch darauf, seine Strafe im Winter absitzen zu können.

Anders steht es natürlich, wenn jemand schwer erkrankt ist oder kurz vor der Eheschließung steht: das sind triftige Argumente, die, wenn sie belegt werden, einen Strafaufschub rechtfertigen können. Soll dieser länger als vier Monate dauern, ist das Gesuch an die Staatsanwaltschaft als Gnadenbehörde zu richten. Weiß man nicht, wo diese sich befindet, kann man aber auch dem Gericht schreiben, das die Sache als Gnadengesuch weitergibt.

## 2. Wenn man zahlen soll

Bei Geldstrafen ist es ähnlich: Stundung und Gewährung von *Ratenzahlungen* sind nicht ausgeschlossen. Aber das Gericht ist keine Firma, bei der man etwas auf bequeme Weise – so wie beim Möbelhändler – „abstottern" kann. Strafe bleibt Strafe, und wenn die Raten allzu großzügig sind, denkt der Betroffene gar nicht mehr daran, daß er gefehlt hat. Glaubt man trotzdem, auch bei äußerster Einschränkung seiner privaten Bedürfnisse nicht in der Lage zu sein, Strafe und Kosten sofort zu überweisen, dann kann man einen Antrag stellen. Aus ihm muß hervorgehen, in wieviel Raten und zum wievielten eines jeden Monats die Zahlungen erfolgen sollen, ferner, wie die Familien- (Kinderzahl usw.) und Einkommensverhältnisse sind (Nettoverdienst durch Bescheinigung des Arbeitgebers belegen; Aufstellung der Verbindlichkeiten) oder warum sonst der Antrag eingereicht wird. Das Gericht kann im Zweifel die Angaben durch die Polizei nachprüfen lassen, denn es macht schlechte Erfahrungen, und behauptet wird gar viel. Erreicht man eine Ratengewährung (worum man sowohl gleich nach der Urteilsverkündung als auch später schriftlich nachsuchen kann), dann müssen die Raten natürlich pünktlich eingehalten werden. Andernfalls wird die Vergünstigung nach knapper Androhung widerrufen, wenn nicht der Beschluß schon eine Verfallklausel enthält.

# II. Was tun nach Führerscheinentzug?

Der Führerschein ist eingezogen worden. Wie schwerwiegend dieser Eingriff in das private oder berufliche Leben ist, spürt man erst nachträglich. Aber dann ist es meistens zu spät. Tagtäglich kann man in den Gerichtssälen bei Verhandlungen über Verkehrsverfehlungen feststellen, daß die meisten Kraftfahrer die vorübergehende oder langfristige Wegnahme des Führerscheins weit härter empfinden als die eigentliche Strafe.

## 1. Wer darf was entziehen?

Strenggenommen gibt es einen „Führerscheinentzug" gar nicht. Man muß vielmehr, folgt man der Sprache des Gesetzes, unterscheiden zwischen der „Entziehung der Fahrerlaubnis" und der „Einziehung des Führerscheins". Der Führerschein selbst ist praktisch der amtliche Nachweis, daß man ein Kraftfahrzeug (oder Kraftfahrzeuge mehrerer Klassen) fahren darf. Besitzt man ihn noch, ist die Fahrerlaubnis aber schon vom Gericht oder der Verwaltungsbehörde entzogen, dann gilt er nicht mehr; fährt man dennoch, macht man sich strafbar. Strafbar macht man sich aber auch, wenn die Polizei den Führerschein einstweilen beschlagnahmt, der Richter diese Maßnahme aber noch nicht bestätigt und die Fahrerlaubnis noch nicht vorläufig entzogen hat. In beiden Fällen darf man sich keinesfalls ans Steuer setzen.

Bei „Gefahr im Verzug" – also vornehmlich bei Alkoholverdacht – darf jeder Polizeibeamte den Führerschein beschlagnahmen; er darf es auch bei anderen Verkehrsdelikten, wenn anzunehmen ist, daß sonst ein strafbares Verhalten fortgesetzt wird. Die Fahrerlaubnis *vorläufig* entziehen darf nur der Strafrichter. Den *endgültigen* Entzug kann sowohl der Strafrichter als auch die Verwaltungsbehörde aussprechen. Der endgültige Entzug hat dann auch die Einziehung des Führerscheins zur Folge.

Polizei, Strafrichter und Verwaltungsbehörde (Landratsamt, Straßenverkehrsabteilung der Stadtverwaltung) sind also diejenigen Stellen, die ein Recht haben, die weitere Teilnahme am Straßenverkehr zu untersagen. Der Richter kann außerdem ein sogenanntes Fahrverbot aussprechen, auf das wir noch zurückkommen werden. Der Staatsanwalt stellt in der Regel nur entsprechende Anträge; Entscheidungsbefugnis hat er nicht.

## 2. Führerscheinwegnahme durch die Polizei – was nun?

Hat ein Polizist – er muß sich durch Uniform oder sonst ausweisen können – nach einem Verkehrsunfall den Führerschein verlangt, erhalten und eingesteckt, dann ist er kaum durch herzzerreißende Blicke oder viele liebe Worte zu bewegen, die wertvolle Lizenz wieder zurückzugeben; denn er hat seine Dienstvorschriften, die er selbst um einer hübschen Dame willen nicht übertreten wird. Er muß, wenn nicht eine gebührenpflichtige Verwarnung ausreichend erscheint (und dann interessiert ihn der Führerschein allenfalls kurzfristig wegen der Personalien), Strafanzeige erstatten, die dann der Staatsanwaltschaft vorgelegt wird.

Der uniformierte Herr wird also zunächst einmal den Führerschein zur Vermeidung weiteren Malheurs und weil er vermutet, daß das nützliche Papier letztlich doch auf einige Zeit bei den Behörden bleiben wird, mit zur Wache nehmen, wo es Anlage zu einer Akte wird. Dort liegt es aber nur kurze Zeit, nämlich bis noch erforderliche Ermittlungen abgeschlossen sind. Dann tritt es den erwähnten „Dienstweg" an. Auf diesem Weg kann man den Führerschein schwerlich zurückerhalten, selbst dann nicht, wenn man sich flugs an den örtlichen Polizeikommandeur, gleich welchen Ranges, wendet. Erst wenn der Führerschein bei der Staatsanwaltschaft oder aber – wie in der Regel – beim Gericht eingetroffen ist, lohnt sich in geeigneten Fällen der Versuch, ihn möglichst rasch wiederzubekommen.

## 3. Die vorläufige Entscheidung des Gerichts

Der Richter hat darüber zu entscheiden, ob die Fahrerlaubnis „vorläufig entzogen" und der beschlagnahmte Führerschein (also die amtliche Bescheinigung, daß jemand eine Fahrerlaubnis besitzt) zunächst bei den Akten bleibt. Er sieht sich Ihre Einlassung, die Aussagen der anderen Unfallbeteiligten, den Schlußbericht der Polizei, eventuell auch die Unfallskizze und das Blutalkoholgutachten sorgfältig an und prüft nun so, ob der „Beschuldigte" – wie er jetzt amtlich heißt – sich als „zum Führen eines Kraftfahrzeuges ungeeignet erwiesen" hat und anzunehmen ist, daß die Fahrerlaubnis bei der endgültigen Gesamtentscheidung – nämlich der voraussichtlich zu erwartenden Bestrafung – entzogen werden wird. Wird dies mit hoher Wahrscheinlichkeit der Fall sein – und der erfahrene Verkehrsrichter kann dies auf Grund seiner Praxis ziemlich sicher beurteilen –, dann wird der Führerschein nicht bis zur eventuellen Gerichtsverhandlung nochmals zurückgegeben, sondern gleich einbehalten. Hierüber muß ein Beschluß ergehen, der – meist nur kurz – zu begründen und dem Kraftfahrer zu übersenden ist (§ 111a StPO).

Bevor es zu diesem Beschluß kommt (liegt die Akte erst einmal dem Gericht vor, dann geschieht dies sehr rasch), kann man sich natürlich überlegen, ob man sich gegen die Einbehaltung wenden soll. Das hat nur dann Sinn, wenn man glaubt, der „Sündenfall" sei nicht so gravierend, daß man deshalb zum Schutze der anderen Verkehrsteilnehmer auch nur vorübergehend nicht mehr am Straßenverkehr teilnehmen dürfe. Als Rechtsunkundiger überschaut man die Situation nur selten. Man wende sich deshalb, erhofft man sich etwas von einem solchen Schritt, an einen Rechtsanwalt, und zwar möglichst unverzüglich nach der Beschlagnahme des Führerscheins. Man spreche die Angelegenheit mit ihm durch, ohne die Dinge zu entstellen. Nur er – nicht Sie – kann die Aktion einsehen und feststellen, wie hoch beispielsweise der Blutalkoholgehalt war. Je nachdem wird er einen Antrag auf Rückgabe des Führerscheins stellen oder raten, bis zur Verhandlung zu warten.

Übrigens kann der Kraftfahrer auch gegen den Beschluß über die vorläufige Entziehung der Fahrerlaubnis, welcher zugleich die Beschlagnahme des Führerscheins bestätigt, *Beschwerde* einlegen. Praktischen Nutzen hat dies aber meistens nicht. Denn da der Amtsrichter dieser Beschwerde nur selten stattgibt, wandern die Akten zunächst einmal zum Landgericht, das häufig seinen Sitz an einem anderen Ort hat und derart überlastet ist, daß es geraume Zeit dauert, bis eine Entscheidung ergeht. Diese Zeit geht dem Betroffenen aber auf jeden Fall verloren, denn bis dahin hätte evtl. auch schon die eigentliche Strafverhandlung vor dem Amtsgericht stattgefunden, in welcher sich der Richter erster Instanz ohnehin nochmals eingehend mit der Frage der Einbehaltung des Führerscheins befassen muß.

Die verschärften gesetzlichen Bestimmungen zur Sicherung des Straßenverkehrs weisen den Richter an, in ganz bestimmten Fällen grundsätzlich ohne weitere Begründung die Fahrerlaubnis zu entziehen. Bei folgenden Tatbeständen lassen sie nur einen äußerst geringen Spielraum, den Führerschein nicht wegzunehmen (§ 69 Abs. 2 StGB):

a) Trunkenheit im Verkehr, auch wenn es nicht zu einem Verkehrsunfall gekommen ist,

b) Unerlaubtes Entfernen vom Unfallort, wenn dabei ein Mensch getötet oder nicht unerheblich verletzt oder anderen bdeutender Sachschaden zugefügt worden ist, und

c) die vielen Fälle der vorsätzlichen oder auch nur fahrlässigen Gefährdung des Straßenverkehrs, nämlich insbesondere, wenn grob verkehrswidrig und rücksichtslos die Vorfahrt verletzt, an Fußgängerüberwegen falsch gefahren, an unübersichtlichen Stellen, Straßenkreuzungen, Straßeneinmündungen oder Bahnübergängen zu schnell gefahren, an unübersichtlichen Stellen nicht die rechte Fahrbahnseite eingehalten, auf Autobahnen – auch nur versuchsweise – gewendet oder haltende bzw. liegengebliebene Fahrzeuge trotz Erforderlichkeit nicht ausreichend kenntlich gemacht wurden und dadurch eine Gefahr für andere herbeigeführt wurde.

## 4. Die endgültige Entscheidung des Gerichts

Haben Sie den Führerschein einstweilen nicht zurückbekommen, dann heißt es warten. Wenn sich herausstellt, daß Sie doch unschuldig sind, erhalten Sie den Fahrausweis vom Gericht zurück; das geschieht auch dann, wenn der Richter inzwischen zu der Meinung gelangt ist, Sie seien zwar zur Verantwortung zu ziehen, aber es sei nicht unbedingt notwendig, den Führerschein weiter einzubehalten. Die so wichtige Lizenz, ohne die das schönste Auto keinen Pfifferling wert ist, bekommen Sie natürlich auch dann wieder, wenn Sie ganz feierlich und formell in der Hauptverhandlung freigesprochen werden. Sie erhalten sie auch zurück, wenn der Richter Sie zwar verurteilt, aber, nachdem er Sie persönlich kennengelernt und einen guten Eindruck von Ihnen gewonnen hat, meint, man könne nicht mehr sagen, Sie seien ein ungeeigneter Kraftfahrer. Allerdings nützt – wie schon oben gesagt – bei bestimmten Vergehen die reuigste Miene nichts. Dasselbe gilt, wenn Sie bisher zwar nur wegen leichterer Verstöße, dafür aber in schöner Regelmäßigkeit bestraft worden sind – auch damit können Sie sich als „ungeeignet" erwiesen haben.

Ist die Fahrerlaubnis aber erst einmal vom Richter vorläufig entzogen worden, dann spricht die Wahrscheinlichkeit dafür, daß dies auch endgültig geschieht, und zwar entweder im Urteil nach öffentlicher Verhandlung oder aber durch Strafbefehl (durch diesen aber nur, wenn die Entziehung auf nicht länger als zwei Jahre erfolgt).

Wird man allerdings später freigesprochen oder zwar verurteilt, aber die Fahrerlaubnis nicht endgültig entzogen, oder das Verfahren wegen Geringfügigkeit eingestellt, so taucht die Frage der *Entschädigung* für Nachteile, die durch den Entzug verursacht wurden, auf: Nach Freispruch muß sie gewährt werden, in den beiden anderen Fällen kann dies geschehen. Das Gericht hat die entsprechende Verpflichtung des Staates im Urteil oder in besonderem Beschluß festzustellen. Wer sich allerdings in wesentlichen Punkten wahrheitswidrig selbst belastet oder, obwohl er ausgesagt hat, entlastende Umstände verschwieg, erhält nichts. Einzelheiten ergeben sich aus dem Gesetz über die Entschädigung für Strafverfolgungsmaßnahmen.

## 5. Dauer und Umfang der Entziehung

Auf wie lange kann nun eine Fahrerlaubnis entzogen werden? Das Gesetz sieht als Mindestzeitraum sechs Monate und als Höchstzeitraum fünf Jahr vor. In ganz schweren Fällen kann darüber hinaus nur der Entzug für immer angeordnet werden. Ist in den letzten drei Jahren vor dem verschuldeten Verkehrsunfall allerdings schon einmal die Fahrerlaubnis entzogen worden, dann ist beim zweiten Male eine Sperrfrist von mindestens einem Jahr festzusetzen. Die Zeit, während deren die Fahrerlaubnis vorläufig entzogen oder der Führerschein sichergestellt bzw. beschlagnahmt gewesen war, kann bei der Mindestsperrzeit berücksichtigt werden, jedoch darf diese drei Monate nicht unterschreiten. War also der Führerschein bis zur Verhandlung im Besitz des Kraftfahrers, dann beträgt die Mindestsperrfrist sechs Monate. War er zu dieser Zeit schon zwei Monate beschlagnahmt, dann beträgt sie nur vier Monate.

Das Gericht kann jedoch gestatten, daß dem Kraftfahrer eine Fahrerlaubnis für bestimmte Klassen sofort wieder erteilt wird. Hat also beispielsweise ein Landwirt den Führerschein der Klasse III und IV besessen und unter Alkoholeinfluß einen Pkw gefahren, dann wird das Gericht, wenn der Blutalkoholgehalt 1,3 Promille überstieg, zwar die Fahrerlaubnis entziehen und die Verwaltungsbehörde anweisen, vor Ablauf einer bestimmten Zeit keine neue zu erteilen, hiervon aber unter Umständen die Fahrerlaubnis für landwirtschaftliche Fahrzeuge der Klasse IV ausnehmen, damit der Landwirt seinen Beruf weiter ausüben kann, weil er auf der Fahrt zum Acker den Verkehr nicht nennenswert gefährden kann.

Nun kommt es auch vor, daß jemand einen Verkehrsunfall verursacht, ohne überhaupt einen Führerschein zu besitzen (etwa, weil er Radfahrer ist oder zwar Kraftfahrer, aber noch nie eine Fahrerlaubnis besaß). Dann kann an sich auch keine Fahrerlaubnis "entzogen" werden. Hier ordnet das Gericht lediglich an, daß vor Ablauf einer bestimmten Zeit keine (erstmalige) Fahrerlaubnis ausgestellt werden dürfe (sog. "isolierte Sperrfrist").

## 6. Kann man die endgültige Entziehung anfechten?

Gegen die Entscheidung des Gerichts können Sie Berufung oder Revision einlegen (darüber werden Sie im einzelnen belehrt), handelte es sich um einen Strafbefehl, dann Einspruch (vgl. Seite 43). Sie können sich dabei auch gegen die Entziehung der Fahrerlaubnis allein wenden, wenn Sie der Meinung sind, daß an der Bestrafung selbst nicht vorbeizukommen ist. Die Entziehung der Fahrerlaubnis ist nämlich nach ihrem Zweck eigentlich keine "Strafe", sondern eine "Maßregel der Sicherung und Besserung" – sie soll bewirken, daß die Allgemeinheit vor dem ungeeigneten Kraftfahrer geschützt wird. Legen Sie Berufung ein, dann dürfen Sie aber nur fahren, wenn der Führerschein nicht schon beschlagnahmt ist; andernfalls würden Sie sich erneut strafbar machen. Wenn Sie die Entscheidung ausdrücklich oder dadurch annehmen, daß Sie die Rechtsmittelfrist verstreichen lassen, und auch die Staatsanwaltschaft sich mit dem Richterspruch zufriedengibt, dann ist auch die Entziehung der Fahrerlaubnis zunächst einmal unabänderlich.

## 7. Das Fahrverbot

Bevor wir die Möglichkeiten untersuchen, nach einiger Zeit wieder in den Besitz des Führerscheins zu gelangen, obwohl die Sperrfrist eigentlich noch läuft, muß auf eine Nebenstrafe hingewiesen werden: das sogenannte „Fahrverbot". Es ist für solche Fälle gedacht, in denen die Entziehung der Fahrerlaubnis nicht notwendig erscheint, der Kraftfahrer aber einen „Denkzettel" bekommen soll, damit er spürt, wie sich der Entzug der Fahrerlaubnis auswirken kann. Die Frist für das Fahrverbot reicht von einem Monat bis zu drei Monaten, wobei die Zeit einer vorläufigen Entziehung der Fahrerlaubnis ganz oder teilweise angerechnet werden kann. Das Fahrverbot kann für Kraftfahrzeuge jeder oder einer bestimmten Art (z. B. für Lkw) ausgesprochen werden.

Ist ein Fahrverbot ausgesprochen, dann gibt es keine nachträgliche Abkürzung der Verbotsfrist. Andererseits braucht der Kraftfahrer aber auch nichts zu unternehmen, um wieder fahren zu dürrerschein nicht eingezogen, so daß er keine neuen Papiere beantrafen. Denn die Fahrerlaubnis wird ja nicht entzogen und der Führgen muß. Vielmehr wird der Führerschein nur von der Gerichtsbehörde aufbewahrt und rechtzeitig wieder zugeschickt. Auch darin liegt ein wesentlicher Unterschied zur Entziehung der Fahrerlaubnis. Während der Verbotsfrist sind die praktischen Wirkungen natürlich dieselben: Man darf – obwohl hier die Fahrerlaubnis belassen wird – Kraftfahrzeuge der verbotenen Art nicht fahren.

## 8. Die Abkürzung der Sperrfrist bei Führerscheinentzug

Sollten Sie jemals in einen solchen führerscheinlosen Zustand kommen, so geben Sie die Hoffnung nicht ganz auf!

Nehmen wir an, Sie wären als bisher unbestrafter Kraftfahrer vom Amtsgericht zu zwei Wochen Gefängnis mit Bewährung verurteilt worden, weil Sie unter Alkoholeinfluß mit Ihrem Wagen auf ein parkendes Auto aufgefahren sind und es nicht unerheblich beschädigt haben. Die Fahrerlaubnis hat Ihnen der Richter auf die Dauer eines Jahres genommen und den Führerschein zugleich eingezogen. Sie haben die Entscheidung angenommen, und da auch der Staatsanwalt mit ihr einverstanden war, ist sie rechtskräftig geworden. Acht Monate nachdem Sie vor Gericht gestanden haben und Ihnen gesagt worden ist, daß Sie sich als ungeeignet erwiesen haben, ein Auto im öffentlichen Straßenverkehr zu führen, kommen Sie nach reiflicher Überlegung zu der Ansicht, daß die Sperrfrist von einem Jahr doch etwas reichlich bemessen sei, zumal Sie sich in der Zwischenzeit nichts mehr haben zuschulden kommen lassen.

Hier nun die Möglichkeiten, den Führerschein vorzeitig wieder zu erhalten: Grundsätzlich ist eine Abkürzung der Sperrfrist (das ist der Zeitraum, vor dessen Ablauf die Verwaltungsbehörde keine neue Fahrerlaubnis erteilen darf) gestattet, falls sich Grund zu der Annahme ergibt, der Kraftfahrer sei nicht mehr „ungeeignet". Der Gesetzgeber ist davon ausgegangen, daß eine starre Bindung an die im Urteil festgesetzte Dauer des Entzuges nicht zweckmäßig sei und es möglich sein müsse, bei befristetem Führerscheinentzug die Sperrwirkung vorzeitig aufzuheben oder bei Entzug für immer diese Maßnahme aufzuheben.

## 9. Sie müssen einen Antrag stellen

Unter den Juristen besteht keine völlige Einigkeit darüber, welche Voraussetzungen erfüllt sein müssen, damit das Gericht die Möglichkeit der Abkürzung überhaupt prüft.

Teilweise wird die Auffassung vertreten, das Gericht müsse sich mit der Frage, ob die Sperrfrist womöglich in Ihrem Falle abgekürzt werden könne, von sich aus – „von Amts wegen", wie es in der Fachsprache heißt – oder auf Antrag der Staatsanwaltschaft befassen. In der Praxis läßt sich das jedoch – bei der Fülle der Verkehrsstrafsachen – nicht verwirklichen. Es ist vielmehr regelmäßig Sache des Verurteilten, sich um seinen Führerschein zu kümmern und selber nach angemessener Zeit einen Antrag auf Abkürzung zu stellen.

*Wo* ist dieser Antrag nun zu stellen? Nehmen wir einmal an, Sie hätten das Urteil damals nicht angenommen, sondern Berufung eingelegt, über die das Landgericht endgültig entschied. Müßten Sie sich ans Landgericht wenden? Nein: Zuständig ist immer dasjenige Gericht, das Sie zuerst verurteilt hat. Meistens wird es das Amtsgericht sein.

## 10. So wird der Antrag formuliert

Der Antrag wird am besten schriftlich eingereicht, kann aber notfalls auch mündlich bei der Geschäftsstelle des Gerichts zu Protokoll gegeben werden. Formell richtig wird er bezeichnet als „Antrag auf Abkürzung der Sperrfrist für die Wiedererteilung der Fahrerlaubnis", nicht aber – wie dies oft geschieht – als Antrag auf „Rückgabe des Führerscheins" (der sich längst nicht mehr bei den Gerichtsakten befindet).

Aber auch wenn man diese „Spitzfindigkeiten" nicht kennt, entstehen dennoch keine Nachteile, wenn sich aus dem Schreiben nur deutlich ergibt, was man will. Es genügt also, wenn Sie es folgendermaßen abfassen:

An das Amtsgericht in Buxtehude

Betrifft: Strafverfahren gegen mich; Aktenzeichen . . .
Durch Urteil des dortigen Gerichts vom . . . wurde mir die Fahrerlaubnis auf . . . Monate entzogen. Ich bitte, die Sperrfrist abzukürzen, da . . . (folgt Begründung).

Am besten ist es natürlich, wenn Sie auch in diesem Falle einen Rechtsanwalt aufsuchen, der die Aussichten eines solchen Antrags besser beurteilen kann. Der Richter, vor dem Sie gestanden haben, darf grundsätzlich keine Ratschläge in dieser Angelegenheit erteilen, da er selber über das Gesuch entscheiden muß.

Nach Eingang des Antrages hat das Gericht zu prüfen, ob nach menschlichem Ermessen die Gewähr für ein künftig einwandfreies Verhalten gegeben ist – so hat der Bundesgerichtshof gesagt. Ist dies zu bejahen, dann muß das Gericht – und kann nicht nur – die Sperrfrist abkürzen. Entscheidend ist freilich der Schutz der Allgemeinheit vor Gefährdung; deswegen wurde ja auch die Fahrerlaubnis im Urteil entzogen.

## 11. Gründe zur Abkürzung der Sperrfrist

Wann haben Sie mit einem derartigen Antrag Aussicht auf Erfolg? Die meisten Gerichte verlangen, der Verurteilte müsse *neue Tat-*

*sachen* vorbringen, die es rechtfertigen, seine Persönlichkeit anders zu beurteilen, als dies im Urteil geschehen ist. Andere lassen es genügen, wenn zwar nichts wesentlich Neues vorgebracht wird, aber die Persönlichkeit des Verurteilten nun in günstigerem Licht erscheint. Das dürfte im Ergebnis gerechter sein. Die praktisch wichtigste Folge aus der letzteren Ansicht ist, daß auch solche Tatsachen genügen, die zwar bei der Urteilsfällung bekannt waren, deren Auswirkungen aber ein nicht voraussehbares und nicht mehr zumutbares Maß angenommen haben.

Einige *Beispiele* sollen deutlich machen, wie die Chancen für eine Verkürzung der Sperrfrist zu bewerten sind. Betont werden muß aber, daß die Gerichte unabhängig voneinander entscheiden und deshalb auch nicht an die folgenden Maßstäbe gebunden sind.

Der Antrag hat durchaus Erfolgsaussichten, wenn der Verurteilte sich *nach Verbüßung einer Freiheitsstrafe tadelsfrei geführt* hat und wenn es sich bei seiner Verkehrssünde um einen einmaligen, nicht allzu schweren Verstoß gehandelt hat.

Dabei kann auch als günstig berücksichtigt werden, daß eine auferlegte Geldbuße zugunsten einer gemeinnützigen Einrichtung (Rotes Kreuz oder dergleichen) evtl. schon vor der festgesetzten Zeit entrichtet und sonstige Auflagen ohne Mahnung und ersichtlich in dem Bestreben, Reue und Besserung zu zeigen, erfüllt wurden. Freilich kann sich niemand die Abkürzung der Sperrfrist durch rasche Bußzahlung „erkaufen". Die gesamten Umstände entscheiden.

Auch wenn der Verurteilte – was möglich ist – nach Verbüßung von zwei Dritteln der Freiheitsstrafe bedingt entlassen wurde und sich nach dem Bericht des Gefängnisvorstandes gut geführt und Reue gezeigt hat, kommt dies dem Antrag zugute. Gute Führung nach Verbüßung der Strafe allein hat gegenüber den öffentlichen Interessen aber dann kein Gewicht, wenn der Betreffende schon früher mehrmals einschlägig bestraft worden ist oder wenn gar eine einmal gewährte Strafaussetzung widerrufen werden mußte.

Sehr oft wird geltend gemacht, daß durch den Entzug der Fahrerlaubnis *erhebliche berufliche Nachteile* entstanden seien. Es kommt darauf an, wie groß die Nachteile sind. Wiegen sie so schwer, daß angenommen werden darf, sie hätten sich bessernd auf den Verurteilten ausgewirkt und ihm zur Warnung gedient, so kann die Wiedererteilung erwogen werden.

Voraussetzung ist indessen immer, daß die wirtschaftlichen Einbußen ein Ausmaß angenommen haben, das bei der Urteilsfällung nicht voraussehbar war. Denn daß der Entzug der Fahrerlaubnis stets Nachteile privater oder beruflicher Art mit sich bringt, ist selbstverständlich und muß als Folge des nicht ordnungsgemäßen Verhaltens im Straßenverkehr in Kauf genommen werden. Nicht unerheblich ist andererseits auch, wie lange vor der Gerichtsverhandlung der Führerschein evtl. schon beschlagnahmt und durch Gerichtsbeschluß vorläufig eingezogen war, falls diese Zeit im Urteil bei der Festsetzung der Sperrfrist außer Betracht geblieben ist.

Auch der Hinweis auf *gesundheitliche Schäden* kann den Antrag stützen. So ist in einem Falle einem Oberingenieur die Sperrfrist verkürzt worden, der bereits eine zweite, mangels Führerschein schlechter bezahlte Stelle verloren und kaum Aussicht auf eine neue, annähernd gleichwertige Stellung hatte, und der durch diese Umstände nervlich so sehr belastet wurde, daß er sich ein Magengeschwür zuzog. Auch der Umstand z. B., daß der Antragsteller durch die beim Unfall erlittene Verletzung inzwischen gehbehindert geworden und daher vor allem für den Weg zur Arbeitsstelle auf einen Wagen angewiesen ist, kann Chancen geben. Bei Alkoholdelikten kann überdies eine nachgewiesene, eventuell durch ärztliches Verbot bedingte völlige Alkoholentsagung günstig wirken.

Nicht ausreichend ist hingegen immer die bloße Länge der Frist. Auch die *Entlassung* aus einer Stellung als Kraftfahrer ist kein genügender Grund, zumal bei Berufsfahrern grundsätzlich schon im Urteil streng geprüft wird, ob und auf welche Zeit die Entziehung der Fahrerlaubnis zu rechtfertigen ist. Nachteile, die der Arbeitgeber – die Firma – dadurch hat, daß er einen Fahrer auf einige Zeit verliert und ihn (bei geringerem Lohn) nur noch anderweitig beschäftigen kann, scheiden in der Regel aus; das wird in der Praxis sehr oft verkannt, wenn ausführliche Erklärungen des Firmeninhabers beigefügt werden, wie sehr man auf den Führerschein des Antragstellers angewiesen sei. Auch die Erschwerung der Heimreise zum Wochenende, wenn der Arbeitsplatz weit vom Wohnsitz entfernt ist und statt des Autos öffentliche Verkehrsmittel benützt werden müssen, ist kein triftiger Grund.

Alle diese Erwägungen gelten auch für den Fall, daß der Verurteilte noch keinen Führerschein besessen hat (angetrunkener Radfahrer, Autofahrer ohne Führerschein) und das Gericht deshalb eine sogenannte „selbständige Sperrfrist" verhängte, vor deren Ablauf keine erstmalige Fahrerlaubnis erteilt werden darf.

## 12. Der Antrag muß gut belegt sein

Ist ein hinreichend begründeter Antrag eingegangen, dann kann das Gericht ermitteln, ob die Angaben zutreffen. Oft wird es den Verkehrssünder auffordern, seine Ausführungen zu belegen. Tunlichst besorgt man die Belege aber schon im voraus.

Bei ganz erheblicher Lohndifferenz wird man also Gehalts- oder Lohnabrechnungen aus der Zeit vor und nach der Urteilsfällung vorlegen, im Falle schwerer gesundheitlicher Schädigung eine Bescheinigung des zuständigen Amtsarztes beim Gesundheitsamt (ein Attest des Hausarztes wird zumeist nicht als ausreichend angesehen), evtl. auch Bescheinigungen der Gemeindeverwaltung oder dergleichen. Möglichst sollen es Belege sein, denen das Gericht ohne weitere Nachforschungen vertrauen kann, vor allem Belege von Behörden.

Nun entscheidet das Gericht. Wird der Antrag abgelehnt, können Sie binnen einer Woche nach Zustellung der Entscheidung „sofortige Beschwerde" einlegen. Darüber muß das Gericht Sie genau belehren. Diese Beschwerde ist grundsätzlich bei dem Gericht einzulegen, das entschieden hat. Wenn das Gericht der Beschwerde nicht abhilft, entscheidet über sie die nächste Instanz.

Wird der Antrag abgelehnt, dann bleibt immer noch die geringe Chance, durch Gnadenerweis den Führerschein wiederzubekommen. Ein *Gnadengesuch* empfiehlt sich auch schon statt eines Antrages auf Abkürzung der Sperrfrist, wenn keine „neuen Tatsachen" vorgetragen werden können. Gnadengesuche sind an die Staatsanwaltschaft zu richten, die nach Anhörung des Richters und der Polizeibehörde zu entscheiden hat. Das Gesuch kann aber auch bei dem Gericht erster Instanz eingereicht werden, das es mit den Akten an die Gnadenbehörde weiterleitet.

## 13. Letzte Hürde: das „Führerscheinamt"

Wird dem Antrag auf Verkürzung der Sperrfrist aber stattgegeben, dann kann noch immer die Staatsanwaltschaft Beschwerde einlegen. Unterläßt sie dies, dann müssen Sie noch ein weiteres tun, um Ihren Führerschein wiederzuerhalten.

Sie müssen dann bei der Verwaltungsbehörde – der Verkehrsabteilung der Stadtverwaltung oder des Landratsamtes – einen Antrag auf Wiedererteilung der Fahrerlaubnis stellen. Diese Behörde erhält in der Regel gleich nach Rechtskraft des Beschlusses Nachricht hiervon, desgleichen übrigens die Verkehrssünderkartei in Flensburg. Vorsorglich aber können Sie die Ihnen günstige Entscheidung, von der Sie eine Ausfertigung übersandt bekommen, dort vorlegen

*Das Gericht selbst kann in keinem Falle die Fahrerlaubnis wiedererteilen,* sondern nur aussprechen, daß die Verwaltungsbehörde hierzu nun wieder berechtigt ist. Eine Verpflichtung, dem Antrag zu entsprechen, besteht für die Behörde nicht. Vielmehr muß die Verkehrsabteilung selbst noch einmal prüfen, ob Sie tatsächlich wieder geeignet sind, am Straßenverkehr teilzunehmen; das gilt übrigens auch, wenn die Sperrfrist unverkürzt abgelaufen ist. Von dem Ergebnis der Prüfung – die in den meisten Fällen noch zwei bis drei Wochen in Anspruch nimmt – wird es abhängig gemacht, ob Sie

 a) ein eignungstechnisches oder verkehrsärztliches Gutachten beibringen oder
 b) die theoretische Führerscheinprüfung wiederholen oder
 c) die theoretische und praktische Fahrprüfung erneut bestehen oder
 d) keine neue Prüfung ablegen müssen,

um einen Führerschein ausgestellt zu bekommen. Natürlich wird dabei auch in Flensburg und bei der Polizei nachgefragt, wie Sie sich inzwischen geführt haben.

Die verschiedenen Gutachten und Prüfungen werden allerdings nur in besonders riskanten Fällen für nötig gehalten. In der Regel gibt es für Sie nach einem günstigen Beschluß des Gerichts keine Schwierigkeiten mehr.

## 14. Der Führerscheinentzug durch die Verwaltungsbehörde

Bisher war immer nur die Rede von polizeilicher Beschlagnahme und von Führerscheinentzug durch den Richter. Aber wie schon eingangs angedeutet, hat auch die Verwaltungsbehörde ähnliche Befugnisse. Soweit allerdings eine strafbare Handlung vorliegt (und das wird bei Verkehrsunfällen meistens der Fall sein), ist sie weitgehend an die Beurteilung durch das Gericht gebunden und darf im übrigen von Beginn der polizeilichen Ermittlungen an bis zum Abschluß des Strafverfahrens überhaupt kein Entziehungsverfahren einleiten.

Hat der Strafrichter die Fahrerlaubnis auf bestimmte Zeit entzogen, dann darf die Verwaltungsbehörde den Führerschein nicht schon früher wieder neu erteilen – das wurde schon oben gesagt. Aber auch wenn der Richter ausdrücklich feststellt, der Kraftfahrer sei nicht ungeeignet, ein Kraftfahrzeug zu führen, ist die Verkehrsbehörde daran gebunden.

Für eigene Entschließungen der Verwaltungsbehörde bleiben also praktisch im wesentlichen nur folgende Fälle: Das Verfahren wird von der Staatsanwaltschaft oder vom Gericht aus beliebigem Grund (z. B. wegen Geringfügigkeit oder wegen Eintritts der Verjährung) eingestellt, oder der Richter hat sich in dem Urteil mit der Frage der Entziehung der Fahrerlaubnis überhaupt nicht beschäftigt, oder außer dem vom Gericht gewürdigten Verhalten des Kraftfahrers sind der Verwaltungsbehörde noch weitere Umstände, evtl. im Gerichtsverfahren nicht zur Sprache gekommene, sonstige kleinere, aber wiederholte Bestrafungen oder aber andere Umstände (schlechte Sehkraft; sonstige körperliche Behinderung) bekannt, die einen Entzug rechtfertigen könnten.

Die Verwaltungsbehörde kann im übrigen verlangen, daß vor einer eventuellen Erteilung einer neuen Fahrerlaubnis ein fachärztliches Gutachten beizubringen sei (Sehvermögen etc.), und kann im übrigen den Entzug sowohl befristet wie unbefristet aussprechen. Eine vorläufige Entziehung der Fahrerlaubnis gibt es in diesem Verfahren nicht. Die Einziehungsverfügung kann im Verwaltungsgerichtswege angefochten werden. Ist die Entscheidung rechtskräftig geworden, so ist der Führerschein auf Anforderung abzuliefern.

## III. Wer ist vorbestraft?

„Vorbestraft" - ein hartes Wort, will es scheinen. Aber ist wirklich jeder, der einmal falsch geparkt und deswegen einen Bußgeldbescheid erhalten hat, ein „Vorbestrafter"? Sind wir tatsächlich, wie das Schlagwort sagt, ein „Volk von Vorbestraften"?

### 1. Wo wird was eingetragen?

Schlagworte sind nichtssagend. Wie sieht es mit der gesetzlichen Regelung aus? Es ist zu unterscheiden zwischen Eintragungen in der Verkehrssünderkartei (siehe dazu unten S. 74) und im Bundeszentralregister. Nur der, dessen Verfehlung im *Bundeszentralregister* vermerkt ist, gilt im rechtlichen Sinne als vorbestraft. Natürlich ist nicht alles, was ein Strafgericht an Nachteiligem für Freiheit und Portemonnaie ausspricht, eine „Strafe". Praktisch wird man daher vom Richter, wenn man wegen eines Verkehrsverstoßes angeklagt worden ist, nicht nur nach den „Vorstrafen" im engeren Sinne gefragt, sondern ganz allgemein, ob man schon einmal als Verkehrsteilnehmer irgendwie belangt worden ist (und er hat dann meistens sowohl den Auszug aus dem Bundeszentralregister wie auch denjenigen aus der Verkehrssünderkartei vorliegen).

Es ist aber auch ganz im Sinne des Gesetzes, daß ein Eintrag im Bundeszentralregister erheblich schwerer wiegt – er hat kriminellen Charakter, und so wird es auch vom Bürger empfunden.

Das Bundeszentralregister ist seit 1. 1. 1972 an die Stelle des früheren Strafregisters getreten. Das Strafregister wurde für jedermann bei der Staatsanwaltschaft geführt, die für seinen Geburtsort zuständig war. Das Bundeszentralregister hingegen führt der Generalbundesanwalt in Berlin. Gewisse frühere Bestrafungen, die noch im Strafregister eingetragen waren, wurden nicht in das Bundeszentralregister übernommen, sie gelten als getilgt und dürfen auch dann nicht bei einer späteren Gerichtsentscheidung verwertet werden, wenn sie auf andere Weise (z. B. durch die Einlassung des Angeklagten oder aus Beiakten) bekanntwerden (eine Art „Amnestie", die oft zu seltsamen, auch ungerechten Ergebnissen führt).

Was in das Bundeszentralregister aufzunehmen ist, besagt ein umfangreicher Katalog. Auf dem Gebiet des Straßenverkehrsrechts handelt es sich um Verurteilungen, einschließlich des Entzugs der Fahrerlaubnis, während Ordnungswidrigkeiten (die „Übertretungen" des früheren Rechts) nur der „Verkehrssünderkartei" gemeldet werden (s. dazu unten S. 75). Ebenso werden bestimmte Verwaltungsmaßnahmen eingetragen. Die Mitteilungen dorthin erfolgen „automatisch" (also z. B. sobald ein Urteil rechtskräftig geworden ist). (Ergänzend ist zu bemerken, daß für die nach Jugendrecht Verurteilten beim Bundeszentralregister das Erziehungsregister geführt wird. Was dort eingetragen wird, begründet keine „Vorstrafe".)

Kann nun der Nachbar, mit dem man verfeindet ist, sich bei der Strafregisterbehörde Auskunft über Ihre eventuellen Vorstrafen einholen? Nein – das kann er nicht. Denn *Auskunft aus dem Bundeszentralregister wird* außer dem Bestraften selbst *Privatpersonen in keinem Falle erteilt,* auch dem künftigen Arbeitgeber nicht, bei dem man sich um eine Anstellung bewirbt. Ob es sinnvoll ist, Vorstrafen nennenswerter Art zu verschweigen, muß natürlich jeder selbst entscheiden.

Unbeschränkte Auskünfte aus dem Bundeszentralregister erhalten nur bestimmte Behörden (insbesondere natürlich Gerichte und Staatsanwaltschaften). Beschränkte Auskunft erhalten hingegen andere Behörden und der Bürger selbst in Form des sog. Führungszeugnisses, das vom 14. Lebensjahr an bei der zuständigen Meldebehörde beantragt werden kann (anzufordern z. B. für die Ausstellung des Führerscheines). Das Bundeszentralregister-Gesetz bestimmt im einzelnen, welche im Register enthaltenen Strafen in das Führungszeugnis nicht aufzunehmen sind.

## 2. Wann werden die Eintragungen wieder gelöscht?

Diese Eintragungen bleiben nicht ewig bestehen. Vielmehr werden sie nach Ablauf bestimmter Fristen getilgt. Danach darf man sich wieder als „unbestraft" bezeichnen und dürfen die Gerichte diese getilgten Strafen nicht mehr zum Nachteil eines Angeklagten verwerten; sie sind „aus der Welt". Diese Frist beträgt 5 Jahre u. a. bei Geldstrafen, wenn die Ersatzfreiheitsstrafe 3 Monate nicht übersteigt und keine Freiheitsstrafe eingetragen ist, ebenso bei Freiheitsstrafen von nicht mehr als 3 Monaten, wenn keine weitere (Freiheits- oder Geld-) Strafe und kein Entzug der Fahrerlaubnis eingetragen ist, 10 Jahre bei Geld- und Freiheitsstrafen von nicht mehr als 3 Monaten, soweit sie nicht schon nach 5 Jahren zu tilgen waren, und bei Freiheitsstrafen von mehr als 3 bis zu 12 Monaten, wenn sie zur Bewährung ausgesetzt waren und keine weitere Freiheitsstrafe eingetragen ist, schließlich 15 Jahre in allen übrigen Fällen. Die Frist beginnt mit dem Tage, an dem das erste Urteil erging (bzw. der Strafbefehl unterzeichnet wurde); sie läuft aber nicht ab, solange sich aus dem Register ergibt, daß die Vollstreckung einer Strafe oder Maßregel noch nicht erledigt ist. (Speziell für Eintragungen im Erziehungsregister: sie werden mit Erreichen des 24. Lebensjahres gelöscht, sofern nicht im Bundeszentralregister noch eine Freiheitsstrafe eingetragen ist.)

Diese Fristen zu kennen ist wichtig, wenn man wissen will, ob man sich zu Recht als „unbestraft" bezeichnen kann. Die *Löschungen* werden im übrigen *ohne besonderen Antrag* nach Ablauf der genannten Zeiten vorgenommen. Der Generalbundesanwalt ist aber ermächtigt, die vorzeitige Tilgung anzuordnen, wenn die Vollstreckung erledigt ist und staatliche Interessen nicht entgegenstehen. In besonders krassen Einzelfällen ist es Sache des betroffenen Kraftfahrers, einen entsprechenden Antrag zu stellen, der eventuell auch als Gnadengesuch behandelt werden kann.

## IV. Die Verkehrssünderkartei – ein Schreckgespenst?

Über Zweck und Auswirkungen der „Verkehrssünderkartei" (amtlich: „Verkehrszentralregister") bestehen bei den meisten Kraftfahrern falsche Vorstellungen. Das zeigt sich in Strafverfahren vor Gericht immer wieder. Oft wird gegen einen Strafbefehl nur deshalb Einspruch eingelegt, um zu erreichen, daß die verhängte Strafe in der Verkehrssünderkartei nicht eingetragen wird. Wie steht es nun tatsächlich mit dem Sinn solcher Einsprüche? Ist die Verkehrssünderkartei wirklich ein „Schreckgespenst"? Welche Folgen haben Eintragungen in der Kartei, wann werden sie wieder gelöscht?

### 1. Wozu dient die Kartei?

Um diese Frage beantworten zu können, muß man sich zunächst einmal deutlich machen, was die Verkehrssünderkartei soll, warum sie geschaffen wurde: Die Gerichte wie auch die Zulassungsbehörden benötigen für ihre Entscheidungen bzw. zu deren Vorbereitung möglichst lückenlose Auskünfte über das bisherige Verhalten des einzelnen Kraftfahrers. Sie wollen wissen (so beispielsweise die Verwaltungsbehörde vor Erteilung des Führerscheins), ob er schon einmal wegen eines Straßenverkehrsdeliktes rechtskräftig bestraft, ob ihm die Fahrerlaubnis entzogen wurde und dergleichen mehr. Die bei den Staatsanwaltschaften geführten Strafregister genügen hierzu nicht. Denn dort werden grundsätzlich nur „Vergehen" (also schwerere Verkehrsverstöße wie Straßenverkehrsgefährdung, Körperverletzung im Straßenverkehr, Fahren ohne Führerschein, Unfallflucht usw.) registriert, aber nicht die vielen Übertretungen, soweit nicht auf Freiheits-, sondern nur auf Geldstrafe erkannt wurde. Um diese Lücke zu schließen und möglichst alle nennenswerten Verkehrsverstöße erfassen und die vielfach geführten örtlichen Karteien ersetzen zu können, wurde die im Volksmund so genannte „Verkehrssünderkartei" beim Kraftfahrt-Bundesamt in Flensburg eingerichtet.

In dieser Verkehrssünderkartei werden die Entscheidungen der Gerichte und Verwaltungsbehörden – auch die vorläufige Entziehung der Fahrerlaubnis – nach Mitteilung durch die jeweilige Behörde notiert. Im einzelnen sind aus der Kartei zu ersehen: Datum, Aktenzeichen, verletzte Strafvorschrift, nähere Kennzeichnung des Verstoßes und die verhängte Strafe.

Dabei beschränkt sich die Kartei nicht nur auf Verstöße von Kraftfahrern, sondern es werden auch Verfehlungen von Fußgängern, Radfahrern oder Fahrzeughaltern eingetragen. Hingegen erfaßt die Kartei nicht gebührenpflichtige Verwarnungen (siehe S. 36). Sie erfaßt ferner nicht Verstöße gegen bloße Kontrollbestimmungen der Straßenverkehrszulassungsordnung (wie Unterlassung der Abmeldung oder der Anzeige der Veräußerung des Fahrzeugs oder der Vorführung beim TÜV).

## 2. Meldung, Auskünfte, Tilgung

Was „nach Flensburg gemeldet" wird, steht in dem umfangreichen Katalog des § 13 StVZO zu lesen. Praktisch sind dies zunächst alle in Verkehrssachen ergangenen Entscheidungen, die auch dem Bundeszentralregister mitgeteilt werden, ferner bestimmte Entscheidungen der Verwaltungsbehörden (z. B. Entziehung oder Versagung der Erteilung einer Fahrerlaubnis), insbesondere aber auch die „nicht kriminellen" Verstöße, nämlich Bußgeldentscheidungen der Verwaltungsbehörden oder Gerichte; diese aber nur dann, wenn das Bußgeld höher ist als 40,– DM.

Nicht selten werden Einsprüche gegen Bußgeldbescheide nur mit dem Ziel eingelegt, unter die 40-DM-Grenze zu kommen, um nicht nach Flensburg gemeldet zu werden, d. h., der Verstoß selbst wird nicht bestritten, nur will man die Bußgeldhöhe „drücken". Vor allem rechtsschutzversicherte Kraftfahrer (und deren Anwälte) beginnen oft ein solches „Feilschen" mit dem Gericht. Ob der Nichteintragung so große Bedeutung beizumessen ist, wie dies auf diese Art deutlich wird, erscheint sehr fraglich.

Denn die Eintragungen werden – wie auch diejenigen im Bundeszentralregister (oben S. 74) nach Ablauf ganz bestimmter, gestaffelter Fristen ohne weiteres gelöscht. Die *Fristen* betragen beispielsweise 2 Jahre bei Geldbußen (Ordnungswidrigkeiten) – das ist die Mindestfrist –, 5 Jahre bei Geldstrafen und bei Freiheitsstrafen bis 3 Monate und Jugendstrafe, ebenso bei Entzug der Fahrerlaubnis auf Zeit, 10 Jahre in den meisten übrigen Fällen. Voraussetzung ist dabei aber stets, daß keine weitere Eintragung hinzukommt. Eine neue strafgerichtliche Entscheidung hindert die Tilgung aller anderer (gerichtlichen und von Verwaltungsbehörden erlassenen) Entscheidungen, Bußgeldentscheidungen hindern (nur) die Tilgung von Bußgeldentscheidungen. Ferner unterbleibt die Tilgung, solange die Erteilung einer neuen Fahrerlaubnis untersagt ist.

Der ordentliche Kraftfahrer, der „einmal Pech gehabt hat", braucht die Kartei nicht zu fürchten. Die Eintragung belastet ihn nicht und ist ohne praktische Bedeutung. Gefährlich ist die Eintragung eigentlich nur für jemanden, der entweder schon zahlreiche Eintragungen aufzuweisen hat, oder der weiß, daß er ein leichtsinniger Fahrer ist, der bald wieder „auffällig" werden wird (sog. *„Mehrfachtäter"* oder *„Wiederholungstäter"*, zu deren Erfassung die Kartei an sich geschaffen wurde). Denn auch die Verwaltungsbehörden, die nach bestimmten Richtlinien verständigt werden, prüfen nicht nur nach – verschiedentlich geändertem – Punktsystem, sondern beachten auch die Schwere der Verfehlungen und ihre Häufigkeit. Sie verwarnen in der Regel zunächst, und bevor die Fahrerlaubnis entzogen wird, muß sich der Autofahrer einer medizinisch-psychologischen Untersuchung unterziehen.

Im übrigen darf die Kartei nur für Zwecke der Strafverfolgung und der Straßenverkehrsbehörden benutzt werden. Auskünfte an Privatpersonen sind ausgeschlossen, außer an den Betreffenden selbst: dieser kann, mit Ausweis, bei jeder Polizeidienststelle einen Antrag auf Auskunft stellen, wenn er wissen will, ob „auf seinem Konto in Flensburg" etwas eingetragen ist.

## Zweiter Teil

# Schadenersatz und Versicherung

# A. Was ist nach einem Schadensfall zu tun?

## I. Beweissicherung

Man mag noch so sehr im Recht sein, im Prozeß nützt nur das, was man beweisen kann. Es hilft nichts, vor Gericht zu beteuern, man könne die eigenen Angaben beschwören. Im Zivilprozeß werden Sie als Partei nur vernommen, wenn dies Ihr Gegner zum Beweis der Richtigkeit seiner eigenen oder zum Beweis der Unrichtigkeit Ihrer Angaben beantragt. Hier allenfalls haben Sie die Gelegenheit, im Zusammenhang mit dem Beweisthema in eigener Sache als Zeuge aussagen zu können.

Unsere Zivilprozeßordnung[1] gibt zwar dem Richter in Ausnahmefällen die Befugnis, von sich aus und ohne auf einen Antrag der Gegenseite warten zu müssen, eine Partei zu vernehmen. Diese Art der Vernehmung besitzt aber in der Praxis mit Recht Seltenheitswert.

Allerdings haben Sie im Prozeß die gleichen Rechte wie Ihr Gegner. Wenn sich z. B. für den Unfallvorgang kein Zeuge, nämlich ein dritter, unbeteiligter Zuschauer, finden ließe, so sind Sie noch lange nicht ohne Zeugen. Auch Sie dürfen den Prozeßgegner, der selbst in den Unfall verwickelt war, als „Zeugen" für die Richtigkeit Ihrer Behauptung benennen und seine Vernehmung beantragen. Ihr Gegner erfährt sogar durch die richterliche Belehrung, daß Sie ihn beeidigen lassen können. Zugegebenermaßen wird Ihr Gegner ein besonders voreingenommener Zeuge sein. Aber man sollte diese Möglichkeit auf keinen Fall verschenken, wenn bessere Beweismittel fehlen. Unter Eidesdrohung schließen sich häufig die hartnäckigsten „Erinnerungslücken", und manche Behauptung, von Ihrem Gegner bislang mit aller Überzeugungskraft vorgetragen, kann sich in ein kleinlautes Achselzucken verflüchtigen.

Zulässige Beweismittel sind nach unserer Zivilprozeßordnung:
1. Augenschein (Ortsbesichtigung, Besichtigung der beteiligten Fahrzeuge usw.);
2. Zeugenvernehmung (wobei auch Angehörige und interessierte Personen als Zeugen nicht ausgeschlossen sind; ob der Richter ihnen glauben kann, entscheidet erst der persönliche Eindruck);
3. Sachverständige;
4. Urkunden (in Unfallsachen selten);
5. Vernehmung der Prozeßparteien, wobei grundsätzlich jede Par-

---

[1] Vollständig abgedruckt in „Zivilprozeßordnung", Goldmann JURA Band 8040.

tei nur die Vernehmung des Gegners über die von ihr zu beweisenden Behauptungen verlangen kann.

Danach müssen Sie sich richten, wenn es gilt, nach einem Unfall – und zwar möglichst sofort! – die Beweise sicherzustellen. Schuldbekenntnisse der Gegenpartei an der Unfallstelle sind, wenn sie nicht schriftlich festgehalten werden, unzuverlässig. Aber auch schriftliche Schuldbekenntnisse bieten keine vollkommene Garantie. Verschiedene Gerichte haben Schuldbekenntnissen keine ausschlaggebende Bedeutung beigemessen, weil Unfallbeteiligte unter dem Eindruck des Unfallereignisses unüberlegte Erklärungen abzugeben geneigt sind. Ein Irrtum des Erklärenden kann bewirken, daß die Erklärung nicht gegen ihn verwendet werden darf (OLG Düsseldorf 4 U 299/57). Vor der Abgabe solcher Erklärungen kann nicht eindringlich genug gewarnt werden. Das Gericht kann aber auch die Erklärung, „den Schaden zu ersetzen", als bindend ansehen, insbesondere wenn dadurch eine polizeiliche Unfallaufnahme vermieden und die Frage der Schadenstragung abschließend geregelt werden sollte (Kammergericht 12 U 1317/70). Nach den Versicherungsbedingungen ist es untersagt, einen Anspruch ohne vorherige Zustimmung des Versicherers ganz oder teilweise anzuerkennen oder zu befriedigen (§ 7 II 1 AKB). Wer hiergegen verstößt, gefährdet seinen Versicherungsschutz. Heutzutage kann sich Ihr Gegner nämlich verhältnismäßig leicht mit der Ausrede herauswinden, er habe die besagte Erklärung unter dem deprimierenden Eindruck des gerade erst überstandenen Unfalls abgegeben. Später habe er in aller Ruhe über den Unfall noch einmal nachgedacht. Er könne jetzt gar nicht mehr verstehen, wie er ein Schuldbekenntnis habe abgeben können. Für ihn stehe fest, daß ihn keine Schuld oder nur ein Teil der Schuld treffe. So oder ähnlich klingt es aus allen Gerichtssälen, und die Gerichte zeigen sich entgegenkommend, nicht, weil sie ihre Pappenheimer nicht kennen, sondern weil die Erfahrung gelehrt hat, daß Erklärungen unmittelbar nach einem Unfall rechtlich nicht viel wert sind. Wer kann heute noch an Ort und Stelle mit einiger Sicherheit die wirkliche Schadenshöhe schätzen? Oft scheint es, es habe nur Blechschaden gegeben. In Wirklichkeit ist der Unfall aber nicht ohne Blutergüsse, Gehirnerschütterungen usw. abgegangen. Wer ein Schuldbekenntnis abgibt, hat oft vom wirklichen Ausmaß des Schadens keine Ahnung. Oft können auch Erklärungen wie: „Ich komme für alles auf" oder „ich nehme die Schuld auf mich" nicht anders ausgelegt werden, als daß man auf den bestehenden Versicherungsschutz habe hinweisen wollen.

Das Wichtigste ist natürlich, am Unfallort das polizeiliche Kennzeichen und Namen und Anschrift des Fahrers des anderen beteiligten Fahrzeugs (Ausweis zeigen lassen!) zu notieren. Die Straßenverkehrsbehörden haben regelmäßig keine alphabetische Namenskartei der Kraftfahrzeughalter, sondern eine nach den Kennzeichen der Fahrzeuge geordnete Kartei. Zuverlässige Angabe des Kennzeichens ist also wichtig.

Stets empfiehlt es sich, die Polizei herbeizurufen, auch wenn der Schaden zunächst nur gering zu sein scheint. Man kann sich irren, der Schaden kann größer sein, als man denkt. Man könnte es später bereuen, den Zeitverlust gescheut zu haben, den das Herbeirufen der Polizei verursacht. Sie nimmt den Unfall sachgemäß auf, sichert die Spuren, sie notiert die Personalien der Beteiligten, die Kennzeichen der Fahrzeuge und die Zeugenanschriften. Und der Polizeibeamte ist meistens ein guter Zeuge für das, was er wahrgenommen hat. Wir sollten trotzdem selbst darauf achten, daß die Polizei das alles tut, und sollten Hinweise nicht scheuen. Auch die Polizei hat es gewöhnlich eilig und kann trotz Routine etwas übersehen.

Es ist ein weitverbreiteter Irrtum, daß schon alles in Ordnung sei, wenn die Polizei den andern Fahrer gebührenpflichtig verwarnt hat (über die gebührenpflichtige Verwarnung siehe Seite 36). Das deutet zwar auf seine Unfallschuld, ist aber im Prozeß noch kein ausreichender Beweis, schon gar nicht für die Alleinschuld des Verwarnten. Zwar können wir die Polizei nicht daran hindern, daß sie es mit einer gebührenpflichtigen Verwarnung des andern Beteiligten bewenden läßt. Aber dann erübrigt es sich nicht, daß wir selbst für die Sicherung der Beweise sorgen. Die Polizei hat, wenn sie nur gebührenpflichtig verwarnt hat, regelmäßig keine aktenmäßigen Unterlagen mehr über den Fall, und wenn es viele Monate später zur Gerichtsverhandlung kommt, kann man sich nicht darauf verlassen, daß der Polizeibeamte, der täglich eine große Zahl kleinerer Unfälle aufnimmt, die Einzelheiten noch im Gedächtnis hat. Man kennt meist nicht einmal den Namen des Polizeibeamten, und den Beleg über die Verwarnungsgebühr hat die verwarnte Gegenpartei. Will die Polizei Sie gebührenpflichtig verwarnen, so brauchen Sie sich darauf nicht einzulassen, sondern können auf Anzeige und Gerichtsverhandlung bestehen, wenn Sie sich im Recht fühlen. Aber auch wenn Sie im ersten Unfallschock die Verwarnungsgebühr entrichtet haben, sollten Sie sich doch noch überlegen, ob wirklich alles so klar war. Kommt Ihnen erst später zum Bewußtsein, daß Sie sich – vielleicht durch die Darstellung der Gegenpartei – haben ins Bockshorn jagen lassen, kann es für die Sicherung der Beweise zu spät sein. Auf sichere Beweise kommt es aber nachher allein an.

Wie man die Beweise sachgemäß sichert, ist im ersten Teil dieses Buches (S. 26) dargestellt. Ein Wort noch zu unsern Befugnissen bei der Feststellung der Personalien:

Unsere Strafprozeßordnung (§ 127) erlaubt es auch Privatleuten, jede Person, die auf frischer Tat betroffen oder verfolgt wird, vorläufig festzunehmen, wenn sie der Flucht verdächtig ist oder ihre Persönlichkeit nicht sofort festgestellt werden kann. Das gilt nicht für bloße Verkehrsordnungswidrigkeiten, sondern nur für Straftaten, zu denen auch die Unfallflucht gehört. Der bloße Verdacht alkoholischer Beeinflussung berechtigt eine Privatperson nicht zur Festnahme. Vollends unzulässig ist es, einen anderen Verkehrsteilnehmer nur anzuhalten, um ihm Vorhaltungen zu machen (Kammergericht 3 Ss 307/72 – VRS 45, 35).

Mit dieser Einschränkung gilt: Wer einen Kraftfahrer bei einem strafbaren Verhalten antrifft, braucht sich nicht mit der Feststellung des polizeilichen Kennzeichens zu begnügen, sondern er darf ihn zwecks Feststellung der Personalien anhalten, weil es nachträglich schwierig sein kann, festzustellen, wer am Steuer gesessen hat. Ist das Anhalten auf andere Weise nicht zu erreichen, kann der verkehrswidrig Fahrende auch durch Versperren der Fahrbahn am Weiterfahren gehindert werden. Allerdings ist Vorsicht geboten. Es wird nachher vom Richter abgewogen, ob die Ausübung dieses Rechts bei verständiger Würdigung des Interesses an der Feststellung des Täters und der Interessen des Täters und Dritter – etwa der Insassen seines Fahrzeugs – gerechtfertigt war. Der Rahmen des Zulässigen würde überschritten, wenn Sie etwa durch ruckartiges und unvorhersehbares Anhalten vor dem Fahrzeug des Täters seine Insassen gefährden würden. Beachten Sie außerdem, daß Sie bei Ihrem Versuch, die Person eines Verkehrssünders festzustellen, nicht selbst von den Verkehrsvorschriften befreit sind, wie es etwa die Polizei im Einsatz ist. Sie dürfen z. B. nicht, um sich vor einen Verkehrssünder zu setzen, selbst eine ununterbrochene Leitlinie überfahren.

Durften Sie einen Fahrer nach seiner Fahrweise für betrunken halten (bitte darauf achten, daß Sie es nachher auch beweisen können!), dann dürfen Sie ihn zum Anhalten zwingen, auch wenn sich nachher Ihre Annahme als Irrtum herausstellt. In diesen Grenzen dürfen Sie sich bei der Feststellung der Personalien von Verkehrssündern auf die Rechtsprechung der höchsten Gerichte berufen.

Zur Sicherung der Beweise gehört auch die ärztliche Feststellung der bei einem Unfall erlittenen Verletzungen. Oft glaubt man, der Weg zum Arzt lohne sich nicht. Man ist mit dem Kopf gegen die

Windschutzscheibe geschlagen. Leichte Benommenheit, ein wenig Kopfweh, man ist nicht wehleidig, nimmt Kopfschmerztabletten und geht zur Arbeit. Der nächste Tag bringt neue Sorgen. Schließlich aber wollen die Kopfschmerzen wochenlang nicht weggehen. Es war doch eine Gehirnerschütterung, die strikte Ruhe erfordert hätte. Dann wird es schwierig sein zu beweisen, daß der Unfall die Ursache war, und man setzt sich obendrein dem Vorwurf aus, nicht alles getan zu haben, um den Schaden zu mindern (vgl. Seite 94). Der Weg zum Arzt empfiehlt sich also auch bei anscheinend nur leichten Verletzungen.

## II. Pflichten gegenüber der Versicherung

### 1. Um welche Versicherung handelt es sich?

Die Kraftverkehrsversicherung umfaßt verschiedene Zweige: die Kraftverkehrs-Haftpflichtversicherung, die Fahrzeug-(= Kasko-) Versicherung, die Insassen-Unfallversicherung und die Gepäckversicherung. Für alle gelten die „Allgemeinen Bedingungen für die Kraftverkehrsversicherung" (AKB). Ihre *Haftpflichtversicherung* soll Ihnen Schutz gewähren gegen Ansprüche anderer Personen, die gegen Sie als Kraftfahrzeughalter und gegen Ihren Fahrer Schadenersatzansprüche (= Haftpflichtansprüche) erheben. Ihre eigenen Schäden ersetzt sie dagegen nicht. Die Haftpflichtversicherung umfaßt aber auch die Abwehr unbegründeter Ansprüche, die gegen Sie erhoben werden.

Ihre *Fahrzeug- oder Kaskoversicherung* deckt Ihre Schäden am eigenen Fahrzeug.

Die *Insassen-Unfallversicherung* ersetzt eigenen Personenschaden (Körperverletzung) und den Personenschaden der Insassen.

Die *Gepäckversicherung* deckt den Schaden am mitgeführten Gepäck, einschließlich der am Körper getragenen Kleidung.

Sie sind, wenn Sie den Versicherungsvertrag abgeschlossen haben, der *„Versicherungsnehmer"*; die Personen, die durch Ihre Versicherung Schutz erhalten sollen, sind die *„Versicherten"*. Das Versicherungsunternehmen, bei dem Sie Ihre Versicherung abgeschlossen haben, nennt man den *„Versicherer"*.

Für alle Versicherungsarten ist es wichtig, zur Erhaltung des Versicherungsschutzes die sogenannten *„Obliegenheiten"* zu beobachten, die in den AKB aufgezählt sind. Es sind dies gewisse Pflichten, die der Versicherungsnehmer im Interesse des Versicherungsunternehmens zu erfüllen hat.

## 2. Folgen der sog. Obliegenheitsverletzungen

Wer seine Pflichten gegenüber dem Versicherungsunternehmen, bei dem er versichert ist, nicht gewissenhaft erfüllt, läuft Gefahr, daß die Versicherung es ablehnt, für den Schaden aufzukommen. Sie ist von ihrer Leistungspflicht frei, wenn der Versicherungsnehmer nicht nachweisen kann, daß seine Obliegenheitsverletzung weder auf Vorsatz noch auf grober Fahrlässigkeit beruht. Bei grober Fahrlässigkeit besteht die Leistungspflicht der Versicherung insoweit fort, als die Pflichtversäumnis weder Einfluß auf die Feststellung des Versicherungsfalles (also des Unfallereignisses) noch auf die Feststellung oder den Umfang der dem Versicherer obliegenden Leistung gehabt hat. Das muß der Versicherungsnehmer aber beweisen. Sie müssen also nachweisen, daß die Abwicklung des Schadensfalles bis zur Schadensregulierung nicht anders verlaufen wäre, wenn Sie Ihre Pflichten nicht versäumt hätten. Darum bitte die nachfolgend aufgezählten Pflichten peinlich genau beachten!

## 3. Welche Pflichten sind nach dem Unfall zu beachten?

### a) Aufklärungspflicht

Die Aufklärungspflicht ist eine der wichtigsten Obliegenheiten des Versicherungsnehmers. Die Versicherungsgesellschaft kann den Schaden nur dann ordnungsgemäß abwickeln, wenn von dem Unfallzeitpunkt an für Aufklärung des Schadensfalls gesorgt worden ist.

Bereits im Augenblick des Unfalls verletzt seine Aufklärungspflicht, wer nicht sofort anhält, sondern noch ein Stück weiterfährt, mag er auch nicht die Absicht haben, sich vom Unfallort zu entfernen. Der Schreck über das Anfahren eines Fußgängers oder die Furcht vor Strafe entschuldigen nicht. Auch wer zur Unfallstelle zurückkehrt, nachdem er bereits 100 m weitergefahren war, macht die Pflichtverletzung nicht rückgängig. Wer nach einem Unfall weiterfährt, ohne auf kürzerer Entfernung anzuhalten, erschwert die Aufklärung. Wer vorsätzlich handelt, verliert seinen Anspruch gegen den Versicherer auch dann, wenn rückblickend betrachtet das Weiterfahren die Aufklärung nicht erschwert hat. Hat allerdings der Fahrer eine Gehirnerschütterung erlitten, kann ihm Vorsatz oder grobe Fahrlässigkeit nicht nachgewiesen werden. Dann bleibt der Versicherungsschutz erhalten.

Zur Aufklärungspflicht gehört die sofortige Markierung des Fahrzeugstandes (vgl. S. 27ff. im 1. Teil dieses Buches). Die Stellung der

Fahrzeuge nach dem Unfall kann für die Rekonstruktion des Unfallherganges und die Schuldfrage bedeutungsvoll sein. Man darf daher in der Regel nicht einmal an den Straßenrand heranfahren, ohne zuvor den Stand der Räder der beteiligten Fahrzeuge auf der Fahrbahn zu markieren, und zwar unter Zuziehung der anderen Beteiligten und einwandfreier Zeugen, wenn es wegen des Verkehrs am Unfallort nicht möglich ist, das Fahrzeug so lange unverändert an der Unfallstelle stehen zu lassen, bis die Polizei erscheint. Wenn beispielsweise ein entgegenkommendes Fahrzeug in den Straßengraben gefahren ist, so liegt es auf der Hand, daß es für die Beurteilung der Schuldfrage ausschlaggebend ist, wie weit das eigene Fahrzeug etwa die Fahrbahn über die Straßenmitte hinaus in Anspruch genommen und dadurch den Entgegenkommenden behindert hat. Wer Unfallspuren vorsätzlich verändert oder vernichtet, verstößt gegen seine Aufklärungspflicht und verliert den Versicherungsschutz. So entschied der Bundesgerichtshof gegen einen LKW-Fahrer, der nachträglich die Schlußleuchte eines von ihm nachts überfahrenen Motorrades zerstörte (BGH IV ZR 1001/68).

Wer sein Fahrzeug nicht bis zum Eintreffen der Polizei unverändert stehen läßt oder nicht wenigstens für die Markierung des Standes der Räder sorgt, fügt seiner Versicherungsgesellschaft unter Umständen erhebliche Nachteile bei der Abwehr von Ansprüchen anderer Unfallbeteiligter zu, weil dann die erforderlichen Nachweise zur Klärung der Schuldfrage nicht mehr erbracht werden können. Wer dies vorsätzlich verabsäumt, etwa weil er schnell weiterkommen will, verliert den Versicherungsschutz selbst dann, wenn seine Pflichtverletzung für die Aufklärung letzten Endes nicht von Bedeutung gewesen ist. Das gilt sogar dann, wenn er sich z. B. gerade auf der Fahrt zu einer kirchlichen Trauung befunden hat, wie der Bundesgerichtshof in einem Fall entschieden hat.

Erregung infolge des Unfalls befreit jedenfalls nicht vom Vorwurf der groben Fahrlässigkeit. Grob fahrlässige Obliegenheitsverletzung hat, wie oben gesagt wurde, zur Folge, daß der Versicherungsnehmer nachweisen muß, daß seine Pflichtversäumnis ohne Einfluß auf die Feststellung des Versicherungsfalles und auf die Feststellung und den Umfang der Leistungspflicht des Versicherers gewesen ist.

Weil der Versicherungsschutz sowohl die Befriedigung begründeter als auch die Abwehr unbegründeter Ansprüche umfaßt, müssen an der Unfallstelle die Schäden an den beteiligten Fahrzeugen wenigstens äußerlich festgestellt und etwaige Körperschäden beteiligter Personen festgehalten werden. Die Feststellung wahrnehmbarer Schäden bietet immerhin einen gewissen Schutz vor einer Inanspruchnahme für Schäden, die nicht vom Versicherungsnehmer verursacht, sondern schon früher vorhanden gewesen sind oder erst später bei der Weiterbenutzung des beschädigten Fahrzeugs entstanden sind. Die Aufklärungspflicht erschöpft sich nicht darin, dem Versicherer in der Schadensmeldung einen deckungspflichtigen Tatbestand mitzuteilen.

Zur Aufklärungspflicht gehört das Warten an der Unfallstelle, auch wenn zunächst niemand am Unfallort anwesend ist, bis entweder die Polizei, deren Eintreffen grundsätzlich stets abgewartet werden sollte, oder wenigstens andere Personen erschienen sind, die zu den erforderlichen Feststellungen über die beteiligten Personen und Fahrzeuge und über die Art des Unfallhergangs bereit und in der Lage sind (hierüber siehe das im ersten Teil dieses Buches zur Unfallflucht auf S. 28 Gesagte). Ein Fahrer, der die Unfallstelle verläßt und das beschädigte Fahrzeug wegschafft, weiß heutzutage in der Regel, daß er hierdurch die Aufklärung des Sachverhalts erschwert. Er verletzt also die Aufklärungspflicht vorsätzlich mit der Folge, daß sein Versicherer von seiner Leistungspflicht frei wird. Hierbei spielt es keine Rolle, ob die Aufklärung des Sachverhalts im Endergebnis tatsächlich erschwert oder der Umfang der Versicherungsleistung beeinflußt worden ist. Ein unter Alkoholeinfluß stehender Kraftfahrer verstößt schon dadurch, daß er nicht an der Unfallstelle die Polizei abwartet, sondern nach Hause fährt und es darauf ankommen läßt, daß ihn die Polizei in seiner Wohnung aufsucht, vorsätzlich gegen die Aufklärungspflicht, auch wenn er keine genauen Vorstellungen davon hatte, in welcher Weise und unter welchen rechtlichen Gesichtspunkten der Grad seiner Trunkenheit für die Aufklärung des Sachverhalts und für die Entschließung seines Haftpflichtversicherers von Bedeutung sein kann; es genügt also, wenn sich der Kraftfahrer vorsätzlich von der Unfallstelle entfernt hat; es kommt nicht darauf an, daß er zugleich die Absicht hatte, seine Versicherung hinters Licht zu führen. So hat der Bundesgerichtshof entschieden.

Diese Wartepflicht für die Zwecke der Aufklärung des Unfallhergangs wird nach anderen Maßstäben gemessen als die Strafbarkeit der Unfallflucht (zu dieser siehe Teil I Seite 20). Auch wer vom Strafrichter von dem Vorwurf der Unfallflucht freigesprochen worden ist, weil ihm z. B. kein Vorsatz nachzuweisen war, kann trotzdem seinen Versicherungsschutz verloren haben, weil er seiner Aufklärungspflicht, zu welcher die Wartepflicht gehört, nicht nachgekommen ist. Im Strafverfahren muß nämlich dem Angeklagten der

Vorsatz bewiesen werden. Im Prozeß gegen das Versicherungsunternehmen muß dagegen der Versicherungsnehmer beweisen, daß er nicht vorsätzlich oder grob fahrlässig gehandelt hat. Das fällt oft schwer. Die Gerichte gehen nämlich davon aus, daß jeder Kraftfahrer sich der im Zusammenhang mit einem Unfall entstehenden Pflichten gegenüber seinem Haftpflichtversicherer bewußt ist oder mindestens ein genügendes allgemeines Bewußtsein hiervon hat. Demgegenüber müßte er schon den schwierigen Beweis führen, daß er aus besonderen Gründen dieses Bewußtsein in dem Einzelfall nicht gehabt hat. Es genügt nicht einmal, daß der Kraftfahrer nachweislich unter der Einwirkung von Medikamenten gestanden hat, welche die Alkoholwirkung verstärkt haben. Auch bei einem vermindert Zurechnungsfähigen ist es – so sagen jedenfalls zwei Oberlandesgerichte – wahrscheinlich, daß er, wenn er z.B. einen Schlag gegen sein Fahrzeug bemerkt hat, der auf einen Zusammenstoß mit einem Gegenstand schließen läßt, die Unfallflucht vorsätzlich begeht, wenn er unbekümmert weiterfährt.

Eine Ausnahme von der Wartepflicht ergibt sich aus der Hilfeleistungspflicht (s. Teil I S. 13 ff.). Wer bei Unglücksfällen nicht Hilfe leistet, obwohl dies erforderlich und ihm zuzumuten, insbesondere ohne erhebliche eigene Gefahr und ohne Verletzung anderer wichtiger Pflichten möglich ist, wird mit Gefängnis bestraft (§ 330c StGB). Diese Hilfeleistungspflicht geht der Wartepflicht vor. Durch die Entfernung vom Unfallort macht sich also der Unfallbeteiligte nicht der Unfallflucht schuldig, solange er seine Hilfeleistungspflicht erfüllt. Er verletzt damit auch nicht seine Aufklärungspflicht gegenüber dem Versicherer. Allerdings muß er alsbald zum Unfallort zurückkehren und darf dann nicht etwa gegenüber der Polizei angeben, daß er zwar Unfallzeuge, aber nicht an dem Unfallgeschehen beteiligt sei.

Das Verlassen der Unfallstelle ist ferner erlaubt, um sich einem Angriff von Personen, die eine drohende Haltung annehmen, zu entziehen. Auch dann muß man zur Unfallstelle zurückkehren, wenn die Personen, von denen die Bedrohung ausging, sich entfernt haben.

Die Rückkehrpflicht entfällt allerdings, wenn nicht mehr damit zu rechnen ist, daß an der Unfallstelle noch Personen anzutreffen sind, die zu Feststellungen über das Unfallgeschehen bereit und in der Lage sind, und auch keine Spuren mehr gesichert werden können. Wenn ein Kraftfahrer einen verletzten Fußgänger ins Krankenhaus gebracht hat und hierüber, weil er auch noch die Ehefrau des Schwerverletzten benachrichtigt hat, 1½ Stunden vergangen sind, und wenn der Kraftfahrer weiß, daß an der Unfallstelle auch keine Spuren mehr zu sichern sind und die Passanten, die den Unfall beobachtet haben könnten, sich mit Sicherheit in der frühen Morgenstunde eines Werktages inzwischen entfernt haben, dann besteht keine Pflicht zur Rückkehr an die Unfallstelle mehr. Nach der Neufassung des Unfallfluchtparagraphen 142 des Strafgesetzbuches (in Kraft seit 14. 6. 1975) treten dann aber an die Stelle der Warte- bzw. Rückkehrpflicht andere Verpflichtungen, die nicht nur strafrechtlich, sondern auch für das Versicherungsrecht nunmehr maßgeblich sein dürften, weil das Strafgesetz nur die Mindestanforderungen aufstellt, die an jeden ordentlichen Verkehrsteilnehmer zu stellen sind. Bei Unfallflucht entfällt der Versicherungsschutz (BGH IV ZR 61/71 – VRS 42, 256).

Hat ein Unfallbeteiligter sich vom Unfallort nach einer angemessenen Wartezeit oder aus sonstigen Gründen berechtigt oder entschuldigt entfernt, ohne daß die Feststellung seiner Person, seines Fahrzeugs und der Art seiner Unfallbeteiligung ermöglicht worden sind, so muß er diese Feststellungen unverzüglich nachträglich ermöglichen. Dieser Verpflichtung genügt er, wenn er dem anderen Unfallbeteiligten und dem Geschädigten oder einer nahegelegenen Polizeidienststelle mitteilt, daß er an dem Unfall beteiligt gewesen ist, und wenn er seine Anschrift, seinen Aufenthalt sowie das Kennzeichen und den Standort seines Fahrzeugs angibt und dieses zu unverzüglichen Feststellungen für eine ihm zumutbare Zeit zur Verfügung hält.

*Hilfeleistungspflicht geht vor Aufklärungspflicht!* Mit ihr wird auch gleichzeitig eine andere Pflicht des Versicherungsnehmers gegenüber seiner Versicherung erfüllt, nämlich die Schadensminderungspflicht (vgl. S. 94). Wer einen Verletzten nicht sofort ärztlicher Hilfe zuführt, verschlimmert durch die Verzögerung unter Umständen den Körperschaden des Verletzten erheblich. Allerdings ist bei Schwerverletzten Vorsicht geboten, wenn man nicht weiß, wie sie anzufassen und zu befördern sind. Bei inneren Verletzungen ist es unter Umständen geboten, nicht selbst anzupacken, sondern den Krankenwagen auf schnellstem Wege herbeizurufen. Sonst kann man den Schaden vergrößern! Ein Kraftfahrer, der einen Unfall verursacht und mit der Möglichkeit rechnet, daß er einen Fußgänger angefahren hat und ihn auf offener Landstraße in hilfloser Lage liegenläßt, verletzt auch dann, wenn er nach einer Viertelstunde zurückkehrt, vorsätzlich seine Rettungspflicht und verliert den Versicherungsschutz gänzlich, und zwar selbst dann, wenn der Verletzte inzwischen geborgen und der Schaden durch die Verletzung der

Rettungspflicht nicht verschlimmert worden ist (BGH IV ZR 7/71 –
DAR 1972, 161).

Sind sich bei geringfügigen Schäden die Beteiligten einig, dann
können sie auf die Polizei oder auf andere Zeugen verzichten. Man
muß aber dann eindeutige Feststellungen über die Personalien, die
Fahrzeuge und den Unfallhergang treffen, die zweckmäßig schriftlich festgehalten werden, wenn nicht einwandfreie Zeugen zur Verfügung stehen. Sonst scheitert, wenn man seine Versicherung in Anspruch nehmen will, der Anspruch an der versäumten Aufklärung.
Bei der schriftlichen Fixierung des Unfallhergangs unter den Beteiligten ist zu beachten, daß ein Schuldbekenntnis nicht abgegeben
werden darf. Das wäre wieder eine Obliegenheitsverletzung gegenüber der Versicherung, die den Versicherungsschutz gefährdet (vgl.
S. 86). Zweckmäßig wird nur der Unfallhergang objektiv festgehalten, etwa folgengermaßen:

I. Beteiligte Fahrer
   1) ... (Personalien); Ausweis-Nr. ...
   2) ...
   3) ...

II. Beteiligte Fahrzeuge
    zu 1) ... (Kennzeichen; Versicherung; Halter)
    zu 2) ...
    zu 3) ...

III. Begleitumstände
    1) Ort, Zeit, Witterung, Beleuchtung, Beschaffenheit der Fahrbahn
    2) Zustand der Fahrzeuge (Bereifung usw.)
    3) Fahrtüchtigkeit der Fahrer

IV. Unfallhergang
    (objektive Schilderung des Ablaufs ohne Würdigung der Verschuldensfrage)
    Beispiel:
    Der Pkw X–Y 10 befuhr die A-Straße in B-Dorf mit 50 km/h
    Geschwindigkeit in Richtung Markt. Auf der Kreuzung mit der
    C-Straße kam es zu einem Zusammenstoß mit dem von rechts
    aus der C-Straße mit 40 km/h Geschwindigkeit kommenden
    Pkw Z–Z 20 in der Kreuzungsmitte. Dabei wurde der rechte
    vordere Kotflügel des Pkw X–Y 10 eingebeult und der rechte
    Scheinwerfer beschädigt. An dem Pkw Z–Z 20 wurden der
    linke Scheinwerfer und der linke vordere Kotflügel beschädigt.
    Auf der A-Straße und der C-Straße befinden sich keine die

Vorfahrt regelnden Verkehrsschilder. Personenschaden ist nicht entstanden. Beide Fahrzeuge konnten ihre Fahrt fortsetzen.

Bei der alsbald nach dem Unfall (Frist siehe S. 95) vorzunehmenden Schadensmeldung an die Versicherung ist die *Wahrheitspflicht* unbedingt zu beachten. Ihre Verletzung zieht genau wie jede andere Verletzung der Aufklärungspflicht den Verlust des Anspruchs gegen die Versicherung nach sich. Furcht vor Nachteilen im Strafverfahren oder vor Abweichungen von Angaben bei der Polizei ist unbegründet, da die Angaben gegenüber der Versicherung vertraulich sind.

Wer einen schweren Unfall verursacht und seiner Versicherung darüber wissentlich falsche Angaben macht, setzt seine Existenz auf das Spiel. Denn er muß den hohen Schaden, z.B. eine lebenslange Unfallrente, aus eigener Tasche bezahlen, wenn die Versicherung es wegen dieser falschen Angaben ablehnt, Versicherungsschutz zu gewähren. Darum kann nicht genug vor falschen Angaben, auch in unwesentlichen Punkten, gewarnt werden. Denn die Versicherung kann ihren Schutz wegen wissentlich falscher Angaben auch dann versagen, wenn es für die Abwicklung des Versicherungsfalles auf die Richtigkeit dieser Angaben gar nicht ankommt. Auch wenn Sie meinen, die falsche Darstellung wäre Ihrer Versicherung sogar nützlich, ist sie verboten, und die Versicherung wird von der Leistungspflicht frei.

So wurde ein Kraftfahrzeughalter mit der Klage gegen seine Versicherung abgewiesen, weil er bei der Schadensmeldung fälschlich angegeben hatte, daß nicht sein Sohn, sondern er selbst das Kraftfahrzeug bei dem Unfall gelenkt habe, obwohl dies für die Abwicklung des Schadensfalles gleichgültig war, da auch sein Sohn den Führerschein besaß.

Auch Unfallzeugen dürfen bei der Schadensmeldung nicht verschwiegen werden, selbst wenn dann später die Zeugen bei der Abwicklung des Falles nicht gebraucht werden sollten.

Der Versicherungsnehmer kann sich auch nicht darauf berufen, daß er die Versicherungsbedingungen nicht gelesen oder ihre rechtliche Bedeutung nicht begriffen habe. Die Gerichte setzen bei jedem Kraftfahrer das Bewußtsein voraus, daß er bei Eintritt des Versicherungsfalles alles zur Aufklärung des Tatbestandes Erforderliche tun muß und daher keine falschen Angaben gegenüber seiner Versicherung machen darf.

Eine sehr erfreuliche Einschränkung zugunsten des Versicherungsnehmers hat allerdings das Oberlandesgericht Düsseldorf in einem Urteil gemacht: Die Versicherungsagentur, bei welcher der Versicherungsnehmer seine Schadensmeldung zu Papier bringt, soll nach

Treu und Glauben verpflichtet sein, ihn über seine Wahrheitspflicht zu belehren und ihn auf die Folgen falscher Angaben hinzuweisen, wenn ersichtlich ist, daß der Versicherungsnehmer durch wahrheitsgemäße Angaben in einen Konflikt gerät. Wenn ein Kraftfahrer am Morgen nach dem Unfall, nachdem er in der Nacht keinen Schlaf gefunden hatte, davon erfährt, daß der Verletzte im Krankenhaus gestorben ist, und anschließend in der Agentur seines Versicherers in einem engen Raum mit starkem Betrieb zu den einzelnen Punkten seiner Schadensmeldung, die er dort ausfüllen soll, befragt wird, so liege es nahe, daß er innerlich noch zu aufgewühlt ist, um bei der routinemäßigen, durch Telefonate gestörten Befragung die Bedeutung und die schweren Folgen wahrheitswidriger Angaben zu erkennen, wenn er sich im Zeitraum eines Augenblicks für eine Antwort entscheiden muß, zumal bei der peinlichen Frage nach dem Alkoholgenuß, die er zuvor bei der Polizei aus Furcht unrichtig beantwortet hat. Verletzt hier der Versicherer seine Pflicht zur Belehrung, so würde es gegen Treu und Glauben verstoßen, wollte er sich nachher wegen der falschen Angaben auf seine Leistungsfreiheit berufen. Der Bundesgerichtshof hat diese Grundsätze bestätigt: Ist der Versicherungsnehmer über die Rechtsfolgen vorsätzlich unwahrer Angaben nicht ordnungsmäßig belehrt worden, so bleibt der Versicherer – wie bei grob fahrlässiger Verletzung der Wahrheitspflicht – insoweit zur Leistung verpflichtet, als die Verletzung der Wahrheitspflicht weder die Feststellung des Versicherungsfalles noch die Feststellung und den Umfang der dem Versicherer obliegenden Leistung beeinflußt hat (BGHZ 48,7). Das gilt auch für die Kaskoversicherung (IV ZR 57/71).

Die Folgen falscher Angaben werden nicht dadurch vermieden, daß das Versicherungsunternehmen in der Lage ist, die Ermittlungsakten der Staatsanwaltschaft einzusehen und daraus die Unrichtigkeit der Angaben des Versicherten, z. B. über den Blutalkoholgehalt, zu erkennen. Seine Angaben über die genossene Alkoholmenge bleiben trotzdem unwahr, auch wenn das weitere Verfahren nicht darauf, sondern auf das Ergebnis der Blutuntersuchung gestützt wird und die Versicherung auch dieses Ergebnis erfährt. Sie braucht wegen der falschen Angaben in der Schadensmeldung dem Versicherten keinen Schutz mehr zu gewähren. Zwar muß der Haftpflichtversicherer im Rahmen der Pflichtgrenzen an den Verletzten zahlen, aber er holt sich das Geld bei dem Versicherungsnehmer wieder. Das ist ein hartes Ergebnis, wenn die wissentlich falschen Angaben bei der Schadensabwicklung tatsächlich keine Rolle gespielt haben; aber nach dem geltenden Gesetz ist daran nichts zu ändern. Darum nochmals: *Nur die Wahrheit angeben, und diese vollständig!*

Die Wahrheitspflicht bezieht sich auch auf die Vorlage der Schadensbelege. Wenn beispielsweise die Versicherungsgesellschaft die Vorlage von Belegen für Kleidungsstücke fordert, die der Versicherungsnehmer als gestohlen gemeldet hat, dann darf er sich nicht, um Schwierigkeiten bei der Verfolgung seiner berechtigten Ansprüche zu beseitigen, falsche Belege von einem Lieferanten, von dem er die Sachen tatsächlich nicht bezogen hat, beschaffen. Dadurch verwirkt er seine Ansprüche gegen seine Versicherung auch dann, wenn seine Angaben über den Umfang seines Schadens stimmen und er sie nur nicht belegen konnte.

Eine weitere Pflicht hat der Versicherungsnehmer, der mehrere Fahrzeuge hält: Wenn nicht feststeht, welches Fahrzeug oder welcher Fahrer an einem Unfall beteiligt war, so muß er dies unverzüglich aufklären, ganz besonders dann, wenn seine Fahrzeuge bei verschiedenen Gesellschaften versichert sind.

## b) Schadensminderungspflicht

In zweifacher Hinsicht muß alles getan werden, um den bei einem Verkehrsunfall entstandenen Schaden so gering wie möglich zu halten.

Einmal hat der Geschädigte selbst seinen eigenen Schaden, den er gegen den für den Unfall Verantwortlichen geltend machen will, so niedrig wie möglich zu halten, weshalb er z. B. sofort den Arzt aufsuchen muß. Diese Pflicht berührt die Pflichten gegenüber der Versicherung nur insoweit, als daraus auch Ansprüche gegen die Versicherungsgesellschaft hergeleitet werden, also bei der Kasko-, Unfall- und Gepäckversicherung.

Gegenüber der eigenen Haftpflichtversicherung, die Sie vor Ansprüchen anderer Personen aus dem Unfallereignis schützen soll, sind Sie aber darüber hinaus noch verpflichtet, auch den Schaden der anderen Unfallbeteiligten, die gegen Sie Ansprüche geltend machen könnten, nach Kräften gering zu halten, damit Ihre Versicherung an diese Personen nicht mehr zahlen muß, als unvermeidbar war. Auch wenn Sie zunächst glauben, der andere sei allein schuld, können Sie die spätere Beurteilung des Falles doch nicht mit Sicherheit voraussehen. Darum ist es – abgesehen von der allgemeinen Hilfspflicht – zu empfehlen, auf jeden Fall schon vom Unfallereignis ab alles zur Minderung des Schadens aller Beteiligten zu tun. Diese Pflicht haben Sie gegenüber Ihrer Versicherungsgesellschaft.

Dabei gilt als oberster Leitsatz: *Tun Sie das, was Sie als vernünftiger Mensch tun würden, wenn Sie nicht versichert wären* und den Schaden aus eigener Tasche bezahlen müßten – Ihren eigenen Schaden und den der anderen Beteiligten. So werden Sie sich nie dem Vorwurf aussetzen, Ihrer Schadensminderungspflicht nicht nachgekommen zu sein (BGH II ZR 24/65 – VersR 1968, 140).

Der Schadensminderung dient in erster Linie die Nothilfepflicht, deren Verletzung überdies strafbar ist (vgl. Teil I Seite 13 ff.). Es muß die wirksamste Hilfe geleistet werden, sofort und an Ort und Stelle.

Die Pflicht zur Hilfeleistung geht der Pflicht, am Unfallort zu warten, vor (vgl. Seite 89).

Natürlich muß auch für die Rettung von Sachwerten, die durch den Unfall gefährdet worden sind, gesorgt werden, z. B. für die Sicherung von Sachen vor Diebstahl. Kann der Verletzte sich nicht selbst helfen, muß seine Habe sichergestellt werden. Bei vielen Unfällen wird nachher der Verlust von Wertgegenständen geltend gemacht, der hätte vermieden werden können.

Alle Aufwendungen anläßlich eines Schadensfalles sind in vernünftigem Rahmen zu halten. Niemals denken: Die Versicherung wird es schon bezahlen. Sie braucht unter Umständen dann nicht zu zahlen, wenn die Schadensminderungspflicht verletzt worden ist.

### c) Anmeldefrist

Jeder Versicherungsfall ist dem Versicherer innerhalb einer Woche schriftlich anzuzeigen. *Versicherungsfall* ist jedes Ereignis, das einen unter die Versicherung fallenden Schaden verursacht oder – bei der Haftpflichtversicherung – Ansprüche gegen den Versicherungsnehmer zur Folge haben könnte. Jeden Unfall soll man also innerhalb der Wochenfrist melden, wenn man nicht ganz sicher ist, daß kein unter die Versicherung fallender Schaden daraus entstanden ist und auch nicht zu gewärtigen ist, daß andere Personen mit irgendwelchen Ersatzansprüchen kommen, mögen die Ansprüche der anderen Personen auch nach Ihrer Ansicht unbegründet sein. Denn Ihre Haftpflichtversicherung deckt auch die Abwehr unbegründeter Ansprüche, und auch dafür ist die fristgemäße Anmeldung von Bedeutung.

Eine wichtige Ausnahme besteht für Bagatellschäden, soweit es sich um Sachschäden handelt. Nachdem in der Kraftfahrzeug-Haftpflicht- und Kaskoversicherung die Beitragsermäßigung bei schadensfreiem Verlauf eingeführt worden ist, die bei mehrjährigem schadensfreiem Fahren erheblich zu Buche schlägt, möchte mancher diese Vergünstigung nicht wegen eines Bagatellschadens verlieren, den er bequem aus eigener Tasche bezahlen kann. Treten aber dann im Laufe eines Versicherungsjahres weitere Schadensfälle ein, durch die der Schadensfreiheitsrabatt ohnehin verlorengeht, dann kann auch der Bagatellschaden noch nachgemeldet werden, und zwar bis zum Jahresende. Schäden, die im Dezember eintreten, dürfen bis zum 31. Januar nachgemeldet werden. In jedem Falle muß der Versicherung gemeldet werden, wenn ein Gerichtsverfahren wegen eines Haftpflichtschadens anhängig wird, da sonst die Versicherung nicht dafür aufzukommen braucht. Das gilt auch für Bagatellschäden. Ist ein Anspruch gegen einen Versicherungsnehmer gerichtlich geltend gemacht worden und hat er dies nicht gemeldet (vgl. S. 98), dann kann der Schaden nicht später nachgemeldet werden.

### 4. Was tun, wenn gegen Sie Ansprüche erhoben werden?

*a) Schuldbekenntnis und Zahlung verboten!*

Es beginnt oft schon an der Unfallstelle, daß Ansprüche erhoben werden oder mindestens die Schuldfrage diskutiert wird, obwohl dabei ohnehin nichts herauskommt, weil alle erregt sind.

Die Versicherungsbedingungen sagen eindeutig: Bei Haftpflichtschäden ist der Versicherungsnehmer nicht berechtigt, ohne vorherige Zustimmung des Versicherers einen Anspruch ganz oder teilweise anzuerkennen oder zu befriedigen. Dennoch wird gegen dieses Verbot oft gesündigt. Ist man schuld, dann möchte man einen peinlichen Vorfall, der allerhand Folgen haben könnte, möglichst sogleich aus der Welt schaffen. Oft wird auch später beim Besuch des Verletzten im Krankenhaus ein Schuldbekenntnis abgegeben oder sogar eine Zahlung geleistet. So verständlich das ist, muß man doch auch berücksichtigen, daß die Versicherungsgesellschaft, die dann für alles aufkommen soll, sich das Anerkenntnis und die Zahlung selbst vorbehalten will. Wer gegenüber dem Opfer einer eigenen Unachtsamkeit zu großzügig ist, verliert daher seinen Anspruch darauf, daß die Versicherung für ihn zahlt. Zweck des Verbots ist es, zu verhüten, daß durch eigenmächtige Maßnahmen des Versicherungsnehmers die Rechtslage der Versicherungsgesellschaft in den weiteren Verhandlungen oder in einem Prozeß verschlechtert wird. Man darf seiner eigenen Versicherung nicht in den Rücken fallen.

So zweckmäßig es ist, an der Unfallstelle gemeinsam mit den anderen Beteiligten den Unfallhergang schriftlich aufzunehmen, soll man doch darauf bedacht sein, hierbei die Schuldfrage nicht zu berühren, sondern nur die Tatsachen festzustellen, aus denen dann die berufenen Stellen entnehmen können, wer schuld ist. Ein Beispiel für eine solche unverfängliche und doch vollständige Unfallaufnahme wurde oben auf Seite 91 gegeben.

Hat man unvorsichtigerweise in irgendeiner Form ein Schuldbekenntnis abgegeben, so ist noch lange nicht alles verloren. Die Gerichte haben Einschränkungen gemacht, damit nicht die weitverbreitete Neigung, spontan nach einem Unfall die Schuld zu bekennen, allzu häufig dazu führt, daß die Versicherung nicht zu zahlen braucht, abgesehen von anderen Gründen. Das alles ist aber kein Freibrief dafür, mit Schuldbekenntnissen um sich zu werfen. In jedem Fall ist es das Beste, die Schuldfrage von der Versicherung oder dem Gericht beantworten zu lassen.

Wen nach dem klaren Unfallhergang die Alleinschuld trifft, der verletzt – so sagen verschiedene Oberlandesgerichte – seine Obliegenheiten gegenüber seinem Versicherer nicht vorsätzlich und in der Regel auch nicht einmal grob fahrlässig, wenn er an der Unfallstelle oder auch Tage danach am Krankenbett des Verletzten seine Schuld zugibt. Eine wahre Schilderung des Unfallherganges darf der Versicherungsnehmer dem Geschädigten ohnehin geben. Nach der Lebenserfahrung pflegt aber bei Unfällen mit eindeutigem Verlauf der jeweilige Schuldige am Unfallort dem Geschädigten nicht den ohnehin bekannten Unfallhergang zu wiederholen, sondern er faßt die unstreitige Beurteilung des Falles kurz dahin zusammen, daß er „schuld" sei. In solchen klarliegenden Fällen wird dem Versicherungsnehmer geglaubt werden müssen, daß er entsprechend der Übung des täglichen Lebens der Auffassung war, er dürfe sich schuldig bekennen. Übrigens besagt ein solches Schuldbekenntnis auch noch nichts zu der Frage, ob nicht der Geschädigte einen Anteil seines Schadens selbst tragen muß, weil ihn ein Mitverschulden trifft oder mindestens die Betriebsgefahr seines Fahrzeugs bei dem Unfall mitgewirkt hat. Erklärungen am Krankenbett des Verletzten sollen in der Regel auch nur zu dessen Beruhigung den Sinn haben, daß eine Haftpflichtversicherung gegebenenfalls aufzukommen habe.

Trotzdem ist es besser, nicht von der eigenen Schuld zu sprechen. Der Verletzte kann schon wegen der Regelung in den Versicherungsbedingungen ein Schuldanerkenntnis keinesfalls verlangen. Auf keinen Fall darf aber irgendeine Zahlung geleistet werden.

## b) Meldung an die Versicherung

Macht der Geschädigte seinen Anspruch gegenüber dem Versicherungsnehmer geltend, so ist dieser zur Anzeige innerhalb einer Woche nach Erhebung des Anspruchs verpflichtet. Das gilt auch dann, wenn der Versicherungsnehmer den Schadensfall bereits seiner Versicherung gemeldet hat.

Hat der andere Unfallbeteiligte bereits am Unfallort seine Ansprüche geltend gemacht, so fällt die Meldung an die Versicherung mit der ohnehin binnen einer Woche (vgl. S. 95) vorzunehmenden Meldung des Versicherungsfalls zusammen. Haben Sie aber diese Meldung schon erstattet, und erhalten Sie dann ein Schreiben des andern Beteiligten, worin er seine Ansprüche erhebt, oder sucht er Sie deswegen persönlich auf, so müssen Sie Ihre Versicherung ohne Rücksicht darauf, daß Sie den Unfall bereits gemeldet haben, binnen einer Woche davon unterrichten, daß und welche Ansprüche gestellt werden. Werden die Ansprüche schriftlich gestellt, so leiten Sie das Schreiben an Ihre Versicherung weiter.

## c) Anzeige von Gerichtsverfahren

Sie müssen der Versicherungsgesellschaft unverzüglich Anzeige erstatten, wenn gegen Sie ein Ermittlungsverfahren eingeleitet oder ein Bußgeldbescheid, ein Strafbefehl oder ein Zahlungsbefehl gegen Sie erlassen wird. Das ist auch dann unbedingt nötig, wenn Sie der Versicherungsgesellschaft den Versicherungsfall bereits gemeldet haben. Die Versicherung muß es unter allen Umständen sofort erfahren, wenn die Behörden gegen Sie ein Verfahren einleiten. Denn die erforderlichen Schritte müssen dann mit der Versicherung abgestimmt werden. Sobald Sie durch eine Vorladung zur Polizei erfahren, daß ein Ermittlungsverfahren der Staatsanwaltschaft gegen Sie läuft, ist also die Anzeige an Ihre Versicherungsgesellschaft fällig. Dasselbe gilt natürlich auch, wenn Ihnen ein Strafbefehl oder eine Anklageschrift der Staatsanwaltschaft zugestellt wird. Über den Verlauf eines Strafverfahrens wegen des Unfalls muß der Versicherer unterrichtet sein.

Aber auch wenn Schadenersatzansprüche durch Zahlungsbefehl, durch eine Klageschrift, durch ein Armenrechtsgesuch für eine Klage, durch Arrest oder einstweilige Verfügung oder durch ein gerichtlich angeordnetes Beweissicherungsverfahren gegen Sie gerichtlich geltend gemacht werden, oder wenn Ihnen der Streit verkündet wird (was bedeutet, daß Sie aufgefordert werden, einem

Prozeß zwischen anderen Personen beizutreten, weil Rückgriffsansprüche gegen Sie erhoben werden sollen), müssen Sie dies Ihrer Versicherungsgesellschaft unverzüglich anzeigen.

Kurz gesagt: Erhalten Sie vom Gericht, von der Staatsanwaltschaft oder von der Polizei in Ihrer Unfallsache eine Benachrichtigung, aus der zu entnehmen ist, daß gegen Sie ein Verfahren eingeleitet wird, melden Sie es Ihrer Versicherung! Lieber einmal überflüssig melden, denn der Laie kann oft nicht unterscheiden, worum es sich handelt. Wenn man eindeutig nur als Zeuge geladen wird, ist es nicht nötig, dies anzuzeigen.

Eine Verletzung der Meldepflicht kann zum Verlust des Versicherungsschutzes führen. Hat aber der Verstoß gegen die Meldepflicht eine ernste Gefährdung berechtigter Versicherungsinteressen nicht zur Folge, dann kann sich der Versicherer nach Treu und Glauben nicht auf einen gänzlichen Verlust des Versicherungsanspruchs berufen. Bei minderen Verstößen muß der Versicherer sich mit dem Ersatz des ihm tatsächlich entstandenen Schadens begnügen (BGH IV ZR 645/68 – NJW 1970, 465).

## 5. Verhalten bei Zahlungsbefehl und Klage

*a) Eigene Maßnahmen*

Außer der Erfüllung der Anzeigepflicht gegenüber seiner Versicherung ist der Versicherungsnehmer auch zu aktiver Mitwirkung verpflichtet, wenn er einen Zahlungsbefehl, einen Arrestbefehl oder eine einstweilige Verfügung erhält. Er muß nämlich von sich aus, ohne erst die Weisung der Versicherungsgesellschaft abzuwarten, zur Wahrung der Fristen die erforderlichen Rechtsbehelfe ergreifen, also bei Gericht Widerspruch einlegen. In dem Zahlungsbefehl ist die Widerspruchsfrist angegeben. Wenn das Gericht am Wohnort des Schuldners ist, beträgt die Frist in der Regel nur drei Tage. Ausnahmsweise kann sie auch noch abgekürzt werden. Bei einem auswärtigen Gericht ist die Frist eine Woche. Innerhalb dieser Frist muß der Widerspruch unter Angabe des Aktenzeichens, das auf dem Zahlungsbefehl steht, bei der Geschäftsstelle des Gerichts eingegangen sein. Aufgabe zur Post genügt also zur Fristenwahrung nicht. Nach Ablauf der Frist kann der Gläubiger den Vollstreckungsbefehl beantragen. Bis zum Erlaß des Vollstreckungsbefehls kann der Schuldner aber immer noch Widerspruch einlegen. Der Widerspruch muß unterzeichnet sein. Eine Begründung des Widerspruchs ist nicht erforderlich. Sie kann nachfolgen, wenn Terminsladung erfolgt.

Eine eigene Begründung des Widerspruchs zu geben, ist überdies ohne vorherige Verständigung mit der Versicherungsgesellschaft nicht erlaubt, denn sie führt den Prozeß, nicht der Versicherungsnehmer.

## b) Den Prozeß führt die Versicherung

Kommt es auf Grund des Zahlungsbefehls oder einer Klageerhebung zu einem Rechtsstreit vor Gericht, dann muß der Versicherungsnehmer die Führung des Prozesses seinem Versicherer überlassen. Er darf also keine eigenmächtigen Erklärungen gegenüber dem Gericht abgeben, außer wenn das Gericht ihn zu vernehmen wünscht. Er persönlich ist zwar verklagt, aber für ihn spricht seine Versicherung, denn sie soll ja auch für ihn zahlen, wenn er verurteilt wird. Darum darf er dem Richter nur antworten, wenn dieser ihn persönlich befragt – dann allerdings nach seinem besten Wissen und Gewissen wahrheitsgemäß, ohne Rücksicht auf Wünsche und Weisungen des Versicherers.

Den Anwalt darf sich der Versicherungsnehmer nicht selbst aussuchen. Er darf also nicht die Sache dem Anwalt seines Vertrauens übergeben. Den Anwalt bestellt die Versicherung. Diesem Anwalt, dessen Gebührenrechnung auch die Versicherung bezahlt, muß der Versicherungsnehmer Prozeßvollmacht erteilen und jede verlangte Aufklärung geben. Das gilt selbst dann, wenn der Versicherer gegenüber dem Versicherungsnehmer von der Leistungspflicht frei ist, weil der Versicherungsnehmer seine Vertragspflichten aus dem Versicherungsvertrag nicht erfüllt hat. Denn bei der Kraftfahrzeug-Pflichtversicherung muß der Versicherer gegenüber dem Geschädigten immer zahlen, auch wenn er nachher bei dem Versicherungsnehmer Rückgriff nehmen kann. Die Versicherungsgesellschaft hat also immer ein eigenes wirtschaftliches Interesse an der Prozeßführung, und darum soll sie auch den Anwalt bestellen und den Prozeß führen. Der Versicherungsnehmer darf und soll seiner Versicherung die besonderen Gründe vortragen, warum ein bestimmter Anwalt mit einer Angelegenheit betraut bzw. nicht betraut werden sollte. Hat der Anwalt des Versicherungsnehmers diesen in der gleichen Sache bereits in einem Strafverfahren vertreten, so kann es sich empfehlen, den mit der Materie vertrauten Anwalt auch den Zivilprozeß durchführen zu lassen. Die Versicherungsgesellschaft muß aber immer damit einverstanden sein.

Es ist auch nicht ratsam, daß der Versicherungsnehmer sich eines Anwalts seines Vertrauens bedient, wenn er vorsorglich gegen einen

Zahlungsbefehl Widerspruch einlegt, denn er muß nachher die Vollmacht dieses Anwalts widerrufen, wenn die Versicherungsgesellschaft es verlangt, und muß dann die Gebührenrechnung seines Anwalts aus eigener Tasche bezahlen. Allerdings muß ihn sein Anwalt vorher darauf hinweisen.

### 6. Vor einer Reparatur: die Kaskoversicherung fragen!

Wer sein Fahrzeug kaskoversichert hat, um Versicherungsschutz für den Schaden am eigenen Fahrzeug zu haben, darf nach einem Unfall sein Fahzeug nicht zur Reparatur geben, ohne vorher die Weisung seines Versicherers einzuholen, soweit ihm das billigerweise zugemutet werden kann. Verständlicherweise soll der Versicherer, der nachher die Reparatur bezahlen soll, Gelegenheit haben, den Schaden vorher zu besichtigen und sich davon zu überzeugen, welche Schäden an dem Fahrzeug Unfallschäden sind und welche Art der Instandsetzung wirtschaftlich ist. Das gleiche gilt bei der Gepäckversicherung.

### 7. Bei Entwendungs- oder Brandschaden: Anzeige bei der Polizei!

Ein Entwendungs- oder Brandschaden, der unter die Kasko- oder die Gepäckversicherung fällt, ist der Polizeibehörde unverzüglich anzuzeigen. Auch dies ist eine Obliegenheit gegenüber dem Versicherer, deren Versäumnis zur Folge hat, daß die Versicherung nicht zu zahlen braucht.

### 8. Bei Körperschäden: Arzt aufsuchen!

Wer eine Insassen-Unfallversicherung für Körperschäden abgeschlossen hat, muß spätestens am vierten Tage nach Eintritt eines Unfallschadens einen staatlich zugelassenen Arzt zuziehen und die ärztliche Behandlung bis zum Abschluß des Heilverfahrens regelmäßig fortsetzen; ebenso muß er für angemessene Krankenpflege sorgen.

Der Versicherungsnehmer und die anderen unfallversicherten Personen, die Unfallschäden aus der Insassen-Unfallversicherung geltend machen, müssen nicht nur die behandelnden Ärzte, sondern auch alle anderen Ärzte, die sie aus anderen Anlässen behandelt oder untersucht haben, ermächtigen und veranlassen, die vom Versicherer geforderten Berichte zu liefern. Außerdem müssen sie sich auf Verlangen des Versicherers den von diesem bezeichneten Ärzten und u. U. einem Ärzteausschuß zur Untersuchung stellen.

### 9. Bei Todesfall: Meldung an die Versicherung!

Sehr wichtig ist, daß ein Todesfall dem Vorstand des Versicherers binnen 24 Stunden telegrafisch angezeigt werden muß, auch wenn der Unfall selbst bereits gemeldet ist. Die Meldepflicht besteht also nicht nur bei sofortigem Unfalltod, sondern auch dann, wenn der Versicherte später an den Unfallfolgen stirbt. Der Versicherer hat das Recht, die Leiche durch Ärzte besichtigen und öffnen zu lassen.

Für alle diese in den vorstehenden Ziffern aufgezählten Obliegenheiten gilt die eingangs erwähnte Regel, daß ihre vorsätzliche Verletzung zur Folge hat, daß die Versicherungsgesellschaft von ihrer Leistungspflicht frei wird. Bei grobfahrlässiger Verletzung einer solchen Pflicht bleibt der Versicherer insoweit zur Leistung verpflichtet, als durch die Pflichtverletzung des Versicherungsnehmers weder die Feststellung des Versicherungsfalles noch die Feststellung und der Umfang der Leistungspflicht des Versicherers beeinflußt worden ist.

## III. Geltendmachung eigener Ansprüche

### 1. Fristen

*a) Anzeigefristen*

Auch bei der Verfolgung der eigenen Ansprüche auf Schadenersatz aus einem Unfallereignis müssen wir Fristen beachten.

Ist uns der Schaden durch ein Kraftfahrzeug zugefügt worden, dann ist es wichtig, daß wir uns die Ansprüche nach dem Straßenverkehrsgesetz erhalten. Denn nach diesem Gesetz sind wir bei unserer Beweisführung günstiger gestellt als nach den allgemeinen Vorschriften des bürgerlichen Rechts. Der andere am Unfall beteiligte Kraftfahrzeughalter haftet uns für unseren Schaden, wenn wir nur nachweisen, daß sich der Unfall bei dem Betriebe seines Fahrzeugs ereignet hat. Er muß dann beweisen, daß der Unfall für ihn ein unabwendbares Ereignis war, und die Anforderungen an diesen Beweis sind sehr streng (vgl. S. 126). Wir brauchen dem anderen Kraftfahrzeughalter also nicht nachzuweisen, daß er oder sein Fahrer an dem Unfall schuld ist. Diese Beweiserleichterung haben wir aber nur, wenn wir die in diesem Gesetz vorgeschriebene Anzeigefrist einhalten. Eben wegen der recht empfindlichen sogenannten Gefährdungshaftung, die das Gesetz dem an einem Unfall beteiligten Kraftfahrzeughalter auferlegt, und wegen der strengen

## Geltendmachung eigener Ansprüche

Beweisanforderungen soll dafür gesorgt werden, daß die Klärung der Ansprüche möglichst rasch nach dem Unfallereignis durchgeführt wird. Darum ist vorgeschrieben, daß der Unfall dem Ersatzpflichtigen *innerhalb von zwei Monaten,* nachdem der Ersatzberechtigte von dem Schaden und der Person des Ersatzpflichtigen Kenntnis erlangt hat, angezeigt werden muß. Wird die Frist nicht gewahrt, dann verliert der Ersatzberechtigte seine Ansprüche nach dem Straßenverkehrsgesetz. Allerdings tritt dieser Rechtsverlust nicht ein, wenn die Fristversäumnis entschuldbar ist (wobei freilich Unkenntnis des Gesetzes allein noch keine Entschuldigung ist) oder wenn der Ersatzpflichtige bereits auf eine andere Weise von dem Unfall Kenntnis erlangt hat. Letzteres wird nach einem Verkehrsunfall regelmäßig der Fall sein. Es ist allerdings wohl denkbar, daß ein Kraftfahrer einmal nichts davon merkt, daß er ein anderes Fahrzeug beschädigt oder eine Person verletzt hat. Dann muß der Geschädigte, sobald er die Person des Schädigers ermittelt hat, diesen von dem Unfall innerhalb von zwei Monaten in Kenntnis setzen.

Sodann besteht auch eine Anzeigepflicht gegenüber dem Haftpflichtversicherer des Kraftfahrzeughalters, den man auf Schadenersatz in Anspruch nehmen will. Es genügt nicht, daß man seine Ansprüche nur gegenüber dem anderen Kraftfahrzeughalter, von dem man Schadenersatz verlangt, geltend macht. Es ist vorgeschrieben, daß man auch dessen Versicherungsgesellschaft davon unterrichtet, und zwar *innerhalb von zwei Wochen* auf schriftlichem Wege. Ein Anruf bei der Versicherung genügt also nicht. Wie die Haftpflichtversicherung des anderen Unfallbeteiligten heißt, erfahren wir durch das Straßenverkehrsamt, bei dem das Fahrzeug zugelassen ist. Kennen wir das polizeiliche Kennzeichen, dann genügt eine Anfrage bei dem Straßenverkehrsamt unter Angabe des Kennzeichens. Es wird uns dann der Haftpflichtversicherer des Fahrzeugs und die Versicherungsschein-Nummer mitgeteilt. Das kostet nur eine kleine Auskunftsgebühr. Bei einer polizeilichen Unfallaufnahme werden im übrigen regelmäßig auch die Versicherungen der beteiligten Fahrzeuge festgestellt.

Führen die gütlichen Verhandlungen über unseren Unfallschaden zu keinem Erfolg, dann müssen wir den anderen Unfallbeteiligten, der uns den Schaden zugefügt hat, verklagen. Seiner Versicherung müssen wir unverzüglich schriftlich anzeigen, wenn wir Klage erhoben oder einen Zahlungsbefehl beantragt haben.

Nach dem am 1. Oktober 1965 in Kraft getretenen neuen Pflichtversicherungsgesetz können wir die Klage auch gegen das Versicherungsunternehmen erheben, bei dem der Ersatzpflichtige haftpflichtversichert ist, wenn wir der Versicherungsgesellschaft den Schaden innerhalb von zwei Wochen seit dem Unfall angezeigt haben. Diese haftet im Rahmen ihrer Leistungspflicht aus dem Versicherungsverhältnis mit dem Schädiger.

Dem Haftpflichtversicherer unseres Gegners müssen wir auf Verlangen alle Auskünfte erteilen, die zur Feststellung des Schadensereignisses und der Höhe des Schadens erforderlich sind. Meist werden uns zu diesem Zweck Formulare zugeschickt, die wir dann sorgfältig ausfüllen müssen. Wir dürfen nicht etwa meinen, daß wir der Versicherungsgesellschaft des anderen Beteiligten keine Auskunft schuldig wären. Zur Vorlegung von Belegen sind wir allerdings nur insoweit verpflichtet, als uns deren Beschaffung billigerweise zugemutet werden kann.

Wenn wir der Haftpflichtversicherung unseres Gegners nicht unverzüglich anzeigen, daß wir ihren Versicherungsnehmer verklagt haben, oder wenn wir ihr nicht die erforderlichen Auskünfte erteilen, beschränkt sich die Haftung der Versicherung auf den Betrag, den sie auch bei gehöriger Erfüllung unserer Verpflichtungen zu leisten gehabt hätte.

## b) *Klagefristen*

Im allgemeinen bestehen für die Geltendmachung unserer Schadenersatzansprüche keine Klagefristen. Ausnahmsweise ist eine Klagefrist für Ansprüche eingeführt, die gegen Mitglieder der in der Bundesrepublik stationierten NATO-Streitkräfte erhoben werden sollen (vgl. S. 143). Wenn ein Kraftfahrzeug dieser Streitkräfte an einem Verkehrsunfall beteiligt ist, müssen Ansprüche auf Schadenersatz gegen die Streitkräfte beim deutschen Amt für Verteidigungslasten innerhalb von *drei Monaten* von dem Zeitpunkt an geltend gemacht werden, in dem der Geschädigte von dem Schaden und von den Umständen Kenntnis erlangt hat, aus denen sich ergibt, daß eine Truppe oder ein ziviles Gefolge für den Schaden rechtlich verantwortlich ist oder daß ein Mitglied oder ein Bediensteter einer Truppe oder eines zivilen Gefolges den Schaden verursacht hat. Nach Ablauf von *zwei Jahren* seit dem Zeitpunkt des schädigenden Ereignisses kann der Anspruch grundsätzlich nicht mehr geltend gemacht werden. Der Antrag ist schriftlich oder zur Niederschrift bei der zuständigen Behörde zu stellen. Erkennt die Behörde einen geltend gemachten Anspruch nicht oder nicht in vollem Umfange an, so kann der Antragsteller die Bundesrepublik Deutschland verklagen. Hierfür ist eine Klagefrist von *zwei Monaten* nach der Ablehnung vorgesehen.

Dann gibt es noch eine andere Klagefrist: wenn wir nämlich gegen unsere eigene Versicherung klagen wollen, weil sie einen Anspruch auf Versicherungsschutz dem Grunde nach abgelehnt hat. Die Klagefrist beträgt hier *sechs Monate* von dem Zeitpunkt an, in dem die Versicherung den Anspruch unter Angabe der mit dem Ablauf der Frist verbundenen Rechtsfolgen schriftlich abgelehnt hat.

Diese Klagefrist gegenüber unserer eigenen Versicherung kommt in Frage, wenn unser Haftpflichtversicherer es ablehnt, uns gegenüber Ansprüchen anderer Personen Versicherungsschutz zu gewähren. Ferner, wenn wir unsere Kaskoversicherung für einen Schaden an unserm eigenen Fahrzeug in Anspruch nehmen wollen, die Kaskoversicherung aber nicht zahlen will. Schließlich bei unsern Ansprüchen aus der Gepäckversicherung und aus der Unfallversicherung, wenn wir oder die Fahrzeuginsassen bei einem Unfall verletzt worden sind.

## c) Verjährungsfristen

Auch die Verjährungsfristen müssen wir beachten. Sie sind allerdings länger bemessen als die Anzeigefristen und die Klagefristen. Aber sie können uns empfindlich treffen, wenn wir, um kein Kostenrisiko einzugehen, nur einen Teil unserer Ansprüche einklagen, oder wenn sich ein Schaden, z. B. ein Gesundheitsschaden, der auf den Unfall zurückzuführen ist, erst viel später herausstellt und wir versäumt haben, durch Urteil feststellen zu lassen, daß uns der Schädiger auch für alle künftig aus dem Unfall etwa noch entstehenden Schäden haftet. Die Verjährung darf allerdings vom Gericht nur beachtet werden, wenn sich der Ersatzpflichtige auf den Eintritt der Verjährung beruft, was er in den seltensten Fällen versäumt.

Die Schadenersatzansprüche, die aus dem Straßenverkehrsgesetz hergeleitet werden, verjähren bereits in *zwei Jahren* von dem Zeitpunkt an, in welchem der Ersatzberechtigte von dem Schaden und von der Person des Ersatzpflichtigen Kenntnis erlangt hat. Es handelt sich hierbei also um die Ansprüche, die wir daraus herleiten, daß sich unser Unfall bei dem Betriebe eines anderen Kraftfahrzeugs ereignet hat. Es ist sehr wichtig, uns diese Ansprüche zu erhalten, denn wir haben es bei ihrer Verfolgung einfacher mit der Beweisführung.

Eine entsprechend kurze Verjährungsfrist von *zwei Jahren* gilt auch für Ansprüche gegen eine Eisenbahn oder Straßenbahn und den Halter eines Luftfahrzeugs (siehe Seite 133), die auf die für diese Verkehrsmittel geltenden besonderen Haftungsvorschriften gestützt werden.

Wenn wir aber nachweisen können, daß den anderen Unfallbeteiligten ein Verschulden an dem Unfallschaden trifft, dann können wir ihn auch nach den allgemeinen bürgerlich-rechtlichen Vorschriften über unerlaubte Handlungen in Anspruch nehmen. Hierfür beträgt die Verjährungsfrist *drei Jahre*. Auch diese Verjährungsfrist beginnt an dem Tag, an dem wir vom Schaden und von der Person des Schädigers Kenntnis erhalten.

Wichtig für die Wahrung aller Verjährungsfristen ist es, zu wissen, daß wir die Verjährung nicht dadurch schon unterbrechen können, daß wir unsere Ansprüche anmelden oder anmahnen. Erst durch ein Anerkenntnis des Ersatzpflichtigen wird der Lauf der Verjährungsfrist unterbrochen. Können wir dieses Anerkenntnis nicht bekommen, dann müssen wir den Lauf der Verjährungsfrist dadurch unterbrechen, daß wir den Anspruch gerichtlich geltend machen, entweder durch Klageerhebung oder durch Zahlungsbefehl.

Eine Verlängerung der Verjährungsfrist durch Vereinbarung ist an und für sich nicht zulässig. Es kommt aber gerade in Unfallsachen gelegentlich vor, daß die Verhandlungen über die Schadensregulierung sich jahrelang hinziehen und die Beteiligten den Weg über das Gericht nur als letzten Ausweg offenhalten wollen. Das hängt oft damit zusammen, daß ein Strafverfahren aus Anlaß des Unfalls jahrelang durch die Instanzen läuft und die Beteiligten abwarten wollen, wer in dem Strafverfahren für schuldig befunden wird. Dann kann vereinbart werden, daß die Verjährungseinrede bis zu einem bestimmten Zeitpunkt nicht geltend gemacht werden soll, wenn bis dahin noch nicht Klage erhoben ist. Dann verstieße es gegen Treu und Glauben und wäre daher unzulässig, wenn ein Beteiligter gegen diese Abrede doch die Verjährung geltend machte. Für die kurze (zweijährige) Verjährung der Ansprüche gegen Kraftfahrzeughalter und -fahrer nach dem Straßenverkehrsgesetz, gegen Luftfahrzeughalter und die Sachschaden- (nicht Personenschaden-)Ansprüche gegen Eisenbahn und Straßenbahn nach dem Sachschäden-Haftpflichtgesetz ist bereits im Gesetz bestimmt, daß die Verjährung gehemmt ist, also nicht läuft, solange Verhandlungen über den Schadenersatz schweben, bis ein Beteiligter die Fortsetzung der Verhandlungen verweigert.

Für die Ansprüche gegen Eisenbahn- und Straßenbahnunternehmer wegen Körperverletzung und Gesundheitsbeschädigung und Tötung beim Betriebe der Bahn gilt eine andere Regelung. Weil die

Bahn sehr streng haftet – ihre Haftung ist nur bei höherer Gewalt oder Selbstverschulden des Getöteten oder Verletzten ausgeschlossen –, verjähren die Ansprüche schlechthin binnen *zwei Jahren* nach dem Unfall, ohne Rücksicht auf Kenntnis des Verletzten von dem Schaden und ohne Rücksicht auf Vergleichsverhandlungen.

## 2. Der Rechtsweg

Wenn wir nun alle Fristen für die Geltendmachung unserer Ansprüche beachtet haben und die Verhandlungen über unsere Schadenersatzansprüche erfolglos geblieben sind, dann müssen wir die Hilfe des Gerichts anrufen. Wir tun dies dadurch, daß wir entweder bei Gericht einen Zahlungsbefehl beantragen oder Klage erheben gegen die ersatzpflichtige Person oder gegen die hinter ihr stehende Versicherungsgesellschaft, mit der wir bisher verhandelt haben, oder gegen beide als sogenannte Gesamtschuldner.

Für Zahlungsbefehle gibt es Formulare. Der Antrag muß – ebenso wie die Klageschrift – die genaue Personenangabe, Berufsbezeichnung und Anschrift des Schuldners (Beklagten) enthalten. Der bezifferte Betrag, den Sie fordern, und der Grund Ihres Anspruchs müssen angegeben werden. In der Klageschrift müssen die Tatsachen, aus denen Sie den Anspruch herleiten, und die Beweismittel für diese Tatsachen angegeben werden. Eine oder zwei Durchschriften für die Gegenpartei sollen beigefügt werden.

In der Regel werden Sie sich für die gerichtliche Geltendmachung Ihrer Ansprüche eines Rechtsanwalts bedienen, was übrigens schon für die Verhandlungen mit der Gegenpartei und ihrer Versicherung zu einem möglichst frühen Zeitpunkt zu empfehlen ist. Es ist allgemein anerkannt, daß Sie die Kosten der Zuziehung eines Anwalts schon während dieser Verhandlungen von dem Ersatzpflichtigen erstattet verlangen können, und die Versicherungsgesellschaften machen auch keine Schwierigkeiten in dieser Hinsicht. Wenn es zu einer Einigung vor dem Prozeß kommt, übernimmt die Versicherung Ihres Verhandlungsgegners stets die Ihnen entstandenen Anwaltskosten, und wenn es nicht zur Einigung kommt und Sie klagen müssen, empfiehlt sich ohnehin die Zuziehung eines Anwalts. Warum sollen Sie sich also mit einer Sache herumquälen, von der Ihr Anwalt doch mehr versteht? Er kommt auch mit den geschulten Beamten der Versicherung Ihrer Gegenpartei besser zurecht. Wenn Sie in einer Rechtsschutzversicherung sind, kommt diese auch für Ihre Anwaltskosten auf, wenn Sie den Prozeß ganz oder teilweise verlieren. Bei Ihrer Rechtsschutzversicherung haben Sie freie Anwaltswahl, und es empfiehlt sich, von diesem Recht Gebrauch zu machen. Bevor Sie aber ein Gericht angehen oder einen Anwalt beauftragen, müssen Sie wissen, welches Gericht *zuständig* ist.

*Örtlich zuständig* ist in Unfallsachen immer das Gericht des Unfallorts. Wahlweise können Sie sich auch an das Gericht des Wohnsitzes des Ersatzpflichtigen, den Sie verklagen wollen, wenden. Ihr eigener Wohnsitz ist grundsätzlich, wenn er mit einem der vorgenannten Orte nicht übereinstimmt, nicht der richtige Gerichtsstand. Ausnahmsweise ist das Gericht Ihres eigenen Wohnsitzes zuständig, sofern Sie nicht im Ausland wohnen, nämlich dann, wenn Sie Ihre eigene Versicherungsgesellschaft verklagen wollen, weil sie es abgelehnt hat, Ihnen den Versicherungsschutz zu gewähren, auf den Sie nach Ihrem Versicherungsvertrag Anspruch haben.

Die Klärung, welches Gericht zuständig ist, ist sehr wichtig, denn wenn Sie das falsche Gericht anrufen, müssen Sie die dadurch entstehenden Kosten bezahlen, auch die der Gegenpartei dadurch entstehenden Mehrkosten, z. B. die Reisekosten und die Kosten eines Anwalts, den die Gegenpartei zur Wahrung ihrer Rechte an dem unzuständigen Gericht beauftragt hat. Sie erfahren meist erst im Verhandlungstermin, daß Sie sich über die Zuständigkeit geirrt haben, und müssen dann Verweisung an das zuständige Gericht beantragen, sonst wird Ihre Klage als unzulässig abgewiesen und Sie müssen erneut beim zuständigen Gericht Klage erheben.

Nicht nur die örtliche, sondern auch die *sachliche Zuständigkeit* des Gerichts müssen Sie vorher klären. Die Amtsgerichte, vor denen Sie ohne Anwalt klagen dürfen, sind nur für Ansprüche bis zu 3000,– DM zuständig. Wollen Sie mehr einklagen, so sind die Landgerichte zuständig, vor denen Sie nicht ohne Anwalt auftreten können. Nur wenn Sie glauben, daß Ihr Unfall durch die Amtspflichtverletzung eines Beamten entstanden ist, und deshalb den Staat oder die Körperschaft (z. B. Gemeinde), bei welcher der Beamte in Diensten steht, auf Schadenersatz in Anspruch nehmen wollen (vgl. S. 141), sind die Landgerichte stets zuständig, ohne Rücksicht auf den noch so kleinen Betrag, den Sie geltend machen wollen.

Haben Sie sich zur gerichtlichen Geltendmachung Ihrer Ansprüche entschlossen, ohne einen Anwalt in Anspruch zu nehmen, so ist es wichtig zu wissen, daß Sie zum Termin unbedingt erscheinen oder sich durch eine mit Vollmacht versehene Person vertreten lassen müssen. Erscheint für Sie niemand, so kann die Gegenpartei gegen Sie ein Versäumnisurteil erwirken. Das Gericht prüft dann nicht, wer im Recht ist, sondern weist die Klage ab. Dagegen können Sie dann Einspruch einlegen – beim Amtsgericht binnen einer Woche, beim Landgericht durch einen Anwalt binnen zwei Wochen nach Zustellung des Urteils. Die Kosten des versäumten Termins müssen Sie aber tragen.

## B. Der Schaden

## I. Welcher Schaden wird ersetzt?

### 1. Der Unfall als Verletzungshandlung

Nicht jede Panne ist ein Unfall, aus dem Schadenersatzansprüche hergeleitet werden können. Es müssen vielmehr bestimmte Werte, die das Gesetz besonders aufzählt, durch eine Verletzungshandlung betroffen sein. Nicht jeder Vermögensschaden, der etwa durch einen Zeitverlust eintritt, kann erstattet verlangt werden, wenn es an der Verletzung eines vom Gesetz geschützten sogenannten Rechtsgutes fehlt. Solche geschützte Güter, die bei einem Verkehrsunfall in Frage kommen, sind die körperliche Unversehrtheit von Menschen und die Unversehrtheit von Sachen. Zu den Sachen zählt das Gesetz auch Tiere. Aus der Verletzung des Körpers oder der Gesundheit und aus der Tötung eines Menschen sowie aus der Beschädigung von Sachen entstehen die Schadenersatzansprüche. Haben Sie durch den Unfall eines anderen, bei dem Sie weder verletzt worden sind noch einen Sachschaden erlitten haben, lediglich infolge der Verzögerung Ihrer Fahrt, also durch Zeitverlust, einen Vermögensschaden erlitten, so können Sie dafür keinen Ersatz verlangen.

Die Verletzungshandlung braucht aber nicht in einer unmittelbaren Berührung zu bestehen. Wenn Sie durch die verkehrswidrige Fahrweise eines andern Verkehrsteilnehmers zu einer Ausweichbewegung veranlaßt werden und dadurch einen Unfall erleiden, haben Sie und Ihr verletzter Beifahrer gegen den Verkehrssünder einen Anspruch auf Ersatz des daraus entstehenden Schadens.

Verletzt ist auch, wer beim Anblick eines tödlichen Unfalls, besonders wenn der Verunglückte ein naher Angehöriger ist, einen seelischen Schock erleidet und dadurch an seiner Gesundheit geschädigt wird.

Eine solche rechtswidrige Verletzungshandlung ist eine sogenannte *unerlaubte Handlung*. Sie verpflichtet zum Schadenersatz grundsätzlich aber nur, wenn sie schuldhaft, d. h. vorsätzlich oder fahrlässig, begangen worden ist. Das muß der Verletzte beweisen.

Wegen der Gefährlichkeit des Kraftfahrzeugbetriebes ist aber durch ein besonderes Gesetz, das Straßenverkehrsgesetz, noch eine schärfere Haftung eingeführt, nämlich die *Gefährdungshaftung*. Wird bei dem Betrieb eines Kraftfahrzeuges ein Mensch getötet, der Körper oder die Gesundheit eines Menschen verletzt oder eine Sache beschädigt, so ist der Halter des Fahrzeuges verpflichtet, dem Verletzten den daraus entstehenden Schaden zu ersetzen. Er kann sich von dieser Haftung nur dadurch befreien, daß er beweist, daß der Unfall für ihn ein unabwendbares Ereignis war (vgl. S. 126). Auch der Fahrer des Kraftfahrzeuges haftet für den bei dem Betriebe des Fahrzeugs verursachten Unfallschaden. Ihm steht der Beweis offen, daß er den Unfall trotz Beobachtung der gehörigen Sorgfalt nicht hat verhüten können. Der Verletzte braucht ihm aber die Schuld nicht nachzuweisen.

## 2. Nicht ärmer und nicht reicher als vor dem Unfall!

Wer einen Unfallschaden zu ersetzen hat, soll im Rahmen des Möglichen den Zustand wiederherstellen, der vor dem Unfall bestand. Das ist freilich in Natur vielfach nicht möglich. Ein schwer beschädigtes Fahrzeug kann repariert werden, bleibt aber ein Unfallwagen. Ein total zerstörter Gebrauchtwagen kann durch einen anderen Gebrauchtwagen ersetzt werden, der aber nicht genau die gleichen Eigenschaften hat wie der zerstörte. Wer einen gesundheitlichen Dauerschaden davongetragen hat, bleibt trotz aller ärztlichen Kunst ein geschädigter Mensch, und das gleicht ihm auch kein Schmerzensgeld ganz aus.

Wenn wir unsere Ansprüche nach einem Unfall geltend machen wollen, müssen wir uns also vergegenwärtigen, daß unsere Lage vor dem Unfall nur annähernd wiederhergestellt werden kann. Wir sollen als schuldlos Geschädigte aus dem Unfallereignis nicht ärmer hervorgehen, als wir vorher waren. Wir sollen aber auch nicht bereichert werden. Darum müssen wir uns auch, wenn unser Fahrzeug z. B. durch eine Ganzlackierung wertvoller wird, einen Abzug „neu für alt" von unserer Schadensrechnung gefallen lassen. Schaffen wir uns nach dem Unfall ein neues Fahrzeug an, dann müssen wir uns die Differenz zwischen dem Zeitwert, den unser beschädigtes Fahrzeug vor dem Unfall hatte, und dem Neuwert abziehen lassen (vgl. S. 151).

Andererseits dürfen wir nach einer Unfallreparatur die verbleibende Wertminderung geltend machen (vgl. S. 156).

## 3. Der Richter kann schätzen

Vielfach läßt sich ein Schaden auch nicht genau beziffern und belegen. Das fängt schon bei den Schäden an getragener Kleidung an. Wieviel war ein getragener Anzug vor dem Unfall wert? Weiß man überhaupt noch den Neupreis? Selten werden Belege aufgehoben. Auch die geschäftlichen Einbußen, die ein freiberuflich Tätiger oder ein selbständiger Gewerbetreibender, der bei einem Unfall verletzt worden ist, durch Arbeitsunfähigkeit erleidet, lassen sich häufig nicht im einzelnen nachweisen. Darum ist es dem Richter erlaubt, den Schaden, soweit er sich nicht exakt nachweisen oder berechnen läßt, frei zu schätzen. Wir müssen ihm aber die Grundlagen für seine Schätzung liefern.

## 4. Welche einzelnen Schäden werden ersetzt?

Im Falle der Tötung, Körperverletzung und Gesundheitsschädigung sind die *Kosten der* (versuchten) *Heilung* zu ersetzen. Im Falle der Tötung sind die Beerdigungskosten zu ersetzen.

War der Getötete einer anderen Person zum Unterhalt verpflichtet, so ist dieser der *entgangene Unterhalt* durch eine Geldrente zu ersetzen.

Dem körperlich Verletzten ist der Vermögensnachteil zu ersetzen, den er infolge Aufhebung oder Minderung seiner Erwerbsfähigkeit erleidet, also sein *Verdienstausfall*. Grundsätzlich ist hierfür eine Geldrente zu zahlen.

Wer unfallverletzt ist, hat auch vermehrte Bedürfnisse verschiedenster Art, abgesehen von den Heilungskosten, die zu ersetzen sind. Auch die *vermehrten Bedürfnisse*, z. B. Mehrverschleiß an Kleidung, erhöhte Fahrtkosten, Stärkungsmittel usw., muß der Ersatzpflichtige durch eine Geldrente ausgleichen.

Dabei ist wichtig, daß auch der Mehrbedarf auszugleichen ist, den der Verletzte aus Geldmangel nicht befriedigen konnte. Gerade nach Unfällen dauert es oft lange, bis die Verhandlungen endlich zu einer Zahlung führen. Ist der Verletzte unbemittelt, dann hat er einfach nicht das Geld, seine vermehrten Bedürfnisse zu befriedigen. Er ist nicht arbeitsfähig. Als selbständiger Gewerbetreibender bekommt er kein Krankengeld, und sein Geschäft geht zurück. Er gerät in Not, will sich aber nicht mit einer unangemessenen Abfindung abspeisen lassen. Wie gern würde er sich die teuren ärztlich verordneten Stärkungsmittel kaufen, zu einer Kur verreisen oder eine zusätzliche Haushaltshilfe nehmen. Während eines jahrelangen Prozesses um den Ersatz seines Unfallschadens fehlt ihm das Geld. Dann kann er auch den Ersatz der Mehraufwendungen verlangen, die er aus Geldmangel nicht hat aufbringen können.

Bei Beschädigung, Zerstörung oder Verlust einer Sache infolge des Unfalls, auch wenn bei dem Unfall eine Sache gestohlen worden ist, kann nicht nur *Ersatz des Sachwertes* verlangt werden, sondern auch des *Vermögensschadens*, der durch die völlige oder zeitweilige Entziehung der Sachnutzung eintritt. Darum kann Ersatz der Kosten eines Mietwagens verlangt werden, der während der Reparaturzeit oder während der für die Wiederbeschaffung eines Kraftfahrzeuges erforderlichen Zeit gemietet werden mußte (vgl. S. 158).

Der Kreis der *Vermögensschäden*, die durch die Verletzung einer Person oder die Beschädigung einer Sache infolge eines Unfalls verursacht werden, ist sehr weit. Um die Ansprüche aber nicht ins Uferlose gehen zu lassen, hat der Bundesgerichtshof eine Grenze gezogen. Die Schäden, deren Ersatz verlangt werden kann, müssen – so sagt unser höchstes Gericht – noch innerhalb des Schutzbereichs des Gesetzes liegen, auf welches die Ansprüche gestützt werden. Das ist nicht der Fall bei den *Kosten der Strafverteidigung* eines Unfallbeteiligten, auch wenn die Verteidigung zum Freispruch führt. Wer wegen erwiesener Unschuld freigesprochen wird, erhält den Ersatz seiner Verteidigerkosten aus der Staatskasse. Wird er nur mangels Beweises freigesprochen, so ersetzt ihm die Staatskasse diese Kosten allerdings nicht. Es handelt sich dabei aber um Aufwendungen, mit denen jeder Staatsbürger rechnen muß. Ein Strafverfahren wegen Verletzung von Verkehrsvorschriften kann auch eingeleitet werden, wenn niemand verletzt oder getötet und keine Sache beschädigt worden ist. Die Vorschriften der Straßenverkehrsordnung sind zwar zum Schutze von Leib und Leben der Verkehrsteilnehmer und von deren Sachgütern erlassen, aber sie schützen nicht das Vermögen allgemein. Die Kosten der Strafverteidigung fallen nicht in den Schutzbereich der Gesetzesnormen, aus denen der Schadenersatzanspruch hergeleitet wird.

Wohl aber ist allgemein anerkannt, daß der Geschädigte die *Kosten seines Anwalts, den er mit der Verfolgung seiner Schadenersatzansprüche beauftragt hat*, ersetzt verlangen kann, auch wenn der Ersatzpflichtige bzw. seine Versicherung ohne Prozeß freiwillig zahlt. Jeder hat in einer Unfallsache Anspruch darauf, sich von einem Anwalt sachkundig beraten zu lassen.

Außer dem Vermögensschaden ist bei Verletzung des Körpers oder der Gesundheit (und bei Freiheitsentziehung, die aber in Unfallsachen kaum vorkommt) ein *Schmerzensgeld* zu zahlen, wenn die Schadenersatzansprüche nicht nur auf die besondere Gefährdungshaftung des Straßenverkehrsgesetzes gestützt werden, sondern auf die allgemeinen Vorschriften über unerlaubte Handlungen, also dann, wenn dem Schädiger ein Verschulden nachgewiesen werden kann (vgl. S. 169).

## 5. Ursächlicher Zusammenhang

Voraussetzung aller Schadenersatzansprüche ist, daß der geltend gemachte Schaden in einem ursächlichen Zusammenhang mit dem Unfallereignis steht. Das erscheint selbstverständlich, ist aber doch oft schwierig zu entscheiden. Es genügt nämlich nicht jeder natürliche Zusammenhang mit dem Unfallereignis. Der Schaden muß eine Folge des Unfallereignisses sein, die nicht außerhalb aller Wahrscheinlichkeit liegt. Es muß sich um eine solche Schadensfolge handeln, die dem Täter billigerweise noch zugerechnet werden kann.

Zur Erläuterung folgende Beispiele:

Krankheitserscheinungen, die durch einen Unfall nur deshalb ausgelöst worden sind, weil die Anlage zu der Krankheit bei dem Verletzten bereits vorhanden war, sind in vollem Umfange Unfallfolge. Wer unerlaubt gegen einen gesundheitlich anfälligen Menschen handelt, hat kein Recht darauf, so gestellt zu werden, als ob er einen völlig gesunden Menschen verletzt hätte.

Hat ein Verletzter im Jahre 1937 ein Bein bei einem Verkehrsunfall verloren und wird er im Jahre 1945 durch Artilleriebeschuß verletzt, weil er infolge seiner Gehbehinderung nicht rechtzeitig Deckung suchen kann, so besteht zwar ein natürlicher Zusammenhang im logischen Sinne zwischen der Unfallverletzung im Jahre 1937 und der Schußverletzung im Jahre 1945, aber im juristischen Sinne wird der Zusammenhang verneint. Die für den Verkehrsunfall 1937 verantwortliche Person kann also nicht zum Ersatze des durch die Schußverletzung im Jahre 1945 entstandenen Schadens herangezogen werden.

Als Unfallfolge werden dagegen Schäden durch *ärztliche Kunstfehler* anerkannt, die bei der Behandlung einer Unfallverletzung unterlaufen.

Grundsätzlich wird auch der Schaden, der durch die *Verzögerung der Reparatur* eines unfallbeschädigten Kraftfahrzeugs in einer sorgfältig ausgewählten Reparaturwerkstatt eintritt (z. B. Verdienstausfall oder höhere Mietwagenkosten während der verlängerten Reparaturdauer), als Unfallfolge anerkannt und muß vom Ersatzpflichtigen bezahlt werden.

Kommt ein Unfallverletzter durch den Verlust seiner Erwerbsfähigkeit in *Geldschwierigkeiten* und kann er infolgedessen seine laufenden Verbindlichkeiten nicht bezahlen, so kann er auch Ersatz des ihm dadurch entstehenden Schadens verlangen. Kann er z. B. die auf seinem Hause lastenden Hypothekenzinsen nicht mehr aufbringen und kommt das Haus zur Versteigerung, so ist auch dies eine Unfallfolge, für die der Ersatzpflichtige haftet. Allerdings muß der Verletzte den Ersatzpflichtigen bzw. seine Versicherungsgesellschaft rechtzeitig auf diese drohende Schadensfolge aufmerksam machen, damit ihm entsprechende Vorschüsse gezahlt werden können. Tut er dies nicht, so setzt er sich dem Vorwurf aus, daß er den Schaden selbst mitverschuldet hat. Wenn allerdings der Ersatzpflichtige dann trotzdem keine Zahlung zur Abwendung dieser Schadensfolge leistet, sondern sich auf den Standpunkt stellt, er schulde nichts, dann kann der Ersatz des ganzen Folgeschadens verlangt werden.

Muß der Verletzte infolge seiner Erwerbsminderung sein Geschäft aufgeben und das Inventar veräußern, so ist eine hierbei in Gestalt eines *Mindererlöses* eintretende Einbuße als Unfallfolge anzuerkennen, für die der Ersatzpflichtige voll aufzukommen hat.

## II. Wer kann Ansprüche erheben?

### 1. Die unmittelbar Unfallbeteiligten

Es ist zunächst selbstverständlich, daß die Personen, die bei einem Unfallereignis unmittelbar betroffen sind, gegen den Verursacher des Unfalls Schadenersatzansprüche stellen können. Das sind die körperlich verletzten Insassen des Unfallfahrzeugs einschließlich des Fahrers und der Eigentümer des unfallbeschädigten Fahrzeugs, aber auch derjenige, der zwar nicht Eigentümer, aber Besitzer und Nutzungsberechtigter des Unfallfahrzeugs ist und dem durch den Unfall die Nutzung entzogen ist (Mieter, Entleiher usw.). Auch für die im Fahrzeug beförderten Güter, Gepäck, Kleidung usw., kann der Eigentümer dieser Sachen, wenn sie beschädigt worden oder abhanden gekommen sind, Schadenersatz verlangen.

Unmittelbar verletzt ist auch eine Person, die zwar nicht Insasse des Unfallfahrzeugs war, aber dennoch durch das Unfallereignis gesundheitliche Schäden erlitten hat. Sie braucht nicht einmal durch ein unfallbeteiligtes Fahrzeug angefahren worden zu sein. Hat sie beim Anblick eines grauenvollen Unfalls einen Nervenschock erlitten, so ist diese Gesundheitsschädigung durch den Unfall entstanden und sie gehört zum Kreis der verletzten Personen, die gegen den Unfallverursacher Ansprüche stellen können.

Auch wer gar nicht an der Unfallstelle zugegen war, aber auf die Nachricht vom Unfalltod oder von der schweren Unfallverletzung eines nahen Angehörigen (Ehegatte, Kind) eine gesundheitliche Schädigung erleidet, ist durch das Unfallereignis verletzt und anspruchsberechtigt nach dem allgemeinen Recht der unerlaubten Handlungen. Allerdings kann er keine Ansprüche nach dem Straßenverkehrsgesetz stellen, weil hier ein naher örtlicher und zeitlicher Zusammenhang zwischen Unfallereignis und Schädigung verlangt wird.

Eine Gesundheitsbeschädigung durch seelische Erschütterung begründet aber nicht schon dann einen Schadenersatzanspruch, wenn sie zwar medizinisch erfaßbare Auswirkungen hat, diese aber nicht über die gesundheitlichen Beeinträchtigungen hinausgehen, denen nahe Angehörige bei Todesnachrichten erfahrungsgemäß ausgesetzt sind. Die Gesundheitsbeschädigung muß nach Art und Schwere diesen Rahmen überschreiten (BGH VI ZR 78/70 – VersR 1971, 905).

Auch wer durch ein bei einem Unfall auf der Straße liegengebliebenes Teil eines Kraftfahrzeugs oder durch eine beim Unfall eingetretene Verschmutzung der Straße zu Schaden kommt, z. B. ein später nachfolgender Kraftfahrer, der dadurch verunglückt, ist durch den Unfall geschädigt und hat gegen den Verursacher des ersten Unfalls Anspruch auf Schadenersatz.

## 2. Der Hilfeleistende

Wer bei einem Unfall Hilfe leistet und bei seiner Rettungsaktion verletzt wird, kann von demjenigen, der den Unfall schuldhaft verursacht hat, Ersatz seines Schadens fordern, und zwar auch Schmerzensgeld. Das entschied das Oberlandesgericht Stuttgart im folgenden Fall: Ein Kraftfahrer, der durch übermäßigen Alkoholgenuß fahruntüchtig war, war auf einen auf der Straße abgestellten Lastzug aufgefahren, wobei sein Pkw in Brand geraten war. Der Sohn eines Tankstellenbesitzers hatte den Unfall von der nahe gelegenen Tankstelle aus beobachtet und war mit einem Handlöschgerät zu

Hilfe geeilt. Es gelang ihm zusammen mit einem Passanten, den Kraftfahrer und zwei weitere Insassen aus dem brennenden Fahrzeug zu retten. Dabei erlitt der Hilfeleistende aber selbst Verbrennungen ersten und zweiten Grades am Gesicht und beiden Händen, woran er vier Monate lang zu leiden hatte. Ihm wurde außer den Heilungskosten und seinem Verdienstausfall auch Schmerzensgeld zugebilligt. Ähnlich hatte auch schon das Reichsgericht entschieden in einem Fall, in dem ein Omnibusinsasse bei einem Vergaserbrand des Omnibusses anderen Insassen beim Aussteigen aus dem Fenster Hilfe geleistet hatte und dabei verletzt worden war.

### 3. Der Verfolger

Ein Kraftfahrer hatte unter Alkoholeinwirkung einen Kreuzungszusammenstoß verursacht und dann das Weite gesucht. Ein anderer Kraftfahrer, der den Zusammenstoß beobachtet hatte, heftete sich an seine Fersen. Mit aufgeblendeten Scheinwerfern verfolgte er den Flüchtenden, der seine Geschwindigkeit auf 100 km/h steigerte, durch zwei Ortschaften, bis an einer Straßenbaustelle beide Fahrzeuge aus der Fahrbahn getragen wurden, als sie hintereinander eine vereiste scharfe Rechtskurve durchfuhren. Am Fuß der Böschung stiegen beide Fahrer unversehrt aus ihren schwer beschädigten Fahrzeugen. Der Eigentümer des Verfolgerfahrzeugs verlangte von dem Flüchtigen Schadenersatz, der ihm auch – unter Berücksichtigung von Mitverschulden – zu drei Vierteln vom Bundesgerichtshof (VI ZR 33/63 – VersR 1964, 684) zugesprochen wurde. Der flüchtige Kraftfahrer muß sich also die Folgen des Unfalls seines Verfolgers zurechnen lassen. Eine Gefahrenlage wie die geschilderte fordert geradezu das Eingreifen opferbereiter Dritter. Das ergibt sich aus der „Kameradschaft der Straße".

Wer nach einem nicht ganz unbedeutenden Verkehrsunfall die Flucht ergreift und seinen Verfolger dadurch abzuschütteln versucht, daß er die Gefahr der erkannten Verfolgung bewußt durch seine Fahrweise zu unangemessener Höhe steigert, obwohl er sieht, daß der Verfolger sich nicht abschütteln läßt, sondern das vom Verfolgten vorgezeichnete Maß der Gefährdung auf sich nimmt, haftet für den schließlich eingetretenen Unfallschaden des Verfolgers, den er in rechtswidriger Weise herbeigeführt hat.

Es hängt allerdings von dem Verhältnis des angerichteten Schadens zu den Wagnissen der Verfolgung ab, ob gesagt werden kann, daß der Flüchtige mit dem von ihm angerichteten Unfall auch das Risiko weiterer Unfälle bei seiner Verfolgung gesetzt hat. Wer sich etwa der Verantwortung für einen geringfügigen Parkschaden dadurch zu entziehen sucht, daß er mit weit übersetzter Geschwindigkeit davonfährt, wird für den Schaden eines ganz unverständig handelnden Verfolgers nicht einzustehen haben.

Wenn ein Kraftfahrer sich dem Haltegebot einer Polizeistreife mit hoher Geschwindigkeit entzieht und das Polizeifahrzeug bei der Verfolgungsjagd verunglückt, haftet der Flüchtende dem Staat für den Schaden an dem Polizeifahrzeug und den Körperschaden des Polizeibeamten.

Jedoch kann die Ersatzpflicht durch Mitverschulden des Polizeifahrers gemindert sein, wenn dieser nicht die gebotene Vorsicht hat walten lassen (BGH VI ZR 115 u. 117/65 – VersR 1967, 580).

## 4. Selbstaufopferung

Ein Kraftfahrer, der in dem Bestreben, einen anderen Verkehrsteilnehmer nicht zu verletzen, sich selbst Schaden zufügt, kann keineswegs immer damit rechnen, daß ihm sein Schaden ersetzt wird. Ein Kraftfahrer, der vor einem in die Fahrbahn laufenden Kind sein Kraftfahrzeug scharf herumreißt, um das Kind zu schonen, und dabei selbst gegen einen Baum fährt, kann von den Eltern des Kindes jedenfalls dann keinen Ersatz fordern, wenn diese ihre Aufsichtspflicht über das Kind nicht vernachlässigt haben und der Kraftfahrer nicht beweisen kann, daß der Unfall für ihn ein unabwendbares Ereignis war, d. h. daß er trotz idealen Fahrverhaltens den Unfall nicht verhüten konnte. Der Bundesgerichtshof hat die Ablehnung der Ersatzansprüche des Kraftfahrers damit begründet, daß derartige Schäden zum Risiko des Kraftfahrzeugbetriebes gehören, solange der Nachweis eines unabwendbaren Ereignisses nicht geführt ist (BGH VI ZR 29/56 – DAR 1957, 183).

Anders ist es dagegen zu beurteilen, wenn ein jugendlicher Radfahrer einem Kraftfahrer derart in die Fahrbahn gerät, daß dem Kraftfahrer auch bei äußerster Geschicklichkeit, Aufmerksamkeit und Geistesgegenwart und bei Beachtung aller Verkehrsregeln nur die Wahl bleibt, entweder den Radfahrer zu überfahren oder sein eigenes Kraftfahrzeug in den Straßengraben zu lenken. Dann hat der Kraftfahrer, der den letzteren Ausweg wählt, Anspruch auf Ersatz des ihm dadurch entstandenen Schadens; denn er hat – so sagt das Oberlandesgericht Düsseldorf (1 U 118/61 – DAR 1962, 150) – dadurch, daß er sich selbst schädigte, um den Radfahrer zu schonen, „ein Geschäft des Radfahrers geführt" und kann daher von dem Radfahrer Ersatz der ihm dadurch entstandenen Aufwendungen als

„Geschäftsführer ohne Auftrag" verlangen. Allerdings hat das Gericht den Kraftfahrer einen Teil seines Schadens selbst tragen lassen, weil die Betriebsgefahr seines Fahrzeugs bei dem Schadensereignis mitgewirkt habe.

## 5. Mittelbar Geschädigte

*a) Die allgemeine Regel*

Grundsätzlich ist nur anspruchsberechtigt, wer selbst durch einen Unfall körperlich verletzt worden ist oder wessen Sachen beschädigt worden sind. Wer dagegen ohne eine solche Verletzung dieser Rechtsgüter nur einen allgemeinen Vermögensschaden als Folge eines Unfalls erleidet, hat keine Ansprüche. Wenn ein Schauspieler einen Unfall erleidet und deshalb nicht auftreten kann, so daß die Vorstellung ausfallen muß, dann hat zwar der Schauspieler gegen den Unfallverursacher Anspruch auf Ersatz seines Verdienstausfalls, aber nicht das Schauspielhaus wegen des Ausfalls der Einnahmen aus der Vorstellung.

An sich ist es nicht anders, wenn ein Arbeitnehmer durch einen Unfall arbeitsunfähig wird und der Arbeitgeber ihm das Gehalt weiterzahlen muß. Hier hat sich aber die Rechtsprechung geholfen, weil es unbillig wäre, wenn dem Schädiger die Gehaltsfortzahlung zugute käme. Zwar wird dem Arbeitgeber kein Anspruch aus eigenem Recht zugebilligt, aber dem Arbeitnehmer wird gegen den Unfallverursacher ein Anspruch auf Ersatz in Höhe seiner vollen Arbeitsvergütung – obwohl er sie vom Arbeitgeber erhält – für die Zeit seiner unfallbedingten Arbeitsunfähigkeit gewährt, und er kann diesen Anspruch an den Arbeitgeber abtreten. In keinem Falle – so sagt der Bundesgerichtshof – dürfen die Leistungen des Arbeitgebers während der Zeit der Arbeitsunfähigkeit dem Schädiger zugute kommen, weil ihnen ein spezifischer Fürsorgecharakter innewohnt. Die Schadensersatzpflicht darf durch diese Leistungen, mögen sie auf freiwilliger, vertraglicher oder gesetzlicher Grundlage beruhen, nicht berührt werden. Für die Lohnfortzahlung an Arbeiter sieht das Lohnfortzahlungsgesetz in § 4 einen gesetzlichen Übergang der Ansprüche gegen den Schädiger auf den Arbeitgeber in Höhe des während der unfallbedingten Arbeitsunfähigkeit fortgezahlten Lohnes vor.

Auch in anderen Fällen, wo es der Billigkeit entsprach, hat die Rechtsprechung einen Weg gefunden, um den Ersatz gewisser Vermögensschäden nicht unfallbeteiligter Personen zuzubilligen.

So entstehen nach einem Unfall gewöhnlich Aufwendungen für Krankenbesuche der Angehörigen des Unfallverletzten, die sich bei längerer stationärer Krankenhausbehandlung beträchtlich summieren können. Hier hat der Bundesgerichtshof zwar nicht den Angehörigen einen unmittelbaren Anspruch gegen den Schädiger zugebilligt, aber soweit die Krankenbesuche naher Angehöriger (Ehegatte, Eltern, Kinder) der Heilung des Verletzten förderlich waren, sind die dadurch verursachten Aufwendungen und Einbußen der Angehörigen als Teil der Heilungskosten und damit als ein Schaden anerkannt worden, den der Verletzte selbst gegen den Schädiger geltend machen kann. Auch diese Ansprüche kann der Verletzte seinen Angehörigen abtreten, damit sie sie gegen den Schädiger einklagen.

*b) Ansprüche der Hinterbliebenen*

Die wichtigste Ausnahme von dem Grundsatz, daß nur der unmittelbar Verletzte selbst Ansprüche stellen kann, sind die im Gesetz ausdrücklich geregelten Ansprüche der Hinterbliebenen. Im Falle der Tötung eines Menschen sind nämlich demjenigen, der die Beerdigungskosten zu tragen hat, also in aller Regel dem Erben, diese Kosten zu ersetzen. Ferner sind die Kosten der versuchten Heilung einer Person, die an den Unfallfolgen verstorben ist, zu ersetzen.

Der bedeutungsvollste Anspruch der Hinterbliebenen ist der Anspruch auf den Unterhalt, der ihnen insoweit zusteht, als der Getötete ihnen kraft Gesetzes zum Unterhalt verpflichtet war oder werden konnte. Wer an dem Tode des Ernährers der Familie schuld ist, muß also nunmehr für den Lebensunterhalt der Familie insoweit aufkommen, als der Getötete während der mutmaßlichen Dauer seines Lebens zur Gewährung des Unterhalts verpflichtet gewesen wäre. Der Ersatzpflichtige hat den Schadenersatz für den entgangenen Unterhalt durch Entrichtung einer Geldrente zu leisten. Es handelt sich hier also um die Ansprüche der Witwe und der Kinder – auch der unehelichen – des Getöteten. Auch ein im Unfallzeitpunkt noch nicht geborenes, aber bereits erzeugtes Kind hat den Schadenersatzanspruch. Ferner kommen als Anspruchsberechtigte bedürftige Eltern des Getöteten, denen er unterhaltspflichtig war, in Frage, kurz, alle gesetzlich unterhaltsberechtigten Personen.

Ob der Getötete den Unterhalt tatsächlich gewährt hat, ist unerheblich. Es kommt nur darauf an, ob er dazu verpflichtet war.

Der Ersatzpflichtige kann sich nicht darauf berufen, daß anstelle des Getöteten eine andere Person unterhaltspflichtig wird. Auch kommen ihm freiwillige Leistungen von dritten Personen an die Hinterbliebenen nicht zugute.

## c) Ersatz für entgangene Dienstleistungen

Das Bürgerliche Gesetzbuch[2] – nicht das Straßenverkehrsgesetz – sieht noch einen weiteren Anspruch von mittelbar Geschädigten vor. Im Falle der Tötung, der Verletzung des Körpers oder der Gesundheit (sowie im Falle der Freiheitsentziehung) durch unerlaubte Handlung hat der Ersatzpflichtige, wenn der Verletzte kraft Gesetzes einem Dritten zur Leistung von Diensten in dessen Hauswesen oder Gewerbe verpflichtet war, dem Dritten für die entgehenden Dienste durch Entrichtung einer Geldrente Ersatz zu leisten.

Bei diesen Dienstleistungspflichten kraft Gesetzes handelt es sich um die familienrechtlichen Pflichten insbesondere der Kinder. Das Kind ist, solange es dem elterlichen Hausstand angehört und von den Eltern erzogen oder unterhalten wird, verpflichtet, in einer seinen Kräften und seiner Lebensstellung entsprechenden Weise den Eltern in ihrem Hauswesen und Geschäft Dienste zu leisten. Das uneheliche Kind ist seiner Mutter zur Dienstleistung verpflichtet, nicht dem unehelichen Erzeuger.

Die Ehefrau erfüllt mit der Haushaltsführung entgegen früherer Anschauung nicht eine Dienstleistungspflicht, sondern ihre Unterhaltspflicht. Sie hat, soweit sie infolge einer Verletzung den Haushalt nicht führen kann, einen eigenen Schadenersatzanspruch gegen den Schädiger auf Ersatz der Kosten einer Aushilfe. Das gleiche gilt für den Fall, daß ein Ehegatte durch Verletzung an der Mitarbeit im Beruf oder Geschäft des anderen Ehegatten verhindert ist (BGHZ 50, 304 und 59, 172). Im Falle des Todes der Ehefrau haben die Hinterbliebenen einen Unterhaltsanspruch auch insoweit gegen den Schädiger. Es sind die Kosten zu ersetzen, die für eine Ersatzkraft auf dem allgemeinen Arbeitsmarkt aufgewendet werden müssen. Dabei spielt es für die Schadenersatzpflicht keine Rolle, ob tatsächlich eine Ersatzkraft eingestellt wird. Die Ersatzpflicht kann auch eintreten, wenn ein Ehemann getötet oder verletzt wird, soweit dieser bei seiner Ehefrau im Hauswesen oder im Gewerbe der Ehefrau mitgearbeitet hat.

Immer muß es sich aber um Dienstleistungen auf Grund gesetzlicher Verpflichtungen handeln. Für vertragliche Dienstleistungs-

---

[2] Vollständig abgedruckt in »Bürgerliches Gesetzbuch«, Goldmann JURA Band 8019.

pflichten und für Dienstleistungen eines Gesellschafters gegenüber seiner Gesellschaft gilt das alles nicht.

Wenn ein Bau dadurch später fertig wird, daß dem Bauunternehmer durch einen Unfall Arbeitskräfte ausfallen, hat der Bauherr gegen den Unfallverursacher keinen Schadenersatzanspruch. Der Ausweg, den die Rechtsprechung für den Fall der Gehaltsfortzahlung an einen verletzten Arbeitnehmer gefunden hat, wurde oben Seite 118 erwähnt.

## 6. Ansprüche aus Beförderungsvertrag

Daß Sie auf Grund eines besonderen Vertrags mit einem Fahrzeug befördert werden, kommt Ihnen im Alltag nur dadurch zu Bewußtsein, daß Sie für die Beförderung zahlen müssen, also bei Omnibusreisen, Taxifahrten usw. Aber auch bei privaten Fahrten besteht zwischen Ihnen und demjenigen, der Sie fährt, ein Beförderungsvertrag, ohne daß auch nur mit einem Wort darüber gesprochen wurde und ohne daß die Fahrt etwas kostet. Ein Beförderungsvertrag liegt aber gewöhnlich dann nicht vor, wenn jemand Sie gefälligkeitshalber in seinem Fahrzeug mitnimmt (vgl. S. 123). Ob ein Beförderungsvertrag vorliegt, der für beide Seiten Rechte und Pflichten mit sich bringt und entsprechende Haftungen auslösen kann, oder ob die Beförderung aus Gefälligkeit erfolgte, ist natürlich im täglichen Leben schwer zu unterscheiden.

Fürs erste läßt sich sagen, daß jedenfalls dann ein Beförderungsvertrag vorliegt, wenn der Befördernde ein eigenes Interesse an Ihrer Beförderung hat. Wenn Sie ohne Kraftfahrzeug an einer geselligen Veranstaltung teilnehmen und ein anderer Teilnehmer der Veranstaltung Ihnen anbietet oder Sie ihn darum bitten, Sie in seinem Kraftwagen nach Hause zu bringen, dann liegt es ihm wie Ihnen fern, daraus eine vertragliche Verpflichtung herzuleiten. Wenn Sie dagegen ein Gastwirt einlädt, Sie zu seiner Wirtschaft im Wagen abzuholen, oder ein Händler Sie zur Fahrt zu einer Ausstellung einlädt, auf der er selbst ausgestellt hat, weil er damit rechnet, daß Sie bei ihm kaufen, dann ist auch ohne ausdrückliche Vereinbarung ein Beförderungsvertrag anzunehmen, auch bei unentgeltlicher Beförderung.

Besteht ein Beförderungsvertrag, so haben Sie kraft dieses Vertrags Anspruch auf Schadenersatz, wenn Ihnen irgendein Schaden entsteht, der darauf zurückzuführen ist, daß der Befördernde gegen die Vertragspflichten schuldhaft verstoßen hat. Zu diesen Vertragspflichten gehört nicht nur regelmäßig, Sie vor Körper- und Sachschaden zu bewahren, sondern z. B. Sie rechtzeitig an ein bestimmtes Ziel zu bringen usw. Die Haftung des Beförderers und dementsprechend Ihre möglichen Ansprüche richten sich nach dem Inhalt des Beförderungsvertrags, wie er ausdrücklich oder stillschweigend vereinbart wurde. Daraus folgt, daß die vertragliche Haftung nicht so weit reicht wie die Haftung aus unerlaubter Handlung: Das Schmerzensgeld entfällt. Auf der anderen Seite ist die vertragliche Haftung umfangreicher, weil nicht nur Körper- und Sachschaden, sondern auch reiner Vermögensschaden ersetzt werden muß. Es ist aber durchaus möglich, daß der Verstoß gegen den Beförderungsvertrag zugleich eine unerlaubte Handlung darstellt. In diesem Fall haben Sie Anspruch auf Ersatz des reinen Vermögensschadens (also z. B. auf Ersatz des entgangenen Gewinns) und Anspruch auf Schmerzensgeld zugleich.

Zu erwähnen ist, daß derjenige, der die Beförderung von Personen entgeltlich und geschäftsmäßig betreibt, nicht nur aus Vertrag und wegen unerlaubter Handlung haftpflichtig werden kann, sondern von Haus aus nach dem Straßenverkehrsgesetz im Rahmen der Gefährdungshaftung (§ 7) für jeden Körper- und Sachschaden haftet, der einem Fahrgast zustößt, auch wenn der Körper- und Sachschaden nicht schuldhaft verursacht worden ist. Er kann sich von der Haftung durch den Nachweis eines unabwendbaren Ereignisses befreien. Vertragliche Haftungsbeschränkungen sind verboten.

Verabreden sich zwei oder mehrere Personen zu einer gemeinsamen Ferienreise, wobei der eine das Kraftfahrzeug stellen, die anderen sonstige finanzielle Beiträge leisten sollen, dann haben sie sich zu einer Gesellschaft zusammengetan. Daraus entstehen vertragliche Pflichten, die sich nach dem Gesellschaftsrecht richten. Wenn nicht ausdrücklich etwas anderes vereinbart ist, braucht jeder Gesellschafter bei Erfüllung seiner Pflichten nur die Sorgfalt anzuwenden, die er in eigenen Angelegenheiten zu beobachten pflegt. Das ist ein abgeschwächter Haftungsmaßstab. Der Bundesgerichtshof (VI ZR 121/59 – VRS 19, 81) hat angenommen, daß in solch einem Fall auch derjenige, der die Lenkung und Bedienung des Kraftfahrzeugs übernommen hat, nur für Vorsatz und grobe Fahrlässigkeit haftet, nicht für leichte Fahrlässigkeit, wenn er in eigenen Angelegenheiten auch nicht sorgfältiger ist. Da er beim Fahren des Wagens auch seine eigene Sicherheit aufs Spiel setzt und daher seine eigene Angelegenheit besorgt, beweist seine Fahrweise auf der Gesellschaftsfahrt, daß er eben in eigener Sache nicht sorgfältig ist. Deshalb haben, wenn er leicht fahrlässig einen Unfall herbeiführt, die übrigen Fahrtteilnehmer keine Ersatzansprüche gegen ihn. Allerdings ist diese Ansicht des Bundesgerichtshofs mit Recht kritisiert worden. Wenn bei einem solchen privaten „Gesellschaftsreiseunternehmen" einer der Teilnehmer sich erbietet, das gemeinsam benutzte Fahrzeug zu führen, dann dürfen die andern Teilnehmer davon ausgehen, daß er sie sorgfältig befördern wird. Sonst sollte er die Verantwortung ablehnen.

## 7. Der Gefälligkeitsfahrgast

Der typische Gefälligkeitsfahrgast ist der „Anhalter". Aber es kommt im gesellschaftlichen Leben auch sonst sehr häufig die Mitnahme aus reiner Gefälligkeit vor. Hier besteht keine vertragliche Haftung für die sorgfältige Durchführung der Beförderung. Auch eine Haftung des Fahrers und des Kraftfahrzeughalters nach dem strengen Gefährdungsprinzip des Straßenverkehrsgesetzes scheidet aus, weil im Straßenverkehrsgesetz die Ansprüche des Insassen überhaupt ausgeschlossen sind. Das bedeutet aber nicht, daß der Gefälligkeitsfahrgast überhaupt keine Ansprüche hätte. Wer durch einen fahrlässig herbeigeführten Verkehrsunfall den Insassen seines Fahrzeugs tötet oder verletzt, begeht eine unerlaubte Handlung und haftet dem Beförderten auf Schadenersatz, auch wenn er ihn aus Gefälligkeit mitgenommen hat.

Insbesondere wird der Fahrer durch die Gefälligkeit, die er dem Fahrgast durch die Mitnahme erweist, nicht von der Beachtung der Verkehrsvorschriften befreit. Auch der Fahrgast, der aus reiner Menschenfreundlichkeit mitgenommen wird, kann vom Fahrer erwarten, daß er nicht unvorsichtig fährt. Ist der Kraftfahrer, wenn er allein fährt, unvorsichtig, darf er es nicht sein, wenn er einen Fahrgast mitnimmt. Ohne besonderen Anlaß braucht kein Fahrgast mit einer fahrlässigen Fahrweise eines Kraftfahrers zu rechnen.

Im Einzelfall kann sich aber doch eine Beschränkung der Haftung aus den besonderen Umständen ergeben. Voraussetzung ist aber ein mindestens stillschweigendes Übereinkommen, das sich aus dem Gesamtverhalten der Beteiligten ergeben muß. Der Fahrer muß es beweisen, wenn er sich darauf beruft. Mit einem Minderjährigen kann eine solche Haftungsbeschränkung nicht wirksam vereinbart werden. Auch die üblichen Formulare, die sich der Fahrer vom Fahrgast unterschreiben läßt, wonach die Haftung für die Folgen eines fahrlässig herbeigeführten Unfalls ausgeschlossen ist, sind gegenüber einem minderjährigen Fahrgast unwirksam, wenn nicht beide Elternteile zustimmen.

Die Unentgeltlichkeit der Beförderung allein rechtfertigt noch nicht den Schluß, daß stillschweigend die Haftung für Fahrlässigkeitsschäden ausgeschlossen sein soll. Auf die Haftung für grobe Fahrlässigkeit zu verzichten, wird dem Beförderten auch in aller Regel fernliegen, wenn es nicht ausdrücklich vereinbart wird.

Wird die Fahrt auf den ausdrücklichen Wunsch des Beförderten unternommen und kann der Fahrer sich diesem Wunsch nicht verschließen – z. B. weil es sein Dienstvorgesetzter ist, der die Beförderung wünscht – und wäre die Fahrt sonst überhaupt nicht unternommen worden, dann kann sich aus diesen Umständen der stillschweigende Ausschluß der Haftung für leichte Fahrlässigkeit ergeben, ganz besonders dann, wenn der Fahrer die Fahrt mit seinem eigenen Fahrzeug ablehnt, der Fahrgast ihm aber ein anderes Fahrzeug zur Verfügung stellt und ihn bittet: „Du mußt mich schnell fahren."

Erkennt der Fahrgast bestimmte Gefahren der Fahrt, wie etwa die Alkoholbeeinflussung des Fahrers, dessen Übermüdung oder Mängel des Fahrzeugs, oder handelt es sich um eine nächtliche Fahrt bei Nebel oder Glatteis, dann ist bei einer Gefälligkeitsfahrt in der Regel anzunehmen, daß der Fahrgast auf Ansprüche wegen eines Unfalls, der auf diese Gefahren zurückzuführen ist, auch wenn eine leichte Fahrlässigkeit des Fahrers mitspielt, verzichten wollte. Man nennt das „Handeln auf eigene Gefahr" („Gefahrübernahme" oder „Risikoübernahme").

Bei der sogenannten Bier- oder Weinreise von Wirtschaft zu Wirtschaft – einer „Zechtour" – wird man allgemein den stillschweigenden Haftungsausschluß für Fahrlässigkeitsschäden annehmen müssen, immer vorausgesetzt, daß die Beförderten nicht minderjährig sind.

Aber auch wenn ein Haftungsausschluß nicht als vereinbart gelten kann oder unwirksam ist, muß sich der Fahrgast eine Minderung oder – je nach den besonderen Umständen – sogar einen völligen Verlust seiner Ansprüche gefallen lassen, wenn er die Gefährlichkeit der Fahrt erkannt hat oder bei gehöriger Sorgfalt hätte erkennen müssen und trotzdem an der Fahrt teilnimmt; denn dann trifft ihn ein Mitverschulden an seiner eigenen Verletzung (vgl. S. 144). Das muß sich besonders ein Fahrgast entgegenhalten lassen, der sich einem Angetrunkenen oder einem übermüdeten Fahrer anvertraut oder sich in einem Fahrzeug mitnehmen läßt, dessen Mängel er kennt oder erkennen mußte: bei einer offensichtlich „alten Karre", bei einem Wagen mit blankgefahrenen Reifen. Es muß allerdings schon für den Laien erkennbar sein, oder der Fahrgast müßte Fachmann sein. Es muß sich also um eine freiwillige oder fahrlässige

Selbstgefährdung handeln. Ein solches Mitverschulden muß sich auch ein Minderjähriger anrechnen lassen, wenn er die zur Erkenntnis der Gefährlichkeit erforderliche Einsicht hat. Ein Mitverschulden kann dem Fahrgast allerdings nur insoweit entgegengehalten werden, als der dann auf der Fahrt sich ereignende Unfall gerade auf die Gefahr zurückzuführen ist, die der Fahrgast bei Fahrtantritt hätte erkennen müssen.

Wenn ein Fahrgast das Risiko einer Fahrt bei winterlicher Straßenglätte übernommen hat, dann hat er damit noch nicht auch die Gefahr von fahrtechnischen Fehlern des Fahrers übernommen.

## III. Gegen wen können Ansprüche erhoben werden?

### 1. Ansprüche gegen den Kraftfahrzeughalter

Das Straßenverkehrsgesetz gewährt eine besondere Anspruchsgrundlage gegen den Kraftfahrzeughalter. Man spricht hier von der sogenannten Gefährdungshaftung. Wer ein Kraftfahrzeug hält, haftet streng für die Gefahren, die sich aus seinem Betriebe ergeben. Dabei ist Kraftfahrzeughalter nicht etwa nur der Eigentümer oder derjenige, auf den das Kraftfahrzeug zugelassen ist. „Halter ist jeder, der ein Kraftfahrzeug für eigene Rechnung in Gebrauch hat und diejenige Verfügungsgewalt darüber besitzt, die ein solcher Gebrauch voraussetzt." So hat der Bundesgerichtshof den Begriff des Halters definiert. Kraftfahrzeughalter kann daher auch der Mieter des Kraftfahrzeugs sein, und es kann mehrere Halter nebeneinander geben, z. B. Mieter und Vermieter. Sie alle unterliegen der strengen Haftung.

Der Halter hat für die Tötung und Verletzung von Personen und die Beschädigung von Sachen beim Betrieb seines Kraftfahrzeugs einzustehen. Er hat den daraus entstehenden Schaden zu ersetzen. Diese strenge Haftung besteht also, solange sich das Kraftfahrzeug „im Betrieb" befindet. Im Betrieb ist das Kraftfahrzeug aber nicht nur, solange es in Bewegung ist oder der Motor läuft. Auch während es auf der Straße stillsteht, ist es noch im Betrieb, bis es gänzlich aus dem Verkehr gezogen ist. Die Haftung dauert also auch bei einem stilliegenden Fahrzeug an, selbst wenn es wegen Motordefekts nicht mehr mit eigener Kraft fortbewegt werden kann. Wenn ein Fahrer seinen Wagen an den Straßenrand fährt, um eine Fahrpause einzulegen und zu schlafen, bleibt sein Fahrzeug in Betrieb. Außer Betrieb ist es erst, wenn es auf einem Parkplatz oder einem anderen Ort abgestellt wird, wo verkehrsüblich Fahrzeuge für eine längere Betriebsruhe abgestellt werden. Auch wenn man nach einem Unfall auf die Polizei wartet, ist das Fahrzeug noch in Betrieb. Das ist wichtig für Auffahrunfälle, die dann eintreten können.

Zum Kraftfahrzeugbetrieb gehört auch der Anhänger. Auch wenn er losgekoppelt wird und allein auf der Straße steht, ereignet sich ein Unfall durch Auffahren auf den Anhänger noch beim Betriebe des Kraftfahrzeugs, zu dem er gehört. Der Kraftfahrzeughalter kann sich von seiner strengen Haftung nur durch den schwierigen Nachweis befreien, daß der Unfall für ihn ein „unabwendbares Ereignis" war. Dieser Nachweis ist ihm aber abgeschnitten, wenn der Unfall auf einem Fehler in der Beschaffenheit seines Fahrzeugs oder auf einem Versagen seiner Verrichtungen beruht. Für diese sogenannte „innere Betriebsgefahr" seines Fahrzeugs haftet er immer ohne Entlastungsmöglichkeit. Platzen eines Reifens, Federbruch, Versagen der Steuerung oder der Bremsen sind typische Fälle, in denen kein „Entlastungsbeweis" zugelassen ist.

Als unabwendbar gilt ein Ereignis insbesondere dann, wenn es auf das Verhalten des Verletzten oder eines nicht beim Betriebe des Kraftfahrzeugs beschäftigten Dritten oder eines Tieres zurückzuführen ist und wenn außerdem sowohl der Halter als auch der Führer des Kraftfahrzeugs jede nach den Umständen gebotene Sorgfalt beobachtet hat und der Unfall trotz dieser Sorgfalt nicht zu vermeiden war. Die Anforderungen an den vom Halter zu führenden Beweis, daß ein solches unabwendbares Ereignis die Unfallursache war, sind äußerst streng. Es wird vom Fahrer eine das Normalmaß übersteigende Sorgfalt, eine besonders gesammelte Aufmerksamkeit, geistesgegenwärtiges Handeln und die richtige Erfassung jedes geeigneten Mittels zur Abwendung der Gefahr auch in schwieriger Lage verlangt. Er muß von vornherein vermeiden, in eine Lage zu kommen, aus der Gefahr entstehen kann. Hat er gegen die Straßenverkehrsvorschriften verstoßen, so ist der Unfall kein unabwendbares Ereignis.

Allerdings dürfen die Anforderungen nicht überspannt werden. Eine Reflexhandlung in einer plötzlich unvorhersehbar und unverschuldet auftretenden Gefahrenlage kann auch dem besten Fahrer nicht zum Vorwurf gemacht werden. In einem solchen Falle ist auch dem besten Fahrer eine Schrecksekunde zuzubilligen. So darf z. B. auch der sorgfältigste Fahrer grundsätzlich darauf vertrauen, daß sein Vorfahrtrecht beachtet wird, wenn für ihn nicht erkennbar war, daß ein Wartepflichtiger sein Vorfahrtrecht nicht beachten will. Auch der sorgfältigste Kraftfahrer braucht nicht damit zu rechnen, daß ein erwachsener Fußgänger plötzlich in seine Fahrbahn läuft.

Auch Schleudern bei nicht vorhersehbarer Glatteisbildung kann ein unabwendbares Ereignis sein.

Auch für einen Unfall auf einer Schwarzfahrt mit seinem Fahrzeug – also auch wenn ihm das Fahrzeug gestohlen worden ist – haftet der Kraftfahrzeughalter, wenn er die Schwarzfahrt schuldhaft ermöglicht hat, insbesondere also, wenn er sein Fahrzeug nicht ausreichend gesichert abgestellt oder die Schlüssel nicht sicher verwahrt hat. Der Schwarzfahrer haftet neben dem Halter nach dem Straßenverkehrsgesetz; er haftet also wie ein Halter. Der Geschädigte hat in diesem Falle die Wahl, sich an den Schwarzfahrer oder an den Halter oder an beide zu halten. Er muß dem Halter aber nachweisen, daß er die Schwarzfahrt schuldhaft ermöglicht hat, wobei ihm oft der „Beweis des ersten Anscheins" hilft. Gelingt der Beweis nicht, so kann nur der Schwarzfahrer haftbar gemacht werden, der sich dann seinerseits von der Haftung nur durch den Nachweis befreien kann, daß der Unfall für ihn ein unabwendbares Ereignis war.

Als Schwarzfahrt in diesem Sinne gilt nicht die unbefugte Benutzung des Kraftfahrzeugs durch eine Person, die vom Halter für den Betrieb des Kraftfahrzeugs angestellt ist oder der das Fahrzeug vom Halter überlassen worden ist. Für einen Unfall bei einer solchen unbefugten Benutzung haftet der Halter selbst nach dem Straßenverkehrsgesetz. Der Benutzer haftet als Fahrer nach den für die Haftung des Fahrers geltenden Vorschriften (darüber im nächsten Abschnitt).

Die strenge Haftung nach dem Straßenverkehrsgesetz trifft den Halter nicht gegenüber den Personen, die bei dem Betrieb des Fahrzeugs tätig sind, also eine mit dem Betriebe zusammenhängende Aufgabe im Einverständnis mit dem Halter wahrnehmen. Damit ist vor allem der angestellte Fahrer gemeint. Es gehört dazu aber auch schon das Öffnen und Schließen der Wagentüren. Andere Fahrzeuginsassen können den Halter nach den strengen Haftungsvorschriften des Straßenverkehrsgesetzes nur dann in Anspruch nehmen, wenn es sich um eine entgeltliche geschäftsmäßige Personenbeförderung handelt (Omnibusbetrieb, Taxi).

Neben der strengen Haftung nach dem Straßenverkehrsgesetz besteht aber stets die Haftung nach den allgemeinen Vorschriften des Bürgerlichen Gesetzbuches über unerlaubte Handlungen. Ein Fahrzeuginsasse, der den Halter nicht nach dem Straßenverkehrsgesetz in Anspruch nehmen kann, hat also gegen den an einem Unfall schuldigen Fahrer und u. U. auch gegen den Halter trotzdem Ansprüche auf Schadenersatz, wenn er verletzt worden ist oder einen

Sachschaden erlitten hat; nach diesen allgemeinen Vorschriften muß man ihnen aber ein Verschulden nachweisen können. Der Fahrer und der Halter müssen also hier nicht ihrerseits den „Entlastungsbeweis" führen, sondern ihr Verschulden muß ihnen bewiesen werden. Gelingt dieser Beweis, so müssen sie auch Schmerzensgeld zahlen.

U. U. haftet der Halter auch aus Beförderungsvertrag. Ansprüche gegen den Halter, der Geschäftsherr des Fahrers ist, sind unter 3. behandelt.

## 2. Ansprüche gegen den Fahrer

Fahrer (Kraftfahrzeugführer) ist die Person, die im Unfallzeitpunkt das Kraftfahrzeug unter eigener Verantwortung lenkt und seine maschinellen Einrichtungen bedient.

Bei der Ausbildung eines Fahrschülers gilt der neben dem Schüler sitzende Fahrlehrer als Fahrer des Kraftfahrzeugs, nicht der am Steuer sitzende Schüler. Der probefahrende Kaufinteressent ist der verantwortliche Fahrer, wenn er selbst lenkt. Grundsätzlich kann nur eine Person Fahrer sein. Wenn sich aber zwei Fahrer abwechseln und bei der zum Fahrerwechsel eingelegten Fahrtunterbrechung der Unfall eintritt, können u. U. beide als Fahrer haften.

Der Fahrer haftet nicht ganz so streng wie der Kraftfahrzeughalter. Er braucht kein unabwendbares Ereignis zu beweisen, um sich von seiner Haftung zu befreien. Er haftet auch nicht schon dann, wenn – ohne seine Schuld – ein Fehler in der Beschaffenheit des Fahrzeugs oder ein Versagen seiner Verrichtungen den Unfall herbeigeführt hat. Der Fahrer haftet vielmehr dann nach dem Straßenverkehrsgesetz, wenn er nicht den Nachweis führt, daß der Unfall nicht durch sein Verschulden verursacht worden ist. Er muß also beweisen, daß er sich als ordentlicher Kraftfahrer verhalten hat. Allerdings werden an die Sorgfalt des Kraftfahrers strenge Anforderungen gestellt. Selbstverständlich muß er alle Verkehrsvorschriften beachtet haben. Er muß sie kennen.

Unzulängliche Erfahrung entlastet den Fahrer nicht. Auch auf körperliche Mängel, die er kennt oder kennen muß, kann er sich nicht berufen. Neigt er zu Herzanfällen und war ein solcher Anfall für den Unfall ursächlich, dann ist sein Verschulden schon darin zu erblicken, daß er überhaupt noch ein Kraftfahrzeug führt.

Der Fahrer ist für den Zustand seines Fahrzeugs verantwortlich. Er muß dessen Verkehrssicherheit ständig überwachen, darf sich allerdings zu der regelmäßigen Überprüfung einer zuverlässigen

Werkstatt bedienen. Daneben muß er auf Mängel achten, die er selbst erkennen kann, wie z. B. Mängel der Bremsen und der Bereifung. Auch für die ordnungsgemäße Ladung des Fahrzeugs ist er verantwortlich. Darauf, daß die Beleuchtungsanlage – einschließlich der Bremslichter – einwandfrei funktioniert, muß er stets achten. Treten auf der Fahrt Mängel ein, durch welche die Betriebssicherheit des Fahrzeugs gefährdet ist, so muß er das Fahrzeug ohne Rücksicht auf Zeitverlust zur nächsten Werkstatt bringen und bis dahin besonders vorsichtig fahren.

Wer einen Wagen fährt, den er nicht kennt, muß besonders vorsichtig fahren. Er kann sich grundsätzlich nicht darauf berufen, daß er die Eigenschaften des Fahrzeugs nicht gekannt habe.

Wer sein Fahrzeug – gleich aus welchem Grunde – auf der Fahrbahn abstellt, muß alle erforderlichen Sicherungsvorkehrungen treffen, um den fließenden Verkehr nicht zu gefährden, besonders bei Dunkelheit, schlechter Sicht und an unübersichtlichen Straßenstellen. Die gesetzlichen Vorschriften über die Beleuchtung und das Aufstellen von Warnschildern und Warnleuchten sind nur die Mindesterfordernisse. Was ein umsichtiger Fahrer zur Sicherung veranlassen muß, richtet sich nach den Gegebenheiten des Einzelfalls.

Ein Fahrer, der sein Fahrzeug auf der Straße abstellt, es verläßt und andere Personen darin zurückläßt, muß sie unter Umständen – vor allem wenn es sich um Kinder handelt – darüber belehren, daß sie die Tür nicht nach der Fahrbahnseite hin öffnen dürfen.

Der Fahrer muß unter allen Umständen darauf achten, daß er nicht übermüdet ist. Bemerkt er eine Übermüdung, muß er die Fahrt unterbrechen, bis er sich ausgeruht hat.

Selbstverständlich ist der Fahrer dafür verantwortlich, daß er fahrtüchtig ist, also weder unter Alkoholeinfluß noch unter der Einwirkung von Medikamenten steht, die seine Fahrsicherheit beeinträchtigen können.

Ebenso wie der Halter haftet auch der Fahrer den beim Betrieb Tätigen nicht nach dem Straßenverkehrsgesetz und den Insassen nur bei entgeltlicher geschäftsmäßiger Personenbeförderung (vgl. S. 127). Aber auch der Fahrer haftet nach den allgemeinen Vorschriften über unerlaubte Handlungen, wenn ihm ein Verschulden nachgewiesen wird.

## 3. Ansprüche gegen den Geschäftsherrn des Fahrers

Das Bürgerliche Gesetzbuch sieht unter den Vorschriften über unerlaubte Handlungen eine besondere Haftung dessen vor, der einen anderen zu einer „Verrichtung" bestellt, und zwar für den Schaden, den dieser in Ausführung dieser Verrichtung einem Dritten zufügt. Wer also eine Person damit beauftragt, ein Kraftfahrzeug zu führen, haftet als „Geschäftsherr" für die Schäden, die sein „Verrichtungsgehilfe" dabei anrichtet, wenn dieser sich bei der Führung des Kraftfahrzeugs nicht „verkehrsrichtig" verhalten hat. Der Geschäftsherr kann sich aber von der Haftung durch den Nachweis befreien, daß er den Fahrer sorgfältig ausgewählt, ständig beaufsichtigt und überwacht hat.

Der typische Anwendungsfall ist der angestellte Fahrer eines Betriebes oder einer Privatperson. Kennzeichen des Verrichtungsgehilfen ist eine gewisse Abhängigkeit von den Weisungen des Geschäftsherrn hinsichtlich Zeit und Umfang seiner Tätigkeit. Aber auch ein selbständiger Fuhrunternehmer, der von einer Speditionsfirma ständig wie ein angestellter Fahrer beschäftigt wird, ist deren Verrichtungsgehilfe bei Ausführung der aufgetragenen Fahrten, nicht dagegen der Handelsvertreter, dem seine Firma ein Auto überlassen hat. Die Ehefrau, die den Wagen ihres Mannes für Fahrten benutzt, ist in der Regel nicht sein Verrichtungsgehilfe.

Ein Fahrer ist auch dann noch Verrichtungsgehilfe, wenn er im Einzelfall die Grenzen des Auftrags eigenmächtig oder irrtümlich überschreitet. Eine Schwarzfahrt, die jemand ohne Wissen und Willen des Geschäftsherrn unternimmt, fällt dagegen aus diesem Rahmen.

An die Auswahl und Überwachung eines Fahrers stellen die Gerichte strenge Anforderungen. Es ist für den Geschäftsherrn daher nicht leicht, sich durch den Entlastungsbeweis sorgfältiger Auswahl von seiner Haftung zu befreien. Wer einen Fahrer mit einer Fahrt beauftragt, muß sich von seinen Fähigkeiten sorgfältig überzeugen. Bei der Anstellung eines Fahrers vorgelegte Zeugnisse genügen in aller Regel nicht. Es sind weitere Erkundigungen erforderlich. Selbstverständlich muß sich der Geschäftsherr davon überzeugen, daß der Fahrer den zur Führung des betreffenden Fahrzeugs vorgeschriebenen Führerschein besitzt. Mit der Auswahl allein ist es aber noch nicht getan. Ständige Überwachung ist erforderlich, unter Umständen unauffällige Beobachtung. Nur ein wohlbeaufsichtigtes Personal kann auch als wohlausgewählt gelten, sagte schon das Reichsgericht. Besonders strenge Anforderungen werden an die Überwachungspflicht öffentlicher Verkehrsunternehmen gestellt.

Zur Überwachung zählt auch die Sorge dafür, daß angestellte Fahrer nicht zu lange hinter dem Steuer sitzen. Der Geschäftsherr haftet aber dann nicht, wenn er nachweist, daß auch eine sorgfältig ausgewählte Person den Unfall nicht hätte vermeiden können, so daß etwaige mangelnde Sorgfalt bei der Auswahl und Überwachung des Fahrers auf den Unfallhergang ohne Einfluß geblieben ist.

## 4. Ansprüche gegen Eltern und andere Aufsichtspflichtige

Wenn ein Minderjähriger einen Unfall verursacht, können Schadenersatzansprüche auch gegen die Personen erhoben werden, die kraft Gesetzes oder aufgrund Vertrages zur Führung der Aufsicht über den Minderjährigen verpflichtet sind. Das gleiche gilt bei Verursachung eines Schadens durch Personen, die wegen ihres körperlichen oder geistigen Zustandes der Beaufsichtigung bedürfen, für die Haftung der Aufsichtspflichtigen. Sie können sich von ihrer Haftung nur durch den Nachweis befreien, daß sie ihrer Aufsichtspflicht genügt haben oder daß der Schaden auch bei gehöriger Aufsichtsführung entstanden sein würde.

Aufsichtspflichtig sind die Eltern über ihre minderjährigen Kinder. Auch soweit ein Minderjähriger für bestimmte Geschäfte als voll geschäftsfähig gilt, bleibt er uneingeschränkt aufsichtsbedürftig. Die Haftung besteht also nicht etwa nur für Minderjährige, wenn sie der Aufsicht bedürfen, sondern für alle Minderjährigen, weil sie alle der Aufsicht bedürfen. So sagt der Bundesgerichtshof.

Der Vater kann sich nicht damit entlasten, daß er die Aufsicht der Mutter übertragen habe, weil er tagsüber beruflich abwesend sei. Eine Entlastung von seiner Aufsichtspflicht käme nur in Frage, wenn er wegen wochen- oder monatelanger Abwesenheit zur Aufsichtsführung nicht in der Lage wäre. Der Stiefvater ist nicht aufsichtspflichtig. Er kann aber als Haushaltungsvorstand Sicherungspflichten haben.

Für einen Lehrling trifft die Aufsichtspflicht den Lehrherrn. Lebt der Lehrling im elterlichen Haushalt, so beschränkt sich die Aufsichtspflicht des Lehrherrn auf die Arbeitszeit. Stellen die Eltern dem Lehrling ein Fahrzeug zur Verfügung, so ist es ihre Aufgabe und nicht die des Lehrherrn, sich über die Verkehrsgewandtheit des Minderjährigen und seine Kenntnis der Verkehrsregeln zu vergewissern und ihn in dieser Hinsicht zu beaufsichtigen. Das gilt auch für die Fahrten zwischen Wohnung und Arbeitsstätte.

Wenn aufsichtsbedürftige Personen ein Kraftfahrzeug benutzen, sind an die Aufsichtspflicht wegen der dem Verkehr drohenden Gefahren strenge Anforderungen zu stellen. Die Erfahrung lehrt, daß Minderjährige gerade dann, wenn sie sich im Laufe der Zeit sicherer fühlen, zu schnellerem Fahren neigen und leichtsinnig werden können. Es wird daher eine unauffällige Überwachung der Fahrweise des Minderjährigen gefordert.

Hat der Vater seinem minderjährigen Sohn die Führung eines Kraftfahrzeuges verboten, z. B. weil er einen Verkehrsunfall verursacht oder sich sonst als ungeeignet erwiesen hat, dann muß der Vater geeignete Maßnahmen treffen, um sein Verbot durchzusetzen, insbesondere die Fahrzeugschlüssel sicher verwahren.

## 5. Ansprüche gegen Tierhalter

Hat ein Tier einen Verkehrsunfall verursacht, so haftet der Tierhalter für den Schaden, desgleichen der Tierhüter. Tierhalter ist, wer ein Tier in seinem Hausstand oder Wirtschaftsbetrieb verwendet, und zwar nicht nur ganz vorübergehend. Auf das Eigentum an dem Tier kommt es nicht an. Für Luxustiere haftet der Tierhalter schlechthin, wenn sie einen Schaden verursachen. Für Haustiere, welche dem Beruf, der Erwerbstätigkeit oder dem Unterhalte des Tierhalters dienen, haftet der Tierhalter dagegen nur, wenn er nicht den Nachweis führen kann, daß er das Tier sorgfältig beaufsichtigt hat oder der Schaden auch bei gehöriger Aufsichtsführung entstanden wäre.

Ein Schaden gilt nur dann als vom Tier verursacht, wenn ein der tierischen Natur entsprechendes willkürliches Verhalten des Tieres zu dem Unfall geführt hat, z. B. Scheuen oder Durchgehen von Pferden, Anspringen eines Hundes, auch wenn dieses Verhalten etwa durch Motorengeräusch, Lokomotivpfiffe oder dergleichen äußere Einwirkungen hervorgerufen war. Wenn dagegen ein Tier dem Willen seines Lenkers gehorcht und der Unfall durch die Art der Lenkung eintritt, ist der Unfall nicht durch das Tier verursacht.

Wenn ein durch einen Jagdhund aufgestöbertes Reh auf der Flucht über eine Straße gegen ein Kraftfahrzeug läuft, dann haftet der Halter des Jagdhundes als Tierhalter für den Unfallschaden.

Wenn ein Landwirt z. B. seinem Knecht aufträgt, die Pferde von der Koppel über eine Landstraße heimzubringen, ohne ihn anzuweisen, die gebotenen Sicherungsmaßnahmen einzuhalten (z. B. die Pferde auf öffentlichen Wegen nur gekoppelt zu führen und bei Dunkelheit die vorgeschriebenen Leuchten mitzuführen), dann haftet der Landwirt für einen Unfall, der auf der Nichtbeachtung der Sicherungsmaßnahmen beruht.

Der Tierhalter haftet dagegen nicht für einen Verkehrsunfall, der durch tierische Ausscheidungen – z. B. Kuhdung – auf der Fahrbahn verursacht wird.

In ländlichen Gegenden mit geringem Kraftfahrzeugverkehr muß der Kraftfahrer damit rechnen, daß Federvieh auf die Straße gelangt. Einem Landwirt kann nicht zum Vorwurf gemacht werden, daß er nicht Maßnahmen getroffen hat, um ein Austreten des Federviehs aus seinem Gehöft zu verhindern. Er haftet daher dem Kraftfahrer nicht für den Schaden, der dadurch entsteht, daß ein Hahn gegen seine Windschutzscheibe fliegt.

Ein Unfall ist z. B. überwiegend durch die Tiergefahr verursacht, wenn ein Landwirt 11 Kühe unter der Aufsicht nur eines Hirten neben einer Landstraße weiden läßt und einige Kühe über die Straße wechseln und gegen ein Kraftrad laufen. Der Kraftfahrer handelt aber unvorsichtig, wenn er ein Handzeichen des Hirten nicht beachtet, auch wenn er die Kühe vorher nicht sehen konnte. Dem Landwirt wurden in diesem Falle $2/3$ des Schadens auferlegt.

Einem Hundehalter wurde der ganze Schaden auferlegt, weil er seinen Hofhund über die Straße laufen ließ und der Hund, nachdem er auf der andern Straßenseite mit einem andern Hund gespielt hatte, wieder über die Straße zu seinem Herrn zurückkehrte und gegen ein Kraftfahrzeug lief.

## 6. Ansprüche gegen Bahn- und Luftfahrtunternehmer

Auf Grund des Reichshaftpflichtgesetzes, des Sachhaftpflichtgesetzes und des Luftverkehrsgesetzes haften der Bahn- und der Luftfahrtunternehmer ganz besonders streng, wenn im Bahnbetrieb (Eisenbahnen, Straßenbahnen, Kleinbahnen, Privatbahnen) oder im Flugbetrieb (Flugzeuge, Flugkörper aller Art, z. B. Flugzeugmodelle) Personen oder Sachen durch Unfall zu Schaden kommen. Es ist auch denkbar, daß durch den Bahn- und Luftverkehr Verkehrsunfälle im Straßenverkehr verursacht werden.

Der Bahnunternehmer haftet in jedem Fall, es sei denn, daß er beweisen kann, der Unfall sei auf höhere Gewalt oder auf ein Verschulden des Verletzten oder Geschädigten zurückzuführen. Aber auch dann muß der Bahnunternehmer in der Regel einen Teil des Schadens tragen wegen der hohen Betriebsgefahr, die er sich immer noch zurechnen lassen muß. Bei reinem Sachschaden hilft dem Bahnunternehmer aber schon der Nachweis – genau wie dem Kfz-Halter – eines unabwendbaren Ereignisses.

Das gleiche gilt für den Luftfahrtunternehmer, nur kann sich dieser in keinem Fall ein unabwendbares Ereignis zugute halten. Schmerzensgeld müssen der Bahn- und der Luftfahrtunternehmer (wie der Kraftfahrzeughalter) nur zahlen, wenn gleichzeitig eine

„unerlaubte Handlung" im Sinne des Bürgerlichen Gesetzbuchs vorliegt, d. h. wenn die Körperverletzung nachweislich durch schuldhaftes Verhalten verursacht wurde.

Bei Unfällen, die von militärischen Luftfahrzeugen hervorgerufen werden, braucht nicht einmal ein Verschulden vorzuliegen, um den Anspruch auf Schmerzensgeld zu begründen.

## 7. Ansprüche gegen Arbeitnehmer, Arbeitskameraden und Arbeitgeber

*a) Haftung des Arbeitnehmers*

Jeder Arbeitnehmer, also auch der angestellte Kraftfahrer, haftet seinem Arbeitgeber für jeden Schaden, den er auch nur fahrlässig verschuldet. Aber auch dem vorsichtigsten und sorgfältigsten Arbeitnehmer unterläuft einmal ein Versehen, dies um so mehr, je mehr Gefahren die Arbeit mit sich bringt. Ein Fuhrunternehmer, der seine Fahrten selbst durchführt, wird selbst damit rechnen, daß ihm in seinem unfallträchtigen Beruf dann und wann ein Fehler unterläuft, der Unfall und Schaden nach sich zieht. Sein Schadensrisiko ist eben höher als das vieler anderer Unternehmer. Dieses Risiko verringert sich auch nicht, wenn er Kraftfahrer einstellt und für sich fahren läßt. Sollen nun die angestellten Fahrer das Risiko voll und ganz übernehmen, indem sie dem Fuhrunternehmer jeden irgendwie fahrlässig verursachten Schaden ersetzen müssen? Das wäre offensichtlich eine Ungerechtigkeit.

Das Bundesarbeitsgericht hat deshalb in seiner Rechtsprechung den Grundsatz entwickelt, daß sich die Verschuldenshaftung des Arbeitnehmers bei sogenannter gefahrgeneigter Arbeit verringert, wenn sie nicht u. U. ganz entfällt.

Das ist eine Arbeit, bei der die Eigenart der zu leistenden Dienste es mit großer Wahrscheinlichkeit mit sich bringt, daß auch dem sorgfältigen Arbeitnehmer gelegentlich Fehler unterlaufen, die zwar für sich allein betrachtet jedesmal vermeidbar waren, mit denen aber angesichts der menschlichen Unzulänglichkeit erfahrungsgemäß zu rechnen ist. Als Hauptfall der gefahrgeneigten Arbeit gilt die Tätigkeit des Kraftfahrers. Besonders gefahrgeneigt ist die Tätigkeit des Lsw-Fahrers, vor allem im Fernverkehr und bei Nachtfahrten, und die des Omnibusfahrers und Taxifahrers. Das gleiche gilt für Lokomotivführer und Kranführer.

Wieweit hiernach der Arbeitnehmer bei gefahrgeneigter Arbeit billigerweise zum Ersatz des von ihm verursachten Schadens heranzuziehen ist, richtet sich nach den Gesamtumständen des Falles, insbesondere nach dem Grad seiner Schuld. Bei schwerer Schuld wird er in der Regel seinem Arbeitgeber den ganzen Schaden ersetzen müssen. Bei nicht schwerer Schuld kommt es für die Schadensverteilung zwischen Arbeitgeber und Arbeitnehmer darauf an, wie groß die Gefahren der übertragenen Arbeit waren. Je größer sie waren, um so höher ist der Anteil des Arbeitgebers am Schaden zu bemessen. Die Größe der Gefahr hängt von der Art des Kraftfahrzeugs und dem Ort der auszuführenden Fahrten ab (Großstadtverkehr – verkehrsarme Gegend), ferner von der Gefährlichkeit der Fahrt (Nachtfahrt, Beschaffenheit des Geländes, Ladung des Fahrzeugs usw.). Bei der Billigkeitsabwägung ist auch das von dem Arbeitgeber einkalkulierte und durch Versicherung deckbare Risiko zu berücksichtigen, sodann die Höhe des Arbeitsentgelts, in dem möglicherweise eine Risikoprämie enthalten ist. Häufige Fehlleistungen gehen zu Lasten des Arbeitnehmers.

Es gehört zu den Pflichten des Arbeitnehmers aus dem Arbeitsvertrag, die Verkehrsvorschriften einzuhalten. Ein Verstoß gegen sie kann ein schweres Verschulden begründen. Grob fahrlässig handelt der Berufskraftfahrer, der nachts auf der Autobahn trotz Übermüdung und trotz Ablösungsmöglichkeit weiterfährt. Fahren unter Alkoholeinfluß ist regelmäßig grob fahrlässig.

Stellt der Arbeitgeber seinem Kraftfahrer einen nicht völlig betriebssicheren Wagen zur Verfügung, so wird er grundsätzlich den durch die mangelnde Betriebssicherheit entstehenden Schaden selbst zu tragen haben, zumal wenn der Arbeitnehmer sich auf die Betriebssicherheit verlassen durfte.

Hat der Arbeitgeber von seinem Arbeitnehmer verbotene Mehrarbeit verlangt, die einen Unfall des Fahrers infolge Übermüdung zur Folge hat, dann ist der Arbeitnehmer grundsätzlich von der Haftung freigestellt.

Erklärt der Arbeitnehmer, daß er sich einer bestimmten Arbeit nicht gewachsen fühle, so gebietet es die Fürsorgepflicht des Arbeitgebers, ihn nicht mit dieser Arbeit zu betrauen. Läßt er es dennoch darauf ankommen, so ist bei einem daraus entstehenden Schaden der Arbeitnehmer von der Haftung frei.

Die Haftpflichtversicherung schützt zwar Halter und Fahrer vor Ansprüchen dritter Personen aus einem Unfall bis zur Höchstgrenze der Versicherungssumme. Ausgeschlossen von der Haftpflichtversicherung sind aber Ansprüche des Versicherungsnehmers und des Halters gegen mitversicherte Personen, also gegen den Fahrer, und Haftpflichtansprüche wegen Beschädigung, Zerstörung und Abhandenkommens von Sachen, die dem Versicherungsnehmer und seinen Angestellten zur Benutzung überlassen worden sind, also insbesondere Ansprüche des Halters gegen den Fahrer wegen Unfallschäden an dem Fahrzeug selbst. Der Fahrer kann aber selbst eine Haftpflichtversicherung gegen Schadenersatzansprüche des Halters, seines Arbeitgebers, abschließen. Verpflichtet ist er dazu nicht. Seine Haftung wird dadurch auch nicht erweitert.

Die Kaskoversicherung des Halters deckt nicht den Fahrer. Im Gegenteil kann der Kaskoversicherer, der den Halter wegen des Fahrzeugschadens befriedigt hat, gegen den Fahrer Rückgriff nehmen, soweit dem Halter gegen den Fahrer unter Berücksichtigung der Grundsätze über die Haftungseinschränkung bei gefahrgeneigter Arbeit ein Schadenersatzanspruch zustand.

## *b) Haftung des Arbeitgebers*

Der Arbeitgeber und die ihm nach der Reichsversicherungsordnung gleichgestellten Personen (Bevollmächtigte und Repräsentanten, Betriebs- und Arbeitsaufseher) haften den Arbeitnehmern auf Schadenersatz aus einem Betriebsunfall nur, wenn strafgerichtlich festgestellt ist, daß sie den Unfall vorsätzlich herbeigeführt haben, oder wenn der Arbeitsunfall sich bei der Teilnahme am allgemeinen Verkehr ereignet hat. Das gilt auch, wenn der Arbeitgeber (oder ein ihm Gleichgestellter) den Unfall als Lenker eines Kraftfahrzeugs verursacht hat (§ 636 RVO). Der Unternehmer kann also, wenn er als Lenker eines Kraftfahrzeugs den Betriebsunfall seines Arbeitnehmers fahrlässig verursacht hat, nicht auf Schadenersatz in Anspruch genommen werden, sei es nun, daß der Arbeitnehmer Insasse des Fahrzeugs war oder von dem Fahrzeug angefahren worden ist. Anders ist es, wenn sich der Unfall bei Teilnahme am allgemeinen Verkehr ereignet hat. Um eine Teilnahme am allgemeinen Verkehr handelt es sich dann nicht, wenn die gemeinsame Zugehörigkeit zum Betrieb für beide Teile der Anlaß zu der gemeinsamen Fahrt gewesen ist und die Fahrt versicherungsrechtlich in den Rahmen des Betriebes gehört. Der Unternehmer, der in seinem Kraftwagen Arbeiter seines Betriebes von deren Wohnung zur Arbeitsstelle bringt oder seinen Arbeitnehmer vom Betriebsgrundstück aus ein Stück Weges auf dem Heimweg mitnimmt, oder der Unternehmer, der einen Werkverkehr eröffnet, nimmt mit seinen Arbeitnehmern nicht am allgemeinen Verkehr teil und haftet ihnen daher, wenn er das zur Beförderung der Arbeitnehmer dienende Kraftfahrzeug selbst führt und fahrlässig einen Unfall verursacht, nicht auf Schadenersatz. Auch seine Haftpflichtversicherung kommt daher nicht für Ansprüche auf. Die Arbeitnehmer sind auf die Ansprüche aus der gesetzlichen Unfallversicherung gegen die Berufsgenossenschaft angewiesen.

### c) *Haftung unter Arbeitskameraden*

Die für Haftung des Arbeitgebers getroffene Regelung gilt nach § 637 RVO entsprechend bei Arbeitsunfällen für die Ersatzansprüche eines (in der gesetzlichen Unfallversicherung) Versicherten, dessen Angehörige und Hinterbliebene gegen einen in demselben Betrieb tätigen Betriebsangehörigen, wenn dieser den Arbeitsunfall durch eine betriebliche Tätigkeit verursacht.

## 8. Ansprüche gegen Verkehrssicherungspflichtige

Viele Unfälle sind durch die Beschaffenheit der Fahrbahn und ihrer Umgebung wenigstens mitverursacht, gelegentlich sogar allein darauf zurückzuführen. Das war besonders bei dem schlechten Straßenzustand in der Nachkriegszeit der Fall. Für die Straßen trifft die Behörde, die für die sogenannte „Verkehrssicherung" verantwortlich ist, die Haftung, wenn aus mangelhafter Sicherung Schäden entstehen. Die Verkehrssicherungspflicht umfaßt die allgemeine Verpflichtung, den Verkehr auf der Straße, soweit dies mit zumutbaren Mitteln geschehen kann, möglichst gefahrlos zu gestalten und dabei insbesondere die Verkehrsteilnehmer vor unvermuteten, aus der Beschaffenheit der Straße sich ergebenden und bei zweckgerechter Straßenbenutzung nicht ohne weiteres erkennbaren Gefahren zu sichern oder zumindest zu warnen. Die Gefährlichkeit einer Straßenstelle muß von der für die Verkehrssicherung verantwortlichen Behörde regelmäßig auch dann erkannt werden, wenn sie noch nicht zu einem Unfall geführt hat. Die verkehrssicherungspflichtige Behörde muß jedenfalls in gewissem Umfange auch die Möglichkeit berücksichtigen, daß Verkehrsteilnehmer sich vorschriftswidrig verhalten. Die Verkehrssicherungspflicht kann im Einzelfall gerade Maßnahmen umfassen, deren Zweck es ist, den Verkehr vor den Folgen fehlerhaften Verhaltens einzelner Verkehrsteilnehmer zu schützen.

Diese Pflicht des Wegeunterhaltungspflichtigen besteht unabhängig von den Pflichten der Straßenverkehrsbehörden. Auch wenn diese den Verkehr auf einer Straße nicht beschränkt haben, muß der Verkehrssicherungspflichtige selbständig die Sicherheit der Straße prüfen.

Wer verkehrssicherungspflichtig ist, kann hier nur in großen Zügen gesagt werden. Für die Bundesautobahnen, die Bundesstraßen und die Landstraßen sind außerhalb geschlossener Ortschaften die Länder, durch die sie führen, in Nordrhein-Westfalen die Landschaftsverbände Rheinland (in Köln) und Westfalen (in Münster), auch soweit die Straßen durch kleine Landgemeinden führen, verkehrssicherungspflichtig. Im übrigen sind für die Straßen innerhalb geschlossener Ortschaften und auch für die Ortsdurchfahrten der Bundesstraßen die (größeren) Gemeinden verkehrssicherungspflichtig. Im Zweifelsfall gibt die nicht zuständige Behörde ein Anspruchsschreiben des Geschädigten an die zuständige weiter.

Die Verkehrssicherungspflicht umfaßt nicht nur die Sorge für die ordnungsmäßige bauliche Beschaffenheit des Straßenkörpers, sondern auch die Beleuchtung, die Beseitigung von Hindernissen, das Anbringen von Schutzgeländern, die Wegereinigung und das Streuen bei Glätte usw. Läßt sich eine Gefahr nicht sofort beseitigen, müssen Warnschilder angebracht werden. Die völlige Gefahrlosigkeit einer Straße zu jeder Zeit und bei jeder Witterung kann jedoch mit zumutbaren Mitteln nicht erreicht werden. Darum geht die Pflicht zur Sicherung des Verkehrs, wie der Bundesgerichtshof wiederholt festgestellt hat, nicht weiter, als daß der Verpflichtete in geeigneter und zumutbarer Weise die Gefahren ausräumen oder gegebenenfalls vor ihnen warnen muß, die für den sorgfältigen Straßenbenutzer nicht rechtzeitig erkennbar sind und auf die er sich nicht ohne weiteres einstellen und einrichten kann.

Der Kraftfahrer muß sich, wenn er ausreichend gewarnt ist, auch auf eine gefährliche Straßendecke, wie Blaubasaltpflaster, und auf eine gefährliche oder noch nicht den modernsten Erkenntnissen genügende Straßenführung, z. B. eine schlecht überhöhte Kurve, einrichten und dementsprechend fahren. Ist der gefährliche Straßenzustand für einen aufmerksamen Kraftfahrer erkennbar, so braucht nicht einmal gewarnt zu werden. Das gilt im allgemeinen auch für einen Wechsel der Straßendecke. Es kommt also immer auf die Erkennbarkeit der Gefahr für den sorgfältigen Kraftfahrer an. Gefährlich sind nur solche Straßenstellen, deren Beschaffenheit auch dann einen Unfall hervorrufen kann, wenn die Straßenbenutzer die im Verkehr erforderliche Sorgfalt anwenden. Vor Besonderheiten einer Straße, die ein sorgfältiger Kraftfahrer mit einem beiläufigen Blick erkennt, braucht nicht besonders gewarnt zu werden. So braucht vor offensichtlichen Gefahren von Straßenbaustellen mit lose aufgeschüttetem Kiesrand nicht gewarnt zu werden.

Wer für die Reinigung der Straße zu sorgen hat, ist verschieden geregelt. Manchmal trifft die Reinigungspflicht den Anlieger. Regelmäßig hat aber die Gemeinde für die Reinigung der Straße zu sorgen. Bei Straßenbauarbeiten ist die Behörde, welche die Straßenbaulast trägt, für die Beseitigung einer Verschmutzung verantwortlich, die durch die Bauarbeiten oder den Abtransport von Erdreich usw. entsteht. Daneben haftet auch der Unternehmer, der die Straßenbauarbeiten ausführt. Die Behörde haftet für die Straßenverschmutzung auch dann, wenn kein Beamter da ist, der für die Reinigung verantwortlich gemacht werden kann, weil die Behörde es versäumt hat, die erforderlichen organisatorischen Maßnahmen zu treffen, um für die Wegereinigung zu sorgen.

Eine bei Nässe absolut ungefährliche Straßendecke gibt es nicht. Jeder Kraftfahrer muß wissen, daß sich bei Beginn eines Regens auf dem bisher trockenen Pflaster ein rutschgefährlicher Schmierfilm bildet, und der Kraftfahrer muß seine Fahrweise danach einrichten. Auch wenn die Rutschgefahr noch dadurch begünstigt wird, daß der Straßenbelag von einer Teer- zu einer Bitumendecke wechselt und dieser Belagwechsel im Zuge einer flachen Kurve erfolgt, die mangelhaft überhöht ist, kann der Verkehrssicherungspflichtige für einen Schleuderunfall nicht verantwortlich gemacht und ihm die Unterlassung der Aufstellung eines Warnschildes jedenfalls dann nicht vorgeworfen werden, wenn häufige Unfälle an dieser Straßenstelle nicht bekanntgeworden sind. Denn für den sorgfältigen Kraftfahrer sind diese Gefahren erkennbar. So entschied der Bundesgerichtshof.

Wohl aber darf der Kraftfahrer darauf vertrauen, daß er vor nicht erkennbaren Gefahren auf Straßen, die dem überörtlichen Durchgangsverkehr dienen, gewarnt wird. Solche Gefahren sind die regelmäßige Verschmutzung der Straße durch Ackerfahrzeuge oder durch täglichen Viehtrieb, bei dem Kuhdung, von Nieselregen aufgeweicht, die Straßenoberfläche überzieht und für den Kraftfahrer auch bei gehöriger Aufmerksamkeit nicht zu erkennen ist. Hier haftet der Verkehrssicherungspflichtige für Unfälle durch die Straßenverschmutzung, wenn die Aufstellung von Warnschildern unterlassen worden ist.

Eine Pflicht, alle Fahrbahnen öffentlicher Straßen bei Winterglätte zu bestreuen, besteht nicht. Alle Verkehrsteilnehmer müssen gewisse Einwirkungen der Naturgewalten als unabänderlich hinnehmen. Immerhin aber müssen innerhalb geschlossener Ortschaften die Fahrdämme an verkehrswichtigen und gefährlichen Stellen bei Glatteis gestreut werden, besonders dort, wo Kraftfahrer erfahrungsgemäß bremsen oder ausweichen. Außerhalb geschlossener Ortschaften braucht nur an „besonders gefährlichen Stellen" gestreut zu werden. Es besteht aber keine Streupflicht, wenn ein sorgfältiger Kraftfahrer die Straßenglätte so rechtzeitig erkennen kann, daß er sich darauf einzustellen und durch langsames und gleichmäßiges Fahren einen Unfall zu vermeiden vermag. Besonders gefährlich sind im Winter Straßenbrücken, weil sie schneller vereisen als feste Fahrbahnen und dadurch plötzliche Unterschiede in den Reibungsverhältnissen der Fahrbahn auftreten. Auf solchen Brücken muß daher bei Glätte auch außerhalb geschlossener Ortschaften gestreut werden.

Um die sichere Erfüllung der Streupflicht zu gewährleisten, muß die verantwortliche Körperschaft eine Organisation schaffen und die geeigneten Anordnungen treffen. Dazu gehört vor allem die Aufstellung eines Streuplanes, der auch die gefährlichen und verkehrswichtigen Straßenstellen innerhalb geschlossener Ortschaften und die besonders gefährlichen Straßenstellen außerhalb der Ortschaften bezeichnet, die bei Glatteis zu streuen sind. Der Vollzug und die Bewährung des Streuplans müssen überwacht werden. Ereignet sich infolge mangelhafter Regelung der Streuung ein Unfall, so haftet die für die betreffende Straße verkehrssicherungspflichtige Körperschaft dem Geschädigten. Dies entschied der Bundesgerichtshof.

Der Kraftfahrer muß sich aber auch seinerseits bei Winterwetter auf die Glatteisgefahr einstellen und damit rechnen, daß selbst dann, wenn eine Straße im übrigen eisfrei ist, an bestimmten Stellen Glatteis auftritt, z.B. in Waldstücken und auf Brücken. Vor Bergkuppen muß er seine Geschwindigkeit herabsetzen, damit er bei Vereisung der folgenden Gefällstrecke, die er vorher nicht einsehen kann, nicht zu bremsen braucht.

Der verkehrssicherungspflichtigen Behörde obliegt auch die Überwachung der Straßenbäume. Sie müssen in regelmäßigen Abständen daraufhin überprüft werden, ob sie noch gesund sind. Wird ein Straßenbenutzer durch das Umstürzen eines Baumes verletzt oder sein Kraftfahrzeug beschädigt, dann haftet die verkehrssicherungspflichtige Behörde, wenn von außen her (z.B. auch durch Abklopfen) hätte festgestellt werden können, daß der Baum morsch war. Eine solche Überprüfung braucht nur in größeren Zeitabständen vorgenommen zu werden.

Für die Gefahren, die von Bäumen auf benachbarten Grundstücken ausgehen, wie überhaupt für Gefahren, die den Straßenbenutzern durch Anlagen auf den Anliegergrundstücken drohen, haften die Anlieger.

Die verkehrssicherungspflichtige Gemeinde oder Körperschaft ist auch für die Beschaffung, Anbringung und Unterhaltung der Verkehrszeichen verantwortlich und muß dafür sorgen, daß die Verkehrszeichen stets deutlich sichtbar bleiben und nicht durch Baumwuchs verdeckt werden. Vernachlässigt die Gemeinde diese Pflicht, so ist sie für daraus entstehende Unfallschäden haftbar, z. B. wenn ein Kraftfahrer das Dreieckszeichen „Vorfahrt achten" nicht hat sehen können und auf die bevorrechtigte Straße hinausfährt und einen Zusammenstoß verursacht.

Über die Haftung der Straßenverkehrsbehörden wegen falscher Beschilderung siehe unter 9 b).

## 9. Ansprüche gegen Hoheitsträger

Soweit Unfälle in Ausübung von Hoheitsgewalt verursacht werden, haftet der Staat oder die Körperschaft, in deren Dienst der Beamte steht, für diesen, jedoch nur dann, wenn er schuldhaft gehandelt hat und eine anderweitige Ersatzmöglichkeit nicht besteht. Ist noch ein anderer für den Unfall mitverantwortlich, so kann der Geschädigte sich nur an diesen halten. Der Staat haftet also nur hilfsweise, wenn es an anderen Verantwortlichen fehlt. Es muß sich um eine Amtspflichten gegenüber den Verkehrsteilnehmern, deren Schutz einer Dienstfahrt ist eine Amtspflichtverletzung.

*a) Postfahrzeuge*

Die Tätigkeit der Bundespost gilt als Ausübung der Hoheitsgewalt. Wird also ein Unfall durch ein Postfahrzeug verursacht, so tritt die Amtshaftung ein.

*b) Polizei*

Der Verkehrsposten, der den Verkehr regelt, übernimmt damit Amtspflichtverletzung handeln. Verkehrswidrige Fahrweise auf seine Tätigkeit dient. Gibt er einem Verkehrsteilnehmer auf einer unübersichtlichen Kreuzung das Freifahrtzeichen, so muß er ihm eine gefahrlose Überquerung ermöglichen. Erkennt der Polizeibeamte die auftauchende Gefahr eines Zusammenstoßes mit einem andern Fahrzeug, so muß er das andere Fahrzeug abstoppen. Es genügt nicht, daß er dem Fahrer, dem er zunächst das Freizeichen gegeben hatte, nunmehr lediglich ein Haltzeichen gibt, das dieser möglicherweise nicht rechtzeitig wahrnimmt, weil er im Vertrauen auf das Freizeichen die vor ihm liegende Fahrbahn beobachtet und die Gefahr nicht erkennt. Handelt der Polizeibeamte nicht richtig und entsteht dadurch ein Unfall, so haftet an seiner Stelle der Staat oder die Gemeinde, soweit nicht ein anderer Verkehrsteilnehmer für den Unfall mitverantwortlich ist.

Auch die Polizei ist dafür verantwortlich, daß die Verkehrszeichen den Erfordernissen des Verkehrs entsprechen. Das ergibt sich aus der Pflicht der Polizei, für die öffentliche Sicherheit zu sorgen. Wenn die öffentliche Sicherheit aber nicht ein sofortiges Eingreifen der Polizei notwendig macht, ist es die jeweils zuständige Straßenverkehrsbehörde, die anordnet, wo welche Verkehrsschilder angebracht werden müssen. Ein Verkehrsunfall, der durch fehlende oder irreführende Verkehrszeichen verursacht wurde, kann deshalb die Haftung des Staates bzw. der Gemeinde auslösen.

Die Verkehrsbehörde hat dafür zu sorgen, daß die Regelungen, die sie zur Vermeidung von Verkehrsgefahren für den Kraftfahrzeugverkehr trifft, so angebracht und beschaffen sind, daß jeder Verkehrsteilnehmer mit durchschnittlicher Aufmerksamkeit sie auch bei schneller Fahrt durch einen beiläufigen Blick verstehen kann. Die Beamten der Straßenverkehrsbehörde, die schuldhaft eine notwendige Beschilderung versäumen oder irreführende Verkehrszeichen anbringen, verletzen ihre Amtspflicht, was eine Haftung des Staates für dadurch verursachte Unfälle zur Folge hat, soweit der Geschädigte nicht einen anderen für den Schaden verantwortlich machen kann. Das kann bei einer irreführend angebrachten abknickenden Vorfahrt und besonders beim Fehlen des Schildes „Vorfahrt achten" vor einer bevorrechtigten Straße der Fall sein. Grundsätzlich darf sich der Kraftfahrer darauf verlassen, daß die Verkehrsschilder richtig aufgestellt sind. Es kann ihm auch nicht zum Vorwurf gemacht werden, daß er sich im Augenblick des Einfahrens in eine Kreuzung nicht daran erinnert, daß er früher schon einmal diese unzulängliche Beschilderung an dieser Kreuzung beobachtet hatte. Gleichwohl hat der Bundesgerichtshof nicht anerkannt, daß der Unfall für einen solchen Fahrer ein unabwendbares Ereignis war.

Auch der Einsatzfahrer der Polizei, der von den Vorschriften der Straßenverkehrsordnung befreit ist, muß auf die übrigen Verkehrsteilnehmer die gebotene Rücksicht nehmen und darauf bedacht sein, andere Personen nicht zu schädigen. Der Fahrer des Einsatzfahrzeugs muß hierbei um so größere Vorsicht üben, je mehr er sich über die allgemein gültigen Verkehrsregeln hinwegsetzt, z. B. wenn er die falsche Zufahrt einer durch eine Verkehrsinsel geteilten Straßeneinmündung benutzt, dann die Vorfahrt gegenüber dem Verkehr auf der Hauptstraße in Anspruch nimmt und schließlich in eine Einbahnstraße in der gesperrten Richtung einfährt. Er darf auch nicht allgemein darauf vertrauen, daß die anderen Verkehrsteilnehmer durch das Blaulicht und das Martinshorn in jedem Falle schon ausreichend darauf hingewiesen sind, daß das Polizeifahrzeug in dieser Weise die allgemeinen Verkehrsregeln übergeht. Er darf keinesfalls auf gut Glück in eine gefährliche Verkehrssituation hineinfahren. Beachtet er dies nicht, so verstößt er gegen seine Amtspflicht, auch im Polizeieinsatz die anderen Verkehrsteilnehmer vor Schäden zu bewahren. Für einen dadurch verursachten Unfall haftet der Staat dem Geschädigten. Der Einsatzfahrer darf kein Amokfahrer sein. Er muß im Gegenteil damit rechnen, eine Verwirrung anderer Verkehrsteilnehmer und damit eine allgemeine Unfallgefahr herbeizuführen. Der Bundesgerichtshof hat wiederholt in solchen Fällen die Amtshaftung für Unfälle bejaht.

## c) Bundeswehr

Auch die Bundeswehr ist im Einsatz von den Vorschriften der Straßenverkehrsordnung befreit. Es gilt für die Ausübung dieser Rechte das gleiche wie für die Polizei. Auch die Bundeswehr – ebenso der Bundesgrenzschutz – begeht, da sie Hoheitsrechte ausübt, bei schuldhafter Verursachung eines Verkehrsunfalles eine Amtspflichtverletzung, für die der Staat haftet. Die Ansprüche sind gegen die Bundesrepublik Deutschland zu richten. Im Prozeß wird sie vertreten durch die Behörden der Länder, z. B. in Nordrhein-Westfalen durch die Regierungspräsidenten. Im Einzelfall empfiehlt sich eine Nachfrage.

## d) NATO-Streitkräfte

Für die in der Bundesrepublik stationierten NATO-Streitkräfte gelten die besonderen Bestimmungen des NATO-Truppenstatuts vom 19. 6. 1961, das im Bundesgesetzblatt Teil II S. 1190 veröffentlicht ist. Die Regelung ist seit dem 5. Mai 1955 12 Uhr mittags in Kraft. Das Verfahren ist im Ausführungsgesetz zum NATO-Truppenstatut geregelt. Die Ansprüche können nicht sofort bei deutschen Gerichten eingeklagt werden, sondern sind zunächst beim örtlich zuständigen Amt für Verteidigungslasten anzumelden. Hierfür ist die Anmeldefrist von drei Monaten zu beachten! Diese Behörde teilt dem Anspruchsteller in einer „Entschließung" mit, ob und inwieweit sie den Anspruch als gerechtfertigt anerkennt. Ist er damit nicht zufrieden, muß er binnen zwei Monaten Klage gegen die Bundesrepublik Deutschland, die in dem Prozeß für den Truppenentsendestaat auftritt, vor dem zuständigen Landgericht erheben. Die Ansprüche werden so behandelt, als ob deutsches Militär den Unfall verursacht hätte.

Es ist dringend zu empfehlen, sich bei einem Unfallschaden, für den Angehörige der NATO-Streitkräfte verantwortlich gemacht werden, eines in diesen Fragen versierten Rechtsanwalts zu bedienen, da sonst leicht Formfehler unterlaufen können. Deshalb wird hier davon abgesehen, auf das Verfahren im einzelnen einzugehen. Schon in dem Verfahren vor dem Amt für Verteidigungslasten kann die Erstattung der Rechtsanwaltskosten verlangt werden. Der Geschädigte, der berechtigte Ansprüche stellt, braucht also seinen Anwalt nicht selbst zu bezahlen; richtiger: die Vorschüsse an den Anwalt belasten nicht endgültig seine Geldbörse. Es ist also nicht anders als bei den Verhandlungen mit dem Haftpflichtversicherer eines Privatmannes, der einen Schaden verursacht hat. Auch die Versicherung übernimmt, wenn sie nicht mit Recht die Ansprüche ganz ablehnt, die Anwaltskosten des Geschädigten.

Erwähnenswert ist, daß die in Deutschland stationierten ausländischen Streitkräfte zwar von bestimmten deutschen Vorschriften über die Ausrüstung der Fahrzeuge befreit sind, aber sich bei einem Unfall, den sie verursacht haben, so behandeln lassen müssen, als ob die deutschen Vorschriften für sie gelten. Ist also z. B. ein Auffahrunfall auf der Autobahn dadurch verursacht worden, daß ein amerikanischer Panzer nicht mit der für deutsche Fahrzeuge vorgeschriebenen Beleuchtung ausgestattet war, dann ist der Schadensfall so zu beurteilen, als ob ein mangelhaft beleuchteter deutscher Panzer den Unfall verursacht hätte. Dies wäre dann eine Amtspflichtverletzung des verantwortlichen deutschen Offiziers gewesen. Es wird also ein Schadenersatzanspruch nach Amtshaftungsgrundsätzen zuerkannt, obwohl die Angehörigen der ausländischen Streitkräfte gegen ihre eigenen Beleuchtungsvorschriften nicht verstoßen haben. So entschied der Bundesgerichtshof.

## IV. Mitverschulden und Schadensausgleich

Es versteht sich von selbst, daß uns der Schaden aus einem Verkehrsunfall nicht ganz ersetzt wird, wenn wir selbst den Unfall mit*verschuldet* haben. Stellt sich heraus, daß wir keine Schuld am Unfall tragen, dann besteht immer noch die Wahrscheinlichkeit, daß wir unseren Schaden nicht voll ersetzt bekommen. Die mitwirkende

Betriebsgefahr unseres Pkw müssen wir uns nämlich anrechnen lassen, wenn wir nicht beweisen können, daß der Unfall für uns ein unabwendbares Ereignis war, das weder auf einem Fehler in der Beschaffenheit unseres Fahrzeugs noch auf dem Versagen seiner Verrichtungen beruht. Allerdings trifft uns nur eine bestimmte Quote des Schadens, die entweder im Weg der Verhandlung mit der gegnerischen Haftpflichtversicherung ausgehandelt oder im Streitfall vom Gericht festgesetzt wird. Bei der Bestimmung der Schadensquote, die die einzelnen Unfallbeteiligten trifft, ist der Grad der mitwirkenden Verursachung und die Betriebsgefahr, die regelmäßig von den beteiligten Fahrzeugen ausgeht, zu berücksichtigen. Sind z. B. ein Omnibus und ein Pkw in einen Unfall verwickelt und träfe auf beide Fahrzeuge ungefähr der gleiche Grad der Verursachung, so entfällt auf den Omnibushalter eine höhere Schadensquote, weil von einem Omnibus in der Regel eine höhere Betriebsgefahr ausgeht. Denken wir uns an die Stelle des Omnibus einen Lkw, so kommen wir zu einem ähnlichen Ergebnis.

Das Ausmaß der uns treffenden Haftung bestimmt sich also nicht allein danach, in welchem Maß wir selbst mit unserem Pkw Unfallursache gewesen sind, sondern auch danach, wieweit und in welchem Maß der andere Unfallbeteiligte haftet und sich auf Grund dieser Haftung auch am Schadensausgleich beteiligen muß. Ist der andere Beteiligte ebenfalls ein Kraftfahrer und kann dieser beweisen, daß der Unfall für ihn ein unabwendbares Ereignis war, haften wir alleine. Ein Fußgänger oder ein Radfahrer haftet nicht nach den Grundsätzen der Gefährdungshaftung; von ihm geht keine Betriebsgefahr aus; er haftet nur, wenn ihn ein Verschulden trifft, und selbst dieses Verschulden müssen wir ihm nachweisen. Ist die Eisenbahn oder die Straßenbahn in einen Unfall verwickelt, so haften diese wiederum, wie wir schon gesehen haben, vorab ohne Verschulden wie der Fahrzeughalter und können sich dieser Haftung nur entziehen, wenn sie beweisen können, daß der Unfall für sie höhere Gewalt darstellte.

Diese Kürzung der Schadenersatzansprüche wegen Mitverschuldens – oder mitwirkender Gefährdung durch den Betrieb des Kraftfahrzeugs, der Eisenbahn oder durch ein Tier – beruht auf dem Gedanken, daß es gegen Treu und Glauben verstoßen würde, einem andern einen Schaden ganz aufzubürden, den der Geschädigte durch sein zurechenbares eigenes Verhalten mitverursacht und dadurch sich selbst zugefügt hat. Ein mitwirkendes Verschulden ist danach gegeben, wenn der Verletzte oder Geschädigte unter den gegebenen Umständen mit einer Gefährdung hätte rechnen müssen und sich bei

Beobachtung der erforderlichen Sorgfalt einer solchen Gefahr hätte entziehen können.

Für die Beurteilung des Verhaltens der Beteiligten kommt es nicht entscheidend auf das Verhalten unmittelbar vor dem Unfall an, sondern darauf, wie sich die Beteiligten im Verlauf der ganzen Ursachenkette, die zu dem Unfall schließlich geführt hat, verhalten haben, welcher Beteiligte die Gefahr heraufbeschworen hat und wie ihr begegnet worden ist und hätte begegnet werden können. Wer durch sein eigenes schuldhaftes Verhalten eine Gefahr heraufbeschwört, muß in erster Linie für die Folgen eintreten. Wer sich schuldhaft in eine gefährliche Lage gebracht hat, kann sich nicht damit entschuldigen, daß ihm im Augenblick der Gefahr keine Zeit zu ruhigem Überlegen und zur Abwendung der Gefahr geblieben ist. Der Fuhrwerkslenker, der sein Fuhrwerk unbeaufsichtigt auf der Straße stehenläßt und dadurch gezwungen ist, übereilt zuzuspringen, wenn ein Kraftfahrzeug naht, hat die Gefahr grob fahrlässig selbst herbeigeführt.

Der Verkehrsteilnehmer muß eine klare Verkehrslage, selbst wenn sie unter Verletzung gesetzlicher Vorschriften geschaffen worden ist, erkennen und sich darauf einstellen. Unterläßt er dies, so trifft ihn ein Mitverschulden, wenn er die Möglichkeit hatte, die Gefahrenlage von sich aus rechtzeitig zu beseitigen. So muß ein Radfahrer rechtzeitig absteigen, ein Kraftfahrer seine Geschwindigkeit herabsetzen oder ausweichen usw., wenn ein anderer Verkehrsteilnehmer durch erkennbar vorschriftswidriges Fahren oder auch durch unverschuldetes Verhalten ihn sonst gefährden würde. Es ist grundsätzlich stets schuldhaft, im Straßenverkehr auf sein Recht zu pochen, wenn durch den Verzicht auf das Recht – z. B. auf die Vorfahrt – eine durch einen anderen Verkehrsteilnehmer verursachte Gefahrenlage beseitigt werden kann. Rechthaberei im Straßenverkehr ist verkehrswidrig. Es ist ein vom Bundesgerichtshof immer wieder betonter Grundsatz (gegen den leider immer wieder verstoßen wird), daß der Schutz des Menschenlebens und der körperlichen Unversehrtheit stets das oberste Gebot ist und das Bedürfnis nach Beschleunigung des Verkehrs dahinter zurückzutreten hat. Wir dürfen daher niemals unserem Bestreben nach schnellerem Vorwärtskommen und nach Ausnutzung unserer Rechte im Straßenverkehr nachgeben, wenn dadurch, sei es auch durch fehlerhafte Fahrweise oder sonstiges Fehlverhalten eines andern, eine Gefahrenlage geschaffen wird oder wenn durch den Verzicht auf unsere Rechte eine Gefahr beseitigt werden kann.

Wer allerdings ohne sein Verschulden in eine für ihn nicht voraussehbare Gefahrenlage geraten ist, in der ihm keine Zeit zu ruhiger Überlegung bleibt, und in der Bestürzung nicht die richtige oder zweckmäßige Maßnahme ergreift, um einen Unfall zu verhüten, setzt sich aus diesem Grunde allein noch nicht dem Vorwurf fahrlässigen Verhaltens aus.

Wer einen andern aus einer Gefahr zu retten versucht, handelt dadurch noch nicht schuldhaft, auch wenn er im Augenblick der Gefahr unüberlegte Maßnahmen trifft; er handelt dann aus sittlichen Beweggründen in Erfüllung einer Menschenpflicht.

Der Grundsatz, daß unser eigenes schuldhaftes Verhalten oder die von uns selbst gesetzte Gefährdung unsere Schadenersatzansprüche aus einem daraus entstehenden Schaden mindert und unter Umständen sogar ganz beseitigt, gilt nicht nur für unser Verhalten bis zum Eintritt des Unfallereignisses, sondern auch nach dem Unfall. Wir sind nämlich verpflichtet, alle Sorgfalt anzuwenden, um den Schaden, den ein anderer uns zugefügt hat, so niedrig wie möglich zu halten. Wir dürfen nicht, sei es auch aus verständlicher Verärgerung über das unvernünftige Verkehrsverhalten des Schadensverursachers, eine möglichst hohe Rechnung aufstellen. Wir dürfen auch nicht bei der Beseitigung des Schadens allzu großzügig sein in der Annahme, daß die für den Unfall verantwortliche Person oder ihre Versicherung ja doch alles bezahlen müsse und wir darum nicht sparsam zu rechnen brauchten. Das ist besonders bei der Beseitigung von Kraftfahrzeugschäden sehr wichtig. Auch wenn uns ohne unsere Schuld ein Unfallschaden zugefügt worden ist, wird von uns trotzdem erwartet, daß wir uns danach anstrengen, um den günstigsten Weg zu suchen, der zwar unseren Schaden ganz beseitigt – denn darauf haben wir ein Anrecht –, aber doch wirtschaftlich vertretbar ist. Als Grundsatz können wir uns einprägen: *Der Geschädigte muß so handeln, wie ein vernünftiger Mensch handeln würde, wenn er seinen Schaden aus der eigenen Tasche bezahlen müßte.*

Die Einzelheiten darüber, wie das zu geschehen hat, werden im nachfolgenden Kapitel über die einzelnen Schadensarten auseinandergesetzt. Der Grundsatz der „Schadensminderungspflicht" gilt nicht nur bei der Beseitigung von Sachschäden, sondern auch von Körper- und Gesundheitsschäden. Trotz des Selbstbestimmungsrechts über seinen Körper muß dem Verletzten unter Umständen zugemutet werden, sich einer *Operation* zu unterziehen, um eine Verschlimmerung seines Unfalleidens zu verhüten oder eine Besserung oder Heilung und eine Erhöhung seiner durch den Unfall verminderten Erwerbsfähigkeit zu erzielen. Eine solche Verpflichtung trifft den Verletzten aber nur dann, wenn die Operation einfach und gefahrlos und nicht mit besonderen Schmerzen verbunden ist, wenn sie sichere Aussicht auf Erfolg bietet und wenn der Schädiger die Kosten der Operation bezahlt. Der Verletzte darf die Operation ferner dann verweigern, wenn die Ärzte über die Rätlichkeit des Eingriffs verschiedener Meinung sind.

Ein eigenes Mitverschulden trifft den Verletzten, wenn er nicht oder nicht rechtzeitig zum Arzt geht, um sich sachgemäß behandeln zu lassen. Begeht der Arzt einen Fehler, so geht dies nicht zu Lasten des Verletzten, sondern die Folgen muß der Schädiger als Unfallfolgen tragen.

## V. Die einzelnen Schadensarten

### 1. Der Sachschaden

*a) Finanzierungsfragen*

Die Beseitigung des Fahrzeugschadens ist für den Geschädigten, wenn er nicht über Geldreserven verfügt, zunächst ein finanzielles Problem, wenn die Reparatur- und Mietwagenkosten erheblich sind oder wegen Totalschadens ein neues Fahrzeug angeschafft werden muß. Bis von dem Ersatzpflichtigen bzw. seinem Haftpflichtversicherer die erste Zahlung eingeht, vergehen meist Monate. Oft bequemt sich leider der Schadensverursacher nicht zu einer klaren Sachdarstellung gegenüber seiner Versicherung. Dann wartet die Versicherungsgesellschaft ab, bis sie einen Aktenauszug der Ermittlungsakten der Staatsanwaltschaft vorliegen hat, zumal wenn der Schädiger aus Furcht vor Bestrafung seine Schuld bestreitet. Inzwischen drängen die Reparaturwerkstatt und der Mietwagenunternehmer auf Bezahlung ihrer Rechnungen. Nicht jeder Geschädigte kann sich inzwischen einen Bankkredit beschaffen.

Angesichts dieser Schwierigkeiten sind Reparaturwerkstätten und Mietwagenunternehmer auf den Gedanken gekommen, diese Kosten – teils in Verbindung mit Bankinstituten – vorzufinanzieren und sich zu ihrer Sicherung die Ersatzansprüche des Geschädigten gegen den Schadensverursacher abtreten zu lassen. Soweit wäre gegen diesen Ausweg nichts einzuwenden, wenn es bei einer reinen Sicherungsabtretung bliebe und der Geschädigte die Beitreibung seiner Ansprüche in der Hand behielte. Manche Werkstätten sind aber noch einen gefährlichen Schritt weitergegangen. Als eine Art Kundendienst übernehmen sie die „Betreuung" des Unfallgeschädigten bei der Abwicklung des gesamten Schadens. Diese Methode wirbt Kunden, weil erfahrungsgemäß mancher Geschädigte am liebsten nichts mehr von dem ganzen Schaden hören und sehen will, wenn ihm zugleich die finanzielle Bürde abgenommen wird. Aber ist diese Betreuung auch immer sachgemäß? Sie birgt die Gefahr, daß die „Betreuer" in erster Linie daran denken, ihre eigenen Kosten so schnell wie möglich herauszubekommen, und die übrigen Schadensposten, die der Geschädigte durchsetzen könnte, außer Betracht lassen oder vernachlässigen, so daß dann ein für den Geschädigten sehr magerer Vergleich herauskommt. Für die Befreiung von der Last der Schadensregulierung und für die Vorfinanzierung seines Schadens zahlt er dann in Wirklichkeit sehr viel. Außerdem ist diese Art der Betreuung bei der Schadensabwicklung, welche die Rechtsvertretung des Geschädigten einschließt, eine „Besorgung fremder Rechtsangelegenheiten" und als solche verboten und strafbar (Gesetz zur Verhütung von Mißbräuchen auf dem Gebiete der Rechtsberatung). Eine Abtretung der Ansprüche des Geschädigten zu dem Zweck, daß der Abtretungsempfänger dessen rechtliche Betreuung übernimmt, ist nichtig. Und das mit Recht. Der Inhaber einer Reparaturwerkstatt oder eines Mietwagenunternehmens mag praktische Erfahrungen bei der Abwicklung von Unfallschäden haben, er ist aber trotzdem kein Rechtskundiger. Außerdem ist er nicht wie ein Rechtsanwalt der scharfen Kontrolle bei dieser Tätigkeit unterworfen, und er hat nicht die Standespflichten des Rechtsanwalts zu wahren. Er braucht auf Interessenkonflikte nicht zu achten wie der Rechtsanwalt. Die Folge ist, daß sich leicht Praktiken einschleichen, durch die entweder der betreute Unfallgeschädigte zu kurz kommt oder der Schaden zu Lasten des Haftpflichtversicherers des Schädigers zu hoch „frisiert" wird. Das ist gewiß nicht immer der Fall, aber die Gefahr ist erheblich, und ein Aufsichtsorgan für diese „Betreuer" gibt es nicht. Selbst wenn diese Unternehmer einen Rechtsanwalt beauftragen, kann dieser leicht in einen Interessenkonflikt zwischen seinem Auftraggeber und dem Unfallgeschädigten geraten. Er müßte dann das Mandat niederlegen.

All diese Erwägungen lassen es ratsam erscheinen, daß der Unfallgeschädigte die Abwicklung seines Schadens selbst in der Hand behält und einen Anwalt beauftragt. Sein Anwalt wird dann schon den geeigneten Weg finden. Nichts ist dagegen einzuwenden, daß die Reparaturwerkstatt und das Mietwagenunternehmen sich die Ansprüche des Geschädigten in Höhe der Reparatur- und Mietwagenkosten sicherungshalber abtreten lassen, wenn der Geschädigte nicht sogleich zahlen kann. Die Abwicklung des Schadens sollte aber in der Hand des Geschädigten und des Anwalts seines Vertrauens bleiben. In der Regel wird der Haftpflichtversicherer des Schädigers auch bereit sein, einen angemessenen Vorschuß zu zahlen, der allerdings zurückzuzahlen ist, soweit sich nach Abschluß der Ermittlungen oder eines Gerichtsverfahrens herausstellt, daß der Geschädigte keine Ansprüche hat. Diese Gefahr, am Schluß doch zahlen zu müssen, läuft der Geschädigte aber auch, wenn er seine Ansprüche an die Reparaturwerkstatt oder das Mietwagenunternehmen abgetreten hat und sich nachher herausstellt, daß seine Ansprüche nicht berechtigt sind.

Die Werbung von sogenannten „Unfallhelfern" (Werkstätten, Mietwagenunternehmen usw.) am Unfallort ist wettbewerbswidrig und daher verboten. Es verstößt gegen gute Wettbewerbsitten, Verkehrsunfallbeteiligte am Unfallort mit dem Ziel anzusprechen, sie zum Abschluß eines Reparatur- oder Automietvertrages zu veranlassen (BGH I ZR 23 und 50/74 – NJW 1975, 689, 691). Ob für Abschleppdienste eine Ausnahme zu machen ist, ließ der Bundesgerichtshof unentschieden.

## b) Der Fahrzeugschaden

Nach einem erheblichen Unfallschaden, der nicht nur ein Blechschaden ist, tritt an den Geschädigten zunächst die Frage heran, ob sein Fahrzeug noch reparaturwürdig ist oder eine Neuanschaffung notwendig wird, d. h. die Anschaffung eines gleichwertigen Fahrzeugs, also in der Regel eines Gebrauchtwagens. Das kann nur ein Sachverständiger entscheiden und muß eiligst festgestellt werden, damit sich nicht durch den Nutzungsausfall des Geschädigten am unfallbetroffenen Fahrzeug der Schaden erhöht. Da der Geschädigte verpflichtet ist, den Schaden so niedrig wie möglich zu halten (vgl. S. 147), muß er sich sofort darum bemühen, daß entweder der Haftpflichtversicherer des Ersatzpflichtigen einen Sachverständigen zum Unfallwagen schickt oder ein vereidigter Sachverständiger in seinem Auftrage tätig wird. Am besten wird ein in Verkehrssachen erfahrener Anwalt die geeigneten Sachverständigen kennen. Auch die Industrie- und Handelskammer und der TÜV geben Auskunft.

Ein *technischer Totalschaden* liegt vor, wenn es unmöglich ist, das Fahrzeug wieder in einen verkehrstauglichen Zustand zu versetzen. Ist die Wiederherstellung nur mit unverhältnismäßigen Aufwendungen möglich, dann spricht man von einem *wirtschaftlichen Totalschaden*. In beiden Fällen besteht die Geldentschädigung für den reinen Sachschaden in dem Ersatz des Wiederbeschaffungswerts, den das Fahrzeug vor dem Unfall hatte (vgl. S. 152). Man nennt das Abrechnung auf Totalschadenbasis.

Unverhältnismäßig sind Reparaturaufwendungen dann, wenn die Kosten der Reparatur zuzüglich eines auch nach sachgemäßer Instandsetzung verbleibenden Minderwerts (s. S. 156) die Kosten der Wiederbeschaffung eines gleichwertigen Fahrzeugs abzüglich des Restwerts des Unfallwagens (Wracks) erheblich übersteigen, wobei in der Rechtsprechung eine Überschreitung bis zu 30% als noch zumutbar zugelassen worden ist (OLG Celle 5 U 158/66 – DAR 1967, 216). Bei dem Kostenvergleich sind auch die Mietwagenkosten zu berücksichtigen, die einerseits während der Reparaturdauer, andererseits während der für die Ersatzbeschaffung erforderlichen Zeit entstehen.

Ist ein Totalschaden nicht eingetreten, das Ausmaß der Schäden aber sehr erheblich, so braucht sich der Geschädigte mit einer Reparatur nicht zufriedenzugeben, wenn auch nach sorgfältiger Reparatur die Gefahr eines die Fahrsicherheit beeinträchtigenden verborgenen Schadens verbleibt. Der Geschädigte kann also den Wagen verkaufen und den Differenzbetrag zwischen dem Wiederbeschaffungswert des Fahrzeugs vor dem Unfall und dem Verkaufserlös verlangen, ohne sich dem Vorwurf auszusetzen, daß er gegen seine Pflicht, den Schaden möglichst niedrig zu halten, verstoße. Dabei ist es grundsätzlich gleichgültig, ob der Geschädigte den Wagen weitergefahren hätte, wenn der Schaden eingetreten wäre, ohne daß ein Ersatzpflichtiger vorhanden wäre, der Geschädigte also aus eigener Tasche zahlen müßte. Selbst wenn er in diesem Falle die Anschaffungskosten für einen neuen Wagen nicht aufgewendet hätte, z. B. weil ihm die Mittel fehlten, folgt daraus nicht, daß er den von einem andern zu vertretenden Schaden selbst tragen muß, indem er das mit der Weiterbenutzung verbundene Risiko selbst auf sich nimmt. Es ist ihm nicht zuzumuten, eine für den Unfallschaden verantwortliche Person dadurch finanziell zu entlasten, daß er einen risikobehafteten Wagen weiterbenutzt (BGH VI ZR 139/60 – NJW 1961, 1571).

Wenn dagegen die Reparatur technisch einwandfrei und ohne das Risiko erheblicher Mängel, welche die Betriebssicherheit beeinflussen können, möglich ist und den Wiederbeschaffungswert nicht erheblich übersteigt, dann muß sich der Geschädigte mit der Reparatur zufriedengeben. Schafft er sich trotzdem einen neuen Wagen an, so erhält er jedenfalls vom Ersatzpflichtigen nur die Reparatur des alten Wagens ersetzt. Anders ist es allerdings, wenn der Unfall ein fast neuwertiges Fahrzeug betroffen hat, das Ausmaß der Unfallschäden erheblich ist und nach den Verhältnissen, in denen der Geschädigte lebt, anzunehmen ist, daß er sich nach dem Unfall auch dann nicht mit der Reparatur zufriedengegeben, sondern ein neues Fahrzeug angeschafft hätte, wenn kein anderer ihm den Schaden ersetzen müßte. Er kann dann den Ersatz des Wiederbeschaffungswerts gegen Herausgabe des Unfallwagens auch dann verlangen, wenn kein Totalschaden eingetreten ist. War der Wagen im Unfallzeitpunkt fabrikneu, dann ist die Reparatur und Weiterbenutzung in der Regel unzumutbar. Dann kann Geldentschädigung in Höhe des Neuwertes (einschließlich der für die Neuanschaffung aufzuwendenden Kosten der Überführung und Neuzulassung usw.) verlangt werden, Zug um Zug gegen Herausgabe des Unfallwagens an den Ersatzpflichtigen (OLG Düsseldorf 1 U 163/61 – VersR 1962, 1111). Das gilt aber selbst bei einem fabrikneuen Fahrzeug dann nicht, wenn durch den Unfall wirklich nur reine Blechschäden entstanden sind, die sich restlos beseitigen lassen. Dann kann der Geschädigte nicht damit gehört werden, daß er nun einmal kein Fahrzeug fahren wolle, das durch einen Unfall auch noch so geringfügiger Art betroffen ist, und ein neues Fahrzeug haben wolle. Der reine „Affektionswert", der darin besteht, nur ein gänzlich unfallfreies Fahrzeug zu fahren, wird nicht ersetzt. Der Geschädigte kann also nicht seinen Wagen verkaufen, einen neuen Wagen anschaffen und folgende Rechnung aufstellen: Kaufpreis des neuen Wagens 6700,– DM, Verkaufserlös des Unfallwagens abzüglich Umsatzsteuer 5280,– DM, also Schaden: 1420,– DM, wenn die restlose Beseitigung der Blechschäden nur 700,– DM gekostet hätte.

Ist ein Totalschaden eingetreten, dann wird, wie gesagt, der Wiederbeschaffungswert des Wagens vor dem Unfall ersetzt. Dieser Wert entspricht dem Betrag, für den sich der Geschädigte auf dem Gebrauchtwagenmarkt einen Wagen gleichen Typs, gleichen Alters und gleicher Beschaffenheit erwerben kann. Diese Schadensabwicklung ist allerdings für den Geschädigten oft sehr problematisch. Genau den gleichen Wagen, den er hatte, bekommt er nicht oder nur durch Zufall. Den Gebrauchtwagen, den er kauft, kennt er nicht, während er die Eigenschaften seines Wagens genau kannte. Jeder Gebrauchtwagenkauf ist ein Risikogeschäft. Gebrauchtwagen haben ihre verborgenen Mängel, die selbst ein Sachverständiger nicht unbedingt erkennen kann. Trotzdem werden die Geschädigten in der Mehrzahl der Fälle mit dem Wiederbeschaffungswert abgespeist. Einzelne Gerichte haben ihnen noch einen „Risikozuschlag" zugebilligt, weil eben wegen dieser Risiken der Gebrauchswert des eigenen Wagens für den Geschädigten höher ist als sein Verkehrswert bei einem Verkauf, den der Sachverständige als Wiederbeschaffungswert veranschlagt.

Leider hat sich diese Rechtsprechung einiger Land- und Oberlandesgerichte aber noch nicht allgemein durchgesetzt. Andere Gerichte haben dem Geschädigten auf einem andern Wege zu helfen versucht: Wenn der Geschädigte nachweisen kann, daß er sich stets nur fabrikneue Fahrzeuge gekauft hat, niemals einen Gebrauchtwagen, dann soll er sich ein fabrikneues Fahrzeug anstelle des Unfallwagens anschaffen können. Zwar könne er dem Ersatzpflichtigen nur den Wiederbeschaffungswert des Unfallwagens in Rechnung stellen und müsse die Differenz zum Neuwagen selbst tragen. Aber er könne als Schaden auch die Mietwagenkosten während der Lieferzeit des fabrikneuen Fahrzeugs in Ansatz bringen, ferner die Kosten einer Finanzierung des neuen Wagens. Voraussetzung dafür sei allerdings, daß der Geschädigte ohne den Unfall erst zu einem späteren Zeitpunkt ein neues Fahrzeug gekauft hätte und dann die Mittel dafür – ohne Inanspruchnahme eines Kredits – gehabt hätte, diese ihm aber zur Zeit des Unfalls fehlten. Das muß der Geschädigte nachweisen.

Bei schweren Unfallschäden, bei denen die Reparaturkosten an der Grenze des Wiederbeschaffungswerts liegen, ist es manchmal trotz Zuziehung eines Sachverständigen schwer zu überblicken, ob die Reparatur des beschädigten Fahrzeugs oder die Anschaffung eines andern Fahrzeugs wirtschaftlicher ist. Bei der Reparatur können sich weitere Unfallschäden herausstellen; die Reparaturdauer ist nicht vorauszusehen, in der Werkstatt können betriebsbedingte Verzögerungen eintreten, die Mietwagenkosten während der Reparaturdauer steigen dann unvorhergesehen an. Auch der nach der Reparatur verbleibende Minderwert läßt sich oft nicht vorausberechnen. Andererseits dauert, wenn sich der Geschädigte zum Erwerb eines anderen Fahrzeugs entschließt, dessen Beschaffung manchmal länger als erwartet. Wählt in einem solchen Falle der Geschädigte den Weg, der sich bei nachträglicher Betrachtung als der teurere herausstellt, dann darf ihm das nicht zum Nachteil gereichen. Die Zwangslage, in die er durch den Unfall geraten ist, ist nicht von ihm, sondern vom Verursacher des Unfalls zu vertreten, der daher auch den Schaden ersetzen muß, der durch die Wahl einer Schadensbeseitigung, die sich nachher als die teurere herausstellt, entsteht (BGH VI ZR 61/71 – NJW 1972, 1800).

Zur Bestreitung der Reparaturaufwendungen muß der Geschädigte eigene Geldmittel jedenfalls dann aufwenden, wenn sie für ihn frei verfügbar sind und dadurch ein unverhältnismäßig hoher

Schaden abgewendet werden kann. Er darf also nicht, um die Barzahlung aus eigenen Mitteln, über die er noch nicht anderweitig disponiert hat, zu vermeiden, die Reparatur hinauszögern und inzwischen einen Mietwagen nehmen. Auch Finanzierungskosten, z. B. bei Neuanschaffung eines Fahrzeugs, kann er dem Ersatzpflichtigen nur dann in Rechnung stellen, wenn sie notwendig waren. Dies ist nicht der Fall, wenn er einen laufenden Bankkredit in Anspruch nehmen kann und dieser billiger ist.

Wird das Fahrzeug repariert, dann besteht grundsätzlich ein Anspruch darauf, daß alle unfallbedingten Schäden restlos beseitigt werden, auch Schönheitsfehler, soweit dies ohne unverhältnismäßig hohe Aufwendungen möglich ist. Würde beim Ersatz einzelner Blechteile ein Farbtonunterschied nach der Teillackierung verbleiben, dann kann grundsätzlich Ganzlackierung des Fahrzeugs verlangt werden. War der Lack allerdings schon vor dem Unfall nicht mehr einwandfrei, dann muß der Geschädigte sich den Mehrwert anrechnen lassen, der durch die Neulackierung seines Fahrzeugs entsteht. Auch kann nicht bei jeder kleinen Lackschramme eine Ganzlackierung des Fahrzeugs verlangt werden, jedenfalls dann nicht, wenn das Fahrzeug nicht mehr neuwertig und der Unfall nicht etwa vorsätzlich oder grob fahrlässig herbeigeführt ist. Allenfalls kann, wenn nach Beseitigung eines kleinen Lackschadens ein Farbtonunterschied eintritt, ein angemessener Geldausgleich für die Wertminderung verlangt werden.

Der Grundsatz, daß der Geschädigte durch das Schadensereignis nicht ärmer und nicht reicher werden soll, führt weiter dazu, daß Wertverbesserungen des Fahrzeugs, die sich bei der Reparatur ergeben, durch den sogenannten Abzug »neu für alt« ausgeglichen werden müssen. Das ist aber bei dem Ersatz von Fahrzeugteilen nur in beschränktem Umfang der Fall. Es kommt nämlich nicht entscheidend darauf an, ob die neu eingebauten Teile als solche wertvoller sind als die wegen Unfallbeschädigung ausgewechselten alten Teile, sondern ob durch den Einbau der neuen Teile der Wert des gesamten Fahrzeugs erhöht wird, denn nur davon hätte der Geschädigte einen Vorteil. Beim Ersatz langlebiger Teile, die während der üblichen Benutzungsdauer des Fahrzeugs nicht ausgewechselt zu werden pflegen, tritt im allgemeinen keine Werterhöhung des Fahrzeugs ein, es sei denn, die neuen Teile stellten eine technische Verbesserung dar. Eine Wertverbesserung kann allerdings auch dadurch hervorgerufen werden, daß die neuen Teile einer Änderung der Mode oder des Geschmacks Rechnung tragen. So kommt es vor, daß das Herstellerwerk bei Fahrzeugen eines neuen Baujahrs das Kühlergitter ändert. Wird eine solche Neuerung bei der Unfallreparatur an dem Fahrzeug des vorangegangenen Baujahrs angebracht, so kann dies eine Werterhöhung durch Anpassung an die neue Geschmacksrichtung mit sich bringen. Wenn dies aber zwangsläufig geschieht, weil das alte Gitter nicht mehr lieferbar ist, so wäre es unbillig, dem Geschädigten diese Neuerung aufzuzwingen und von ihm einen Ausgleich zu verlangen.

Bei dem Ersatz lebenswichtiger Teile, wie des Motors oder von Achsteilen, kann – besonders bei einem älteren Fahrzeug – eine Wertverbesserung eintreten, die der Geschädigte billigerweise ausgleichen muß. Das gilt besonders, wenn dem Geschädigten dadurch Aufwendungen erspart werden, die er in Bälde ohnehin hätte machen müssen. Das kann insbesondere bei dem Ersatz der Reifen, der Batterie und der Bremsbeläge der Fall sein, ferner beim Ersatz von Teilen, die wegen einer Änderung der gesetzlichen Bau- und Ausrüstungsvorschriften in Kürze durch vorschriftsmäßige hätten ersetzt werden müssen und nun anläßlich der Unfallreparatur ersetzt werden.

Wird durch die Unfallreparatur die Lebensdauer des Fahrzeugs verlängert, so ist dies ein wirtschaftlicher Vorteil, den sich der Fahrzeugeigentümer anrechnen lassen muß. Allerdings ist im Einzelfall zu prüfen, ob ein wirtschaftlicher Vorteil gerade für diesen Geschädigten und für diesen Fahrzeugtyp eintritt. Bei dem raschen Fortschritt der technischen Entwicklung und der schnellen Änderung der Mode und des Geschmacks ist eine Verlängerung der Lebensdauer eines Fahrzeugs um einige Jahre nicht immer ein wirtschaftlicher Vorteil, weil das Fahrzeug bis dahin veraltet und entwertet sein kann. Auch die persönlichen Verhältnisse des Geschädigten können einen Vorteil ausschließen, so, wenn er sich wegen seines hohen Lebensalters sowieso kein neues Fahrzeug mehr angeschafft hätte. Immer kommt es hier nur auf den Gebrauchswert für den Geschädigten an, nicht auf den Verkaufswert, wenn der Geschädigte das Fahrzeug nicht verkaufen will.

Wird ein Ersatzteil als werterhöhend anerkannt, so darf nur die Wertdifferenz der Materialteile, nicht der Arbeitslohn für die Auswechslung als werterhöhend berücksichtigt werden.

Ein Abzug „neu für alt" von der Schadensrechnung ist für den Geschädigten dann unzumutbar und daher unzulässig, wenn er wirtschaftlich nicht in der Lage ist, den Differenzbetrag für die Wertverbesserung aufzubringen, und sie ihm nun durch den von ihm nicht verschuldeten Unfall aufgezwungen werden soll.

Im einzelnen stellen grundsätzlich keine Wertverbesserungen

dar: Ersatz der Blechteile, wenn die alten nicht schon angerostet waren; der Chromteile, wenn der Chromüberzug der alten noch einwandfrei war; ferner der Türen, der Motorhaube, des Kofferdeckels, der Beleuchtungsteile, Stoßstangen und Zierleisten. Werterhöhend ist dagegen in der Regel der Ersatz wichtiger Verschleißteile des Motors, der Ersatz abgenutzter Reifen, wobei es auf den Abnutzungsgrad ankommt, und die vollständige Neulackierung, wenn der Lack nicht mehr neuwertig war.

Dies gilt alles für den Abzug »neu für alt« bei der Haftpflichtschadenregulierung. Für die Abwicklung von Kaskoschäden, die zwischen dem Kaskoversicherer und dem Versicherungsnehmer nach den Allgemeinen Bedingungen für die Kraftverkehrsversicherung (AKB) erfolgt, gelten besondere Grundsätze. Hier wird – anders als im Haftpflichtrecht – nicht auf eine Werterhöhung des ganzen Fahrzeugs abgestellt, sondern auf die Bewertung der einzelnen ausgewechselten Teile. Deshalb kann die Kaskoschadenabwicklung für den Geschädigten ungünstiger ausfallen als seine Haftpflichtschadenabrechnung mit dem Haftpflichtversicherer des Ersatzpflichtigen (= Unfallverursachers).

Wenn ein Unfall nicht auf Totalschadenbasis, sondern auf Reparaturkostenbasis abgerechnet wird, dann hat der Geschädigte nicht nur Anspruch auf Ersatz der Reparaturaufwendungen und einer etwa notwendigen Finanzierung der Reparatur, sondern auch auf Ersatz des nach der Reparatur noch verbleibenden Minderwerts des Fahrzeugs, der durch den Unfall eingetreten ist. Bei diesem Minderwert unterscheiden wir zwischen dem technischen und dem merkantilen Minderwert. Die *technische Wertminderung* ist eine auch nach einwandfrei durchgeführter Reparatur noch verbleibende Beeinträchtigung des Gebrauchswerts, welche die Betriebssicherheit, die Lebensdauer oder auch das Aussehen des Fahrzeugs beeinflussen kann. Der Gebrauchswert ist beeinträchtigt, wenn nicht die volle ursprüngliche Betriebssicherheit hergestellt ist, wenn also Mängel der Betriebssicherheit zurückgeblieben sind. Darunter sind allerdings nicht Mängel zu verstehen, welche die Verkehrssicherheit in Frage stellen, denn ein nicht völlig verkehrssicheres Fahrzeug darf im Straßenverkehr überhaupt nicht benutzt werden.

Ein technischer Minderwert liegt vor, wenn beschädigte Teile nicht durch neue ersetzt, sondern geschweißt, gerichtet oder in anderer Weise instand gesetzt worden sind; ferner wenn die Karosserie in sich verzogen ist, so daß die Türen nicht mehr mühelos schließen, oder wenn die Achslage verändert ist. So hat das Oberlandesgericht Düsseldorf (4 U 89/57) bei einem Borgward-Isabella-

Pkw, der 30 000 km gelaufen war, die Verschiebung der Lage der Hinterachse um 2 mm als technische Wertminderung angesehen, obwohl das Herstellerwerk für Veränderungen an der Hinterachse eine Toleranz von 3 mm angibt. Für die verzogene Karosserie wurde ein Schadensbetrag von 200,- DM als technische Wertminderung zugebilligt.

Auch Schönheitsfehler, wie Farbunterschiede im Lack, die nach Teillackierung entstehen, sind eine technische Wertminderung, für die Ersatz zu leisten ist.

Anders als die technische ist die *merkantile* (auch *»kommerzielle«*) *Wertminderung* eine trotz einwandfreier und alle technischen Mängel beseitigender Reparatur dennoch verbleibende Minderung des Verkaufswertes des Fahrzeugs, die allein darauf beruht, daß dem reparierten Fahrzeug der Makel eines »Unfallwagens« anhaftet, der sich beim Verkauf als Gebrauchtwagen in einer Preisminderung auswirkt. Diese Wertminderung beruht darauf, daß bei einem großen Teil des am Erwerb von Gebrauchtwagen interessierten Publikums eine Abneigung gegen Unfallwagen besteht, weil der Verdacht verborgener Mängel, die auch der Sachverständige nicht erkennen kann, ein den Preis beeinflussendes Mißtrauen erzeugt. Dabei ist es gleichgültig, ob dieses Mißtrauen im Einzelfall berechtigt ist. Das Mißtrauen besteht nun einmal bei Unfallwagen, wenn es sich nicht nur um kleine Lackschäden handelt.

Der merkantile Minderwert bestimmt sich im Gegensatz zum technischen nur aus dem Blickwinkel des Kaufinteressenten, dem eines Tages einmal der Wagen angeboten wird. Der Besitzer eines Unfallwagens muß nämlich bei einem Verkauf, auch wenn er erst längere Zeit nach dem Unfall erfolgt, dem Käufer offenbaren, daß der Wagen einen Unfall gehabt hat, auch wenn die technischen Unfallschäden offenbar behoben sind. Die Unterlassung von Angaben über den Unfall kann selbst dann, wenn beim Verkauf die Mängelgewährleistung ausgeschlossen worden ist, die Anfechtung des Kaufs wegen arglistiger Täuschung zur Folge haben, wenn der Käufer nachträglich erfährt, daß das Fahrzeug doch einen Unfall gehabt hat. Keinesfalls darf der Verkäufer die Frage des Kaufinteressenten, ob das Fahrzeug einen Unfall gehabt hat, wahrheitswidrig verneinen. Diese Offenbarungspflicht über Art und Schwere erlittener Unfälle hat die merkantile Wertminderung eines Unfallwagens zwingend zur Folge, solange im Gebrauchtwagenhandel die Abneigung gegen Unfallwagen verbreitet ist. Es kommt nicht darauf an, ob im Einzelfall die Abneigung der Gebrauchtwagenkäufer gegen Unfallwagen vernünftig ist, sondern darauf, daß diese Abneigung nun einmal besteht und den Preis drückt. Darin liegt ein Schaden, der durch den Unfall verursacht worden und daher dem Unfallgeschädigten von dem Verursacher des Unfalls zu ersetzen ist. Im übrigen ist diese Abneigung gegen Unfallwagen auch gar nicht so unvernünftig. Der Kauf eines Gebrauchtwagens birgt nun einmal Risiken, insbesondere das Risiko verborgener Mängel. Wenn schon der Geschädigte, der den Unfall und die nachfolgende Reparatur erlebt hat, vielfach mit verborgenen Mängeln rechnen muß, so kommt beim Käufer des Unfallwagens noch die Unsicherheit über die Vollständigkeit und Zuverlässigkeit der Angaben des Verkäufers über Art und Umfang des Unfalls hinzu.

Dieser merkantile Minderwert des Unfallwagens ist dem Geschädigten ohne Rücksicht darauf zu ersetzen, ob er den Wagen behalten oder verkaufen will. Er weiß dies im Zeitpunkt der Schadensregulierung meist selbst noch nicht.

Die Höhe der merkantilen Wertminderung hängt von den Preisverhältnissen auf dem Gebrauchtwagenmarkt ab. Bei Komfortwagen ist die Wertminderung in der Regel höher einzuschätzen. Im übrigen hängt die Höhe der merkantilen Wertminderung von Art und Umfang der Reparaturarbeiten ab. Die technischen Sachverständigen pflegen die Wertminderung nach einem Prozentsatz des Zeitwerts zu schätzen; im allgemeinen wird ein Satz von 10% des Zeitwerts als Höchstgrenze angenommen. Diese schematische Schätzung ist an sich nicht richtig. Maßgebend ist die Anschauung der Käuferkreise im Gebrauchtwagenhandel. Es kommt darauf an, was dort für den betreffenden Wagen erzielt werden kann. Lange Lieferfristen für einen bestimmten Typ machen oft einen sofort greifbaren Wagen so begehrt, daß die Wertminderung dadurch aufgehoben ist. Umgekehrt wird sich bei reichlich angebotenen und wenig gefragten Wagen die Wertminderung stärker auswirken. Beispiele zu bringen hat wenig Sinn, weil sich die Verhältnisse auf dem Gebrauchtwagenmarkt ständig ändern, auch bezüglich der einzelnen Typen. Am besten gibt der Gebrauchtwagenhändler Auskunft.

### c) *Mietwagenkosten, Nutzungsausfall*

Sind die Reparaturkosten und die technische und merkantile Wertminderung ermittelt, so bleiben als weiterer Schadensposten noch die Mietwagenkosten oder, wenn ein Mietfahrzeug nicht in Anspruch genommen worden ist, der Ersatz des Nutzungsausfalls am eigenen Fahrzeug während der Reparaturdauer oder für die Zeit, die zur Ersatzbeschaffung eines andern Fahrzeugs erforderlich war.

## Die einzelnen Schadensarten

Wem durch einen Unfall sein Fahrzeug entzogen worden ist, der hat gegen den Unfallverursacher Anspruch auf Herstellung des Zustandes, der ohne den Unfall bestehen würde, also grundsätzlich auf Gestellung eines gleichwertigen Fahrzeugs während der Reparaturdauer oder bis zum Eintreffen eines als Ersatz angeschafften Fahrzeugs. In der Praxis wird es aber nicht so gehandhabt, daß der Ersatzpflichtige ein Fahrzeug stellt, sondern daß der Geschädigte ein Fahrzeug mietet und dem Ersatzpflichtigen die Kosten in Rechnung stellt. Das hat freilich den Nachteil, daß er die Kosten vorstrecken muß.

Für diesen Anspruch spielt es keine Rolle, ob der Geschädigte sein Fahrzeug bisher beruflich oder privat benutzt hat. In beiden Fällen kann er in gleicher Weise ein Mietfahrzeug in Rechnung stellen, also auch für Sonntage. Dem Geschädigten wird nicht zugemutet, auf öffentliche Verkehrsmittel auszuweichen. Freilich darf er das Mietfahrzeug nicht auf Kosten des Schädigers in erheblich größerem Umfang benutzen, als er dies mit seinem eigenen Fahrzeug ohne den Unfall getan hätte. Auch darf er kein teureres Fahrzeug mieten, sondern muß sich auf den Typ seines Fahrzeugs beschränken. Sonst bekäme er mehr, als er ohne den Unfall gehabt hätte.

Der Geschädigte kann nicht nur berechtigt, sondern sogar verpflichtet sein, die Kosten für ein Mietfahrzeug aufzuwenden, wenn diese niedriger sind als der Verdienstausfall, den er ohne Benutzung eines Mietfahrzeugs haben würde.

Das Mietfahrzeug braucht nicht unbedingt bei einem gewerbsmäßigen Vermieter gemietet zu werden, wenn die Gelegenheit besteht, es zu nicht ungünstigeren Bedingungen privat zu mieten. Nur ist der Nachweis der Mietwagenkosten bei gewerbsmäßiger Vermietung leichter und unbedenklicher zu führen.

Auch für die Mietwagenkosten gilt der Grundsatz, daß der Geschädigte bemüht sein muß, den Schaden so niedrig wie möglich zu halten und den Ersatzpflichtigen nicht mit unverhältnismäßig hohen Aufwendungen zu belasten. Wenn z. B. ein Fahrzeug gleichen Typs erst von Amerika beschafft werden müßte, dann muß der Geschädigte sich mit einem in Deutschland erhältlichen Fahrzeug mit ähnlichem Fahrkomfort begnügen.

Um die Dauer der Inanspruchnahme eines Mietwagens abzukürzen, muß der Geschädigte sich unverzüglich nach dem Unfall um die Schadensfeststellung kümmern, insbesondere darum, ob eine Reparatur sich lohnt oder ein anderes Fahrzeug – sei es ein Gebrauchtwagen oder ein neuer Wagen – beschafft werden muß. Darum muß er sich selbst um einen Kraftfahrzeugsachverständigen bemühen, wenn der Ersatzpflichtige bzw. seine Versicherungsgesellschaft nicht schon einen Sachverständigen mit der Besichtigung des Unfallwagens beauftragt hat. Es empfiehlt sich, mit der Haftpflichtversicherung des Ersatzpflichtigen abzustimmen, ob der vom Geschädigten in Aussicht genommene Sachverständige von der Versicherung anerkannt wird. Sonst entstehen doppelte Sachverständigenkosten, die unter Umständen nicht bezahlt werden.

Steht nach der Prüfung des Fahrzeugzustandes fest, daß das Fahrzeug reparaturwürdig ist und dem Geschädigten die Weiterbenutzung nach der Reparatur zugemutet werden kann (vgl. S. 151), dann muß der Geschädigte den Reparaturauftrag sofort erteilen, und er muß sich bei der Reparaturwerkstatt darum kümmern, daß die Arbeiten unverzüglich in Angriff genommen und zügig durchgeführt werden, damit die Mietwagenkosten nicht unnötig anwachsen. Allerdings ist auch der Ersatzpflichtige – und zwar nach richtiger Ansicht in erster Linie gerade er, der den Unfallschaden verursacht und zu vertreten hat – zur schnellen Aufklärung von Art und Umfang des Fahrzeugschadens und zur Beschleunigung der Wiederherstellung des Fahrzeugs verpflichtet. Hat der Haftpflichtversicherer des Ersatzpflichtigen die Begutachtung durch einen Sachverständigen in die Hand genommen, dann darf der Geschädigte sich darauf verlassen, daß dies ohne Verzögerung geschieht. Wenn aber der Ersatzpflichtige und seine Versicherung untätig sind, dann darf der Geschädigte nicht die Hände in den Schoß legen und inzwischen Mietwagenkosten in nicht zu vertretender Höhe auflaufen lassen.

Den Reparaturauftrag wird der Geschädigte in aller Regel schon im eigenen Interesse selbst erteilen, da es sich um seinen Wagen handelt, den er nachher weiterfahren will. Grundsätzlich muß die nächste Reparaturwerkstatt beauftragt werden. Handelt es sich um ein fast neues Fahrzeug, dann darf die Vertragswerkstatt des Herstellerwerks beauftragt werden, auch wenn die Reparatur dadurch länger dauert. Der Geschädigte muß die Reparaturwerkstatt unter Hinweis auf die anfallenden Mietwagenkosten auf die Dringlichkeit der Reparatur aufmerksam machen und auf Beschleunigung drängen. Tritt trotzdem bei der Reparaturwerkstatt eine Verzögerung ein, so gehen die dadurch entstehenden Mietwagenkosten zu Lasten des Ersatzpflichtigen, denn der Geschädigte hat ein Verschulden der Reparaturwerkstatt nicht zu vertreten. Es ist darum falsch, dem Geschädigten Mietwagenkosten nur für die vom Sachverständigen als erforderlich veranschlagte Reparaturdauer zuzubilligen, wenn die Reparatur trotz sofortiger Erteilung des Reparaturauftrages und trotz Drängens des Geschädigten länger dauert.

Für den Fall, daß ein Totalschaden vorliegt oder die Weiterbenutzung des Fahrzeugs nach Reparatur dem Geschädigten nicht zugemutet werden kann, muß sich dieser sofort um die Anschaffung eines Ersatzfahrzeuges bemühen. Die dem Geschädigten zur Überlegung und Suche nach einem Gebrauchtwagen gleichen Typs und Erhaltungszustandes eingeräumte Frist wird unterschiedlich mit zwei bis vier Wochen bemessen. Es kommt auf die örtlichen Verhältnisse und die Situation auf dem Gebrauchtwagenmarkt an.

Ist ein gleichwertiges Gebrauchtfahrzeug erst nach einer längeren Frist lieferbar oder kann der Geschädigte die Anschaffung eines fabrikneuen Fahrzeugs verlangen (vgl. S. 151), für das längere Lieferfristen bestehen, dann kann es ihm in der Regel nicht zugemutet werden, zur Ersparung von Mietwagenkosten während der Wartezeit einen anderen Wagen anzuschaffen, der sofort zu haben ist und den er bei Lieferung des Fahrzeugs, auf das er Anspruch hat, wieder veräußern müßte. Dieser umständliche Weg wäre mit unzumutbaren Risiken für ihn belastet. Grundsätzlich sind ihm also die Mietwagenkosten während der Lieferfrist bis zum Eintreffen des Wagens, auf den er Anspruch hat, zuzubilligen. Allerdings kann ihm, wenn vorauszusehen ist, daß die Mietwagenkosten sehr hoch werden, die Reparatur seines Wagens zugemutet werden, wenn dies billiger ist.

Die Mietwagenkosten werden nicht voll ersetzt. Der Geschädigte muß sich vielmehr anrechnen lassen, was er während der Benutzung des Mietwagens am eigenen Fahrzeug erspart. Das gilt sowohl für die Zeit der Reparatur des Unfallwagens als auch – wenn statt der Reparatur ein anderes Fahrzeug angeschafft werden soll – für die Dauer der Ersatzbeschaffung (Lieferzeit).

Diese Ersparnis – man nennt sie auch fälschlich „ersparter Eigenverschleiß", obwohl es auf den Verschleiß des Fahrzeugs weniger ankommt als auf die ersparten Betriebskosten – wird meist schematisch nach Prozenten der Mietwagenkosten berechnet, wobei 10 bis 20 Prozent von den reinen Mietwagenkosten (ohne Versicherungsanteile) gekürzt werden. Der von den Gerichten allgemein anerkannte Satz ist in der Regel 15 Prozent. An sich ist diese Berechnungsweise nicht richtig, aber sie ist bequem, und meist ergibt sich bei einer anderen – feineren – Berechnung kein zu Buche schlagender Unterschied.

Während das eigene Fahrzeug in der Reparaturwerkstatt stilliegt oder in der Zeit bis zur Lieferung eines neuen Fahrzeugs, in der ein Mietfahrzeug benutzt wird, hat der Geschädigte in der Tat gewisse Einsparungen, die er nicht haben würde, wenn es nicht zu dem Unfall gekommen wäre und er in dieser Zeit sein eigenes Fahrzeug weiterbenutzt hätte. Das ist ein wirtschaftlicher Vorteil, den er sich auf die Kosten für einen Mietwagen anrechnen lassen muß. Auch bei kurzer Reparaturdauer und bei kurzer Wartezeit auf ein neues Fahrzeug entsteht diese Ersparnis. Allerdings würde das Fahrzeug des Geschädigten ohne den Unfall in dieser kurzen Zeit nicht wesentlich abgenutzt und nicht nennenswert weniger wert geworden sein. Erspart werden aber auf jeden Fall Reifenverschleiß, Öl, Pflegekosten und die anteilig auf die mit dem Mietwagen gefahrenen Kilometer entfallenden Inspektions- und Reparaturkosten. Dafür sind Tabellen ausgerechnet worden, die bei den verschiedenen Wagentypen diese Kosten anteilig pro Kilometer angeben. Feste Betriebskosten, wie Garagenmiete, Versicherung, Steuer usw., werden während der Reparaturdauer nicht eingespart, bei Totalschaden jedoch, wenn der Wagen stillgelegt wird, Versicherung und Steuer.

Wer für die Beschädigung eines Kraftfahrzeugs Ersatz zu leisten hat, ist grundsätzlich auch verpflichtet, dem Geschädigten Geldersatz für den Nutzungsausfall des Kraftfahrzeugs zu leisten, wenn dieser auf die Inanspruchnahme eines Ersatzfahrzeugs (Mietwagen) verzichtet (BGHZ 40, 345; BGHZ 45, 212). Diese Rechtsprechung des Bundesgerichtshofs geht davon aus, daß die ständige Verfügbarkeit des eigenen Kraftfahrzeugs als geldwerter Vorteil und dessen vorübergehende Entziehung als Vermögensschaden anzusehen ist. Die für diesen Schaden zu leistende Entschädigung steht dem Geschädigten aber nur im Falle einer „fühlbaren" Nutzungsbeeinträchtigung zu. Ein Nutzungsausfallanspruch wird ihm daher versagt, wenn er seinen Wagen in der Reparaturzeit oder während der für die Ersatzbeschaffung eines gleichwertigen Fahrzeugs erforderlichen Zeit aus unfallunabhängigen oder auch aus unfallabhängigen Gründen nicht hätte nutzen können. Das bedeutet, daß die Vereitelung einer lediglich abstrakten Nutzungsmöglichkeit nicht zu entschädigen ist. Darum kann dem Geschädigten keine Nutzungsentschädigung zuerkannt werden, wenn er auch ohne den Unfall den Wagen nicht benutzt hätte, etwa wegen einer vorgeplanten Flugreise, aber auch wegen Bettlägerigkeit infolge des Unfalls (BGH VI ZR 40/67 – NJW 1968, 1778). Ein zu entschädigender fühlbarer Nutzungsausfall ist aber auch dann gegeben, wenn der geschädigte Eigentümer des Kraftfahrzeugs, der den beschädigten Wagen nicht selbst fährt, ihn zum Zwecke der Benutzung durch seine Familienangehörigen angeschafft hatte. Das gilt auch dann, wenn er rechtlich (z. B. aufgrund Unterhaltspflicht) nicht verpflichtet ist, seinen Familienangehörigen einen Wagen zu stellen, und wenn er selbst den Wagen nicht nur nicht fahren wollte, sondern mangels Fahrerlaubnis nicht fahren konnte, seine Familienangehörigen oder andere Personen ihn aber, wenn er nicht beschädigt worden wäre, gefahren hätten (BGH VI ZR 96/72 – NJW 1974, 33).

Die Höhe der Nutzungsentschädigung ist nicht gleichzusetzen mit den Kosten eines Mietwagens. Diese bilden lediglich einen Anhaltspunkt für die Berechnung des Gebrauchswerts eines Kraftfahrzeugs gleichen Typs für den privaten Gebrauch. Die Nutzungsentschädigung beträgt, grob gesagt, etwa 25 bis 30% der Mietwagenkosten. Im Interesse einer einheitlichen Berechnungsweise hat der Bundesgerichtshof (VI ZR 27/68 – NJW 1969, 1477) eine von Sanden und Danner ausgearbeitete Tabelle als brauchbare Grundlage für die Berechnung der Nutzungsentschädigung anerkannt. Diese Tabelle wird jetzt einheitlich von den Gerichten zugrunde gelegt. Sie ist in der bisher letzten Fassung veröffentlicht in der Zeitschrift „Versicherungsrecht" 1975, S. 972. Danach beträgt z. B. die tägliche Nutzungsentschädigung für einen VW 1303 bei einer täglichen Fahrstrecke von 40 km 13,55 DM, bei täglich 20 km 12,74 DM; für einen Opel Rekord L 1,7 l bei täglich 40 km 21,67 DM, bei täglich 20 km 19,66 DM; für einen Ford Taunus L 1,3 l bei täglich 40 km 18,43 DM, bei täglich 20 km 16,72 DM; für einen Daimler-Benz 230,6 Autom. bei täglich 40 km 29,32 DM, bei täglich 20 km 26,31 DM; für einen BMW 1802 bei täglich 40 km 23,36 DM, bei täglich 20 km 20,79 DM.

*d) Schaden an Kleidung und mitgeführten Sachen*

Ist Kleidung nicht nur geringfügig beschädigt, so braucht sich der Geschädigte in der Regel nicht mit einer Reparatur zu begnügen, denn es ist nicht zumutbar, geflickte Sachen zu tragen. Auch wenn Blutflecken bei der Reinigung nicht entfernt werden können, ist das Kleidungsstück meist wertlos. War das Kleidungsstück neuwertig, so kann der Geldbetrag für eine entsprechende Neuanschaffung verlangt werden. Bei den steigenden Preisen ist der Anschaffungspreis nicht immer die obere Grenze. Sind die Sachen inzwischen im Preise gestiegen, kann auch der höhere derzeitige Preis verlangt werden. Bei nicht mehr ganz neuwertigen Sachen muß der Geschädigte allerdings einen Abzug „neu für alt" hinnehmen. Es ist aber natürlich nicht der Verkaufswert des getragenen Kleidungsstücks zugrunde zu legen, denn für getragene Sachen bekommt man nichts. Anders als bei der Totalbeschädigung eines Kraftfahrzeugs kann natürlich auch nicht die Ersatzbeschaffung eines getragenen Kleidungsstücks zugemutet werden. Der Gebrauchswert des Kleidungsstücks vor dem Unfall ist schwer zu schätzen. Es kommt darauf an, wie lange der Geschädigte das Kleidungsstück ohne den Unfall getragen hätte und wie lange er es schon getragen hat. Da als Anhaltspunkt für den Wert vom Anschaffungspreis ausgegangen wird, zuzüglich eines etwaigen Zuschlags für Preissteigerungen, ist es wichtig, die Rechnung über die Anschaffung noch zu besitzen. Im Prozeß kann der Richter dann den entstandenen Schaden nach freier Überzeugung schätzen.

Ist Handelsware im Kraftfahrzeug mitgeführt worden, die bei dem Unfall beschädigt oder zerstört worden ist, so kann auch noch ein geschäftlicher Verlust bzw. Gewinnentgang als Schaden in Frage kommen, den der Geschädigte dadurch erleidet, daß er die Ware auf seiner Geschäftsreise dem Kunden nicht vorlegen kann und ihm dadurch ein Geschäft entgeht oder er eine Lieferfrist versäumt, besonders wenn die Ware für den Kunden bei späterer Lieferung kein Interesse mehr hat. Auch für diesen Schaden ist der Verursacher des Unfalls haftbar.

## 2. Der Personenschaden

### a) Beerdigungskosten

Bei einem tödlichen Unfall hat der Ersatzpflichtige die Kosten einer standesgemäßen Beerdigung demjenigen zu ersetzen, der diese Kosten zu tragen hat, in der Regel also dem Erben. Zu den Beerdigungskosten gehören auch der Grabstein, die Trauerkleidung der Angehörigen, Traueranzeigen, Kränze usw., unter Umständen auch die Kosten der Überführung der Leiche. Normalerweise erstreckt sich die Ersatzpflicht aber nicht auf die Kosten einer Reise, die ein Angehöriger des Verstorbenen aufwendet, um an der Beerdigung teilzunehmen.

Was zu den Beerdigungskosten gehört, richtet sich nach der Lebensstellung des Verstorbenen und danach, was bei der Beerdigung eines Angehörigen seines Lebenskreises Brauch und Sitte ist. Der Ersatzpflichtige hat nicht mehr zu erstatten, als der Erbe aufzuwenden verpflichtet ist. Dazu gehört alles, was nach Brauch und Sitte zu einer angemessenen und würdigen Ausgestaltung des Begräbnisses gehört, auch ein Trauermahl. Dagegen gehören die Kosten der Instandhaltung der Grabstätte nicht dazu, wohl aber die Erstbepflanzung. Der Ersatzpflichtige kann also nicht zur Zahlung einer Rente verurteilt werden, die zur Pflege der Grabstätte dienen soll.

## b) Kosten der Heilung

Hat der Unfall zu einer Verletzung des Körpers oder der Gesundheit einer Person geführt, so muß der Ersatzpflichtige die Heilungskosten tragen, und zwar auch dann, wenn ein Unterhaltspflichtiger vorhanden ist, der für diese Kosten gegenüber dem Verletzten aufzukommen hat. Ist also ein Kind verletzt worden und bezahlen die Eltern die ganzen Heilungskosten, so muß derjenige, der den Unfall des Kindes schuldhaft verursacht hat oder nach dem Straßenverkehrsgesetz als Kraftfahrzeughalter oder Kraftfahrer für die Unfallfolgen haftet, die Heilungskosten auch dann ersetzen, wenn die Eltern des Kindes sie bereits bezahlt haben.

Zu den Heilungskosten gehören die Arzt-, Arznei- und Krankenhauskosten und die Kosten ärztlich verordneter Stärkungsmittel und Badekuren oder sonstiger Heilbehandlung, auch die Operationskosten. Der Verletzte braucht sich nicht auf die Leistungen der Sozialversicherungsträger (Krankenkasse, Berufsgenossenschaft) zu beschränken. Es dürfen auch teurere Mittel aufgewendet werden, als die Kassen zugestehen, wenn sie den Heilungsverlauf fördern. Ob die Kosten der ersten oder zweiten Klasse des Krankenhauses zu ersetzen sind, richtet sich nach der Lebensstellung des Verletzten und seinen wirtschaftlichen Verhältnissen. Zu den Heilungskosten gehören auch die Kosten eines notwendigen Erholungsaufenthaltes. Jedoch muß sich der Verletzte hier, wie auch bei den Krankenhauskosten, einen Abzug für ersparte Aufwendungen in seinem Haushalt gefallen lassen; denn er hat in dieser Zeit jedenfalls zu Hause keine Mahlzeiten eingenommen. Die Kosten ärztlich verordneter Stärkungsmittel, wie auch sonstige zur schnelleren Gesundung notwendige Kosten kann der Verletzte auch dann ersetzt verlangen, wenn er sie – weil die Zahlungen des Ersatzpflichtigen auf sich warten lassen – aus Mangel an Geldmitteln nicht hat aufwenden können.

Auch die Kosten des Besuchs von nahen Angehörigen im Krankenhaus sind zu ersetzen, weil sie der besseren Genesung dienen. Es ist sogar der Verdienstausfall zu ersetzen, den die Eltern des unfallverletzten Kindes durch die Krankenhausbesuche gehabt haben. Entsprechendes muß für Besuche des Ehegatten im Krankenhaus gelten. Auch diese Aufwendungen gehören zu den Heilungskosten des Verletzten, auch wenn er sie nicht selbst bezahlt hat und der Angehörige, der ihn besucht, gegen ihn keinen Anspruch auf Erstattung hat. Der Angehörige des Verletzten hat keinen unmittelbaren Ersatzanspruch gegen den Schädiger. Der Anspruch auf Ersatz dieser Aufwendungen steht dem Verletzten zu.

Der Verletzte muß alles tun, um die Heilung zu beschleunigen. Das gehört zu seiner Pflicht, den Schaden so niedrig wie möglich zu halten (siehe S. 148). Diese Pflicht würde er verletzen, wenn er sich einer gefahrlosen und erfolgversprechenden ärztlichen Behandlung nicht unterziehen wollte. Allerdings kann der Ersatzpflichtige sich auf die Unterlassung einer Behandlung und Operation nicht berufen, wenn er nicht bereit war, für die Kosten aufzukommen (siehe S. 147).

Der Verletzte muß eine durch den Unfall ausgelöste Nervenschwäche (Unfallneurose) zu bekämpfen versuchen. Auch dies gehört zu seiner Pflicht, den Schaden möglichst niedrig zu halten. Führt diese Neurose zu einer Verlängerung der Krankheit und Erwerbsunfähigkeit, weil der Verletzte sich einfach gehenläßt, dann braucht der Ersatzpflichtige für diese Folgen nicht aufzukommen. Anders ist es allerdings, wenn diese Neurose dadurch entsteht, daß der Ersatzpflichtige oder sein Haftpflichtversicherer sich hartnäckig weigert, berechtigte Ansprüche des Verletzten zu erfüllen.

### c) Erwerbsausfall

Ist durch die Unfallverletzung die Erwerbsfähigkeit des Verletzten aufgehoben oder gemindert, so muß ihm Schadenersatz durch eine Geldrente geleistet werden, die das fortgefallene oder geminderte Erwerbseinkommen ausgleicht. Die Rente kann auch kapitalisiert werden. Auch hier soll dem Verletzten so viel gewährt werden, daß er wirtschaftlich so dasteht, wie wenn er den Unfall nicht erlitten hätte. Daß eine unterhaltspflichtige Person dem Verletzten Unterhalt zu gewähren hat, ändert an der Ersatzpflicht nichts. Der Ersatzpflichtige soll durch Unterhaltsleistungen anderer Personen nicht entlastet werden, übrigens auch nicht durch freiwillige Unterstützungen, die dem Verletzten anläßlich des Unfalls zufließen.

Die Rentenbemessung ist hier im Schadenersatzrecht ganz verschieden von der Unfallrente im Sozialversicherungsrecht. Es findet keine »abstrakte« Feststellung der Erwerbsminderung nach Prozentsätzen statt. Hier soll vielmehr der wirklich in dem betreffenden Einzelfall eingetretene Ausfallschaden ermittelt werden. Wer vor dem Unfall kein Einkommen gehabt, sondern von seinem Vermögen oder von einem Renteneinkommen gelebt hat, kann überhaupt nichts verlangen, auch wenn er noch so schwer verletzt worden ist. Ebenso kann nichts verlangen, wer seine Berufs- oder Erwerbsstellung trotz der Verletzung mit unvermindertem Einkommen beibehält und auch für die Zukunft keine Nachteile für sein berufliches Fortkommen durch die Gesundheitsschädigung zu befürchten hat.

Hat die Minderung der Erwerbsfähigkeit den Lohnausfall eines Arbeitnehmers zur Folge, so ging man bisher immer von dem Nettolohn zuzüglich der von der Schadenersatzrente zu zahlenden Einkommen- und Kirchensteuer aus. Neuerdings neigt der Bundesgerichtshof dazu, den Bruttolohn zugrunde zu legen und sogar die Arbeitgeberanteile zur Sozialversicherung hinzuzurechnen. Allerdings ist dies bisher nur für den Fall entschieden, daß der Arbeitgeber den Lohn während der Erwerbsunfähigkeit des Arbeitnehmers fortzahlt und die Erstattung dieser Beträge von dem Ersatzpflichtigen verlangt.

Wer infolge der Unfallverletzung seinen bisherigen Beruf nicht mehr ausüben kann, ist unter Umständen verpflichtet, eine Umschulung auf einen andern Beruf zu versuchen. Dafür muß ihm der Ersatzpflichtige die erforderlichen Geldmittel zur Verfügung stellen. Tut er das nicht, muß er den vollen Erwerbsausfall in dem bisherigen Beruf weiterzahlen. Hat der Verletzte seine Erwerbsstellung durch die Unfallverletzung verloren, dann muß der Ersatzpflichtige den vollen Erwerbsausfall so lange fortzahlen, bis der Verletzte eine gleichwertige Erwerbsstellung wiedererlangt hat, auch wenn die Erwerbsfähigkeit des Verletzten inzwischen wiederhergestellt worden ist. Allerdings muß der Verletzte, der ja den Schaden so niedrig wie möglich halten muß, sich nach Kräften um seine Wiedereingliederung in das Erwerbsleben bemühen. Er muß die ihm verbliebene Arbeitskraft so nutzbringend wie möglich verwenden.

Wer infolge der Unfallverletzung sein Geschäft hat aufgeben müssen, kann einen Schadenersatz in Höhe des jährlichen Reingewinns aus dem bisherigen Geschäft verlangen, wobei in der Regel der Durchschnittsgewinn der letzten drei bis fünf Jahre zugrunde zu legen, aber auch die Entwicklung, die das Geschäft in Zukunft voraussichtlich genommen hätte, zu berücksichtigen ist.

nicht weiterbetreiben, es aber durch eine an seiner Stelle eingestellte
Wer sein Geschäft infolge der Unfallverletzung vorübergehend Arbeitskraft aufrechterhalten kann, kann Ersatz der Kosten dieser Arbeitskraft, aber darüber hinaus auch den Schaden ersetzt verlan-

gen, der durch einen Geschäftsrückgang wegen des Ausfalls seines persönlichen Einsatzes entstanden ist.

Kann der Verletzte infolge des unfallbedingten Ausfalls oder Rückgangs seiner Einnahmen aus der Erwerbstätigkeit seinen Zahlungsverpflichtungen nicht mehr nachkommen und wird infolgedessen von seinen Gläubigern gegen ihn vollstreckt, so kann er von dem Ersatzpflichtigen auch die ihm dadurch entstehenden Kosten und die Verluste aus Versteigerungen seiner Habe ersetzt verlangen. Das kann sehr viel sein, wenn ein Grundstück versteigert wird. Allerdings ist der Verletzte verpflichtet, den Ersatzpflichtigen auf einen solchen drohenden Schaden rechtzeitig hinzuweisen, damit der Ersatzpflichtige oder seine Versicherung sich entschließen kann, den Schaden durch Zahlung abzuwenden. Tut der Verletzte dies nicht, obwohl er dazu in der Lage ist, dann verstößt er gegen seine Pflicht zur Schadensminderung (vgl. S. 147) und muß den daraus entstehenden Schaden selbst tragen. Es ist also sehr wichtig, den Ersatzpflichtigen in solchen Fällen rechtzeitig zu benachrichtigen.

*d) Vermehrung der Bedürfnisse*

Durch die Verletzung können sich auch die Bedürfnisse des Verletzten erhöhen. Auch dieser Schaden muß ihm ersetzt werden. Zu diesen vermehrten Bedürfnissen gehören die Einstellung einer Pflegeperson oder einer zusätzlichen Haushaltshilfe, teureres Schuhwerk, erhöhter Kleiderverschleiß, auch die Miete einer teureren Wohnung am Arbeitsplatz, wenn der Verletzte weit entfernt vom Arbeitsplatz gewohnt hat, die weiten täglichen Fahrten aber wegen seiner geschwächten Gesundheit nicht mehr durchhalten kann. Die Aufgabe einer langjährigen Arbeitsstelle kann ihm nicht ohne weiteres zugemutet werden. Wenn er allerdings in keiner Weise mit seiner Arbeitsstelle verbunden ist und in der Nähe seiner Wohnung eine entsprechende Arbeitsstelle findet, ist ihm der Arbeitsplatzwechsel zuzumuten; denn er muß ja den Schaden möglichst niedrig halten.

Der Anspruch auf Ersatz der vermehrten Bedürfnisse entsteht schon in dem Augenblick, in dem die Bedürfnisse eintreten. Daher kann der Ersatz auch rückwirkend für die Zeit verlangt werden, in der der Verletzte die Bedürfnisse lediglich aus Geldmangel nicht hat befriedigen können. Das gilt auch für bessere Ernährung zur Wiederherstellung der Gesundheit und für Stärkungsmittel.

Der Ersatz der vermehrten Bedürfnisse wird durch Zahlung einer laufenden Geldrente gewährt, die so bemessen sein muß, daß die Bedürfnisse daraus laufend befriedigt werden können. Diese

Rente wird mit der Rente wegen Erwerbsminderung zu einer einheitlichen Rente zusammengefaßt. Sie kann auch kapitalisiert werden, wenn dafür ein wichtiger Grund vorliegt. Die Haftpflichtversicherungsgesellschaften ziehen es regelmäßig vor, einen Kapitalbetrag zu zahlen, damit sie den Schadensfall damit abschließen können.

*e) Schmerzensgeld*

Was wir gemeinhin Schmerzensgeld nennen, bezeichnet das Gesetz als den Schaden, der nicht Vermögensschaden ist. Schmerzensgeld gibt es nur nach dem allgemeinen Recht der unerlaubten Handlungen, nicht nach dem Straßenverkehrsgesetz. Schmerzensgeld gibt es also nur, wenn der Schädiger aus Verschulden haftet, nicht wenn ihn nur die Gefährdungshaftung als Kraftfahrzeughalter oder -fahrer trifft.

Schmerzensgeld wird nur bei Körperverletzung und Gesundheitsschädigung sowie bei Freiheitsentziehung gewährt.

Das Schmerzensgeld ist eine „billige Entschädigung in Geld", wie es im Gesetz heißt.

Der Schmerzensgeldanspruch ist nicht übertragbar (= abtretbar) und geht nicht auf den Erben des Verletzten über, solange er nicht durch Vertrag anerkannt oder gerichtlich geltend gemacht ist.

Das Schmerzensgeld wird nicht nur zum Ausgleich körperlicher Schmerzen gewährt, sondern auch für seelische Beeinträchtigung infolge der Unfallverletzung, für das körperliche und seelische Unbehagen bei einer nicht oder nicht vollständig zu beseitigenden Verletzung, für die Verminderung der Lebensfreude, für den Verlust oder die Beeinträchtigung vorher vorhandener Möglichkeiten, sich Daseinsfreude, z. B. durch Sport, Spiel und Kulturgenuß, zu verschaffen, für den Verlust der Aussicht, eine Familie zu gründen und sich fortzupflanzen, ferner auch für die Beschränkung der Berufsausübung, insbesondere für den Verlust der Möglichkeit weiteren Schaffens in dem vertrauten Beruf oder der Wahl eines bestimmten Berufs, den der Verletzte erstrebt hatte, schließlich auch für die Furcht vor drohender Verschlimmerung des Leidens, die Ungewißheit über das künftige Schicksal und die Todesangst bei lebensgefährlicher Erkrankung. Auch die Verminderung der Heiratsaussichten durch körperliche Verunstaltung gehört hierher. Die Verminderung der Heiratsaussichten kann allerdings auch Vermögensschaden sein.

Die meisten Unfallverletzten täuschen sich über die Höhe des

Schmerzensgeldes. Der Verlust eines Körperglieds oder ein Dauerleiden kann natürlich in Geld überhaupt nicht ausgeglichen werden. Es wird nur eben eine billige Entschädigung gewährt. Sie soll ausreichen, um dem Verletzten für sein Leiden Annehmlichkeiten, Lebensgenuß und die Befriedigung persönlicher Bedürfnisse zu verschaffen.

Die Höhe bemißt sich nach dem Grade der körperlichen Schmerzen und ihrer Dauer, nach dem Heilungsverlauf und dem Verbleiben eines Dauerschadens. Die auszugleichenden seelischen Schmerzen und das Unlustgefühl sind noch schwerer zu bemessen. Auch hier bildet die Schwere und Dauer der Verletzung zunächst den Maßstab. Das Alter und die Individualität des Verletzten sind dabei zu berücksichtigen. Bei jungen Menschen, die das Leben noch vor sich haben, fällt ein gesundheitlicher Dauerschaden, der ihre Daseinsfreude, ihre Berufsaussichten und ihr Fortkommen, insbesondere die Gründung einer Familie in Frage stellt, seelisch schwerer ins Gewicht als bei älteren Leuten. Sie müssen daher auch eine höhere Entschädigung erhalten. Aber auch für Menschen „in den besten Jahren" ist ein schwerer gesundheitlicher Dauerschaden eine entsprechend der Lebenserwartung hoch zu veranschlagende Beeinträchtigung der Lebensfreude, besonders wenn ihnen die Ausübung des bisherigen Berufs oder eines begeistert ausgeübten Sports durch die Unfallverletzung unmöglich wird.

Eine abnorme Sensibilität darf bei der Bemessung des Schmerzensgeldes aber nicht berücksichtigt werden.

Das Schmerzensgeld wird um so höher bemessen, je schwerer die Schuld des Unfallverursachers an der Verletzung ist. Bei vorsätzlicher Körperverletzung kann ein sehr hohes Schmerzensgeld bewilligt werden, aber auch bei einem grob fahrlässigen und rücksichtslosen Verkehrsverhalten, durch das unter Mißachtung der Verkehrsvorschriften ein Unfall herbeigeführt worden ist.

Die Vermögensverhältnisse des Verletzten sind bei der Bemessung des Schmerzensgeldes auch zu berücksichtigen, allerdings nur in beschränktem Umfang. Sicher ist, daß ein sehr vermögender Verletzter von der gleichen Summe weit weniger „Lebensfreude" erhält als ein bettelarmer. Aber eine zu stark betonte Unterscheidung würde der Genugtuung nicht gerecht, die dem Mittellosen genauso wie dem Reichen verschafft werden soll.

Grundsätzlich sind auch die Vermögensverhältnisse des Schädigers bei der Bemessung des Schmerzensgeldes zu berücksichtigen. Ein armer Schädiger braucht weniger zu zahlen als ein reicher. Wenn aber der Schädiger haftpflichtversichert ist – und dies ist bei Kraftfahrzeugunfällen in aller Regel der Fall –, dann werden durchschnittliche Einkommens- und Vermögensverhältnisse des Schädigers unterstellt.

Bei der Vielgestaltigkeit der Verletzungen und ihrer Folgen und der Besonderheiten des Einzelfalles, die immer zu berücksichtigen sind, läßt sich eine Faustregel für die Bemessung des Schmerzensgeldes nicht aufstellen. Für den Leser, der sich für Einzelheiten interessiert, werden die im Buchhandel erhältlichen zahlreichen Schmerzensgeldtabellen empfohlen, jedoch mit dem warnenden Hinweis, daß sich für den Einzelfall das Schmerzensgeld nicht sicher aus der Tabelle ablesen läßt. Jeder Fall liegt anders, und auch dem Ermessen des Richters ist ein weiter Spielraum gesetzt. Nur um dem Leser einen gewissen Begriff von der Höhe des zu erwartenden Schmerzensgeldes zu geben und um Illusionen darüber, was bei einer Verletzung als Schmerzensgeld erwartet werden kann, vorzubeugen, sollen nachfolgend einige markante Beispiele aus jüngster Zeit gegeben werden:

100,- DM Schmerzensgeld wurden einem 9jährigen Jungen für eine Schnittwunde unterhalb des linken Auges zugesprochen (LG Nürnberg-Fürth 9 O 20/69, VersR 1970, 288).

150,- DM wurden zuerkannt für eine Bauchprellung mit nachfolgender Schwellung, leichter Entzündung, anhaltender Druckempfindlichkeit (dasselbe Urteil wie vorstehend).

150,- DM Schmerzensgeld wurden zugebilligt für Oberschenkelprellung mit Bluterguß bei Berücksichtigung eines erheblichen Mitverschuldens des Verletzten (LG Ravensburg V O 1391/73, VersR 1975, 433).

250,- DM Schmerzensgeld wurden zuerkannt für eine Schädelprellung mit anschließenden Kopfschmerzen ohne sichere Anzeichen für eine Gehirnerschütterung (AG Ludwigshafen 2 C 1429/72, VersR 1974, 556).

250,- DM Schmerzensgeld wurden zugebilligt für zahlreiche Prellungen mit Blutergüssen am Oberarm-, Ellenbogen- und Kniegelenk, sowie im Brustkorbbereich (AG Ludwigshafen 2 C 1430/73, VersR 1974, 556).

250,- DM Schmerzensgeld wurden zugesprochen für Stauchung der Halswirbelsäule mit schmerzhafter Bewegungseinschränkung (AG Straubing C 24/72, VersR 1972, 893).

300,- DM Schmerzensgeld wurden zuerkannt für Stauchung der Halswirbelsäule, Thoraxprellung mit Hämatom, schmerzhafte Hautdefekte der Hände (AG Schopfheim C 105/69, VersR 1970, 288).

400,- DM Schmerzensgeld wurden zugesprochen für Prellungen, Zerrungen und Schwellungen im Bereich beider Kniegelenke mit langwierigem Heilungsprozeß (AG Mainz, 7 C 20/72, VersR 1974, 556).

700,- DM Schmerzensgeld wurden zuerkannt für Schädelprellung mit Platzwunde am Schläfenbein, Prellung der linken Thoraxseite und des linken Kniegelenks mit Hämatom (LG Freiburg 6 O 267/72, VersR 1974, 475).

750,- DM Schmerzensgeld erhielt ein Röntgenarzt für Nackenwirbelsäulenprellung, 3 Tage Arbeitsunfähigkeit und 6 Monate Behinderung (LG Frankfurt/M. 2/18 O 82/69, VersR 1971, 1179).

1000,- DM Schmerzensgeld erhielt eine Anlageberaterin für Schleudertrauma der Halswirbelsäule mit 5 Tagen Arbeitsunfähigkeit (LG Dortmund 15 O 180/69, VersR 1972, 1181).

1000,- DM Schmerzensgeld wurden zugebilligt für Schnittwunden und Prellungen am ganzen Körper, Bluterguß am rechten Bein, Nasenverletzung mit Narbe im Bereich des Nasensattels, Knorpelschädigung am rechten Knöchel, 1 Tag Krankenhaus, 8 Wochen Arbeitsunfähigkeit (LG Essen 4 O 124/69, VersR 1970, 1063).

1000,- DM Schmerzensgeld wurden zuerkannt für schwere Thoraxprellung, Schädelkontusion mit commotionellem Syndrom, Prellungen an Schulter und Oberarm (OLG Frankfurt/M. 3 U 171/72 VersR 1974, 580).

1000,- DM Schmerzensgeld erhielt ein 16 Jahre alter Verletzter für Schulterprellung, Gesichtsprellungen, Gebißverletzung an der Oberlippe bei Berücksichtigung eines grob verkehrswidrigen und uneinsichtigen Verhaltens des Schädigers (LG Limburg 2 O 134/72, VersR 1974, 69).

1200,- DM Schmerzensgeld wurden zuerkannt für eine mittelschwere Gehirnerschütterung mit allmählich abklingenden Folgeerscheinungen, 1 Jahr lang Kopfschmerzen (OLG Celle 5 U 188/72, VersR 1974, 578).

1500,- DM Schmerzensgeld wurden zugebilligt für Gehirnerschütterung, Schnittwunden, Prellungen – großer Glassplitter mußte in Nähe des rechten Handgelenks entfernt werden; 5 Wochen Krankenhaus. Mitverschulden des Verletzten wurde berücksichtigt (OLG Hamburg 7 U 87/69, VersR 1971, 258).

1500,- DM Schmerzensgeld erhielt eine 8 Jahre alte Schülerin für Schädelprellung mit Gehirnerschütterung, Verlust der beiden oberen Vorderzähne (LG Köln 5 O 238/70, VersR 1971, 972).

1500,- DM Schmerzensgeld wurden zugebilligt für Schleudertrauma der Wirbelsäule, Prellungen, Schnittwunden unter Berücksichtigung grober Fahrlässigkeit des Schädigers (LG Karlsruhe 4 O 198/70, VersR 1970, 1063).

1500,- DM Schmerzensgeld wurden zuerkannt für Schädelprellung mit Verletzungen an der linken Stirnseite, an der rechten Augenbraue und am Kinn – u. a. Zerreißung der Mundschleimhaut der Unterlippe, Zurückbleiben einer entstellenden Narbe (LG Freiburg 6 O 267/72, VersR 1974, 475).

1800,- DM Schmerzensgeld erhielt eine junge Frau für Schädelprellung, Kinnplatzwunde, Kiefergelenkskontusion und Verletzung mehrerer Zähne, Kahnbeinbruch des linken Handgelenks, Knieprellung mit großer Platzwunde (LG Hamburg 77 O 42/70, VersR 1972, 653).

2000,- DM Schmerzensgeld wurden zugesprochen für Rippenbrüche, Halswirbelschaden, schwere Blutergüsse an beiden Beinen, Verletzung der Mittelhandkapsel, 3 Wochen Krankenhaus (OLG Frankfurt 2 U 129/72, VersR 1974, 1184).

2500,- DM Schmerzensgeld erhielt ein 62jähriger Verletzter für Rippenserienbrüche und Unfallschock bei Berücksichtigung eines hälftigen Mitverschuldens (LG Heidelberg 3 O 387/72, VersR 1974, 687).

2500,- DM Schmerzensgeld erhielt ein praktizierender Arzt für Einschränkung der Beweglichkeit im Bereich des rechten Hüftgelenks als Folge eines Aufpralls auf das Armaturenbrett bei zwei Jahre dauernden Beschwerden (LG Gießen 3 O 271/72, VersR 1974, 504).

2500,- DM Schmerzensgeld erhielt ein 4 Jahre alter Junge für Schädelbruch und leichte Gehirnerschütterung (OLG München 1 U 2280/72, VersR 1974, 200).

3000,- DM Schmerzensgeld erhielt ein Polizeibeamter für mehrere Trümmerbrüche des linken Unterschenkels mit langwieriger Heilbehandlung und anschließend längerer Dienstunfähigkeit (OLG Karlsruhe 10 U 226/72, VersR 1974, 151).

3000,- DM Schmerzensgeld erhielt ein 34jähriger Mann für schweren Unfallschock mit länger dauernden Folgeerscheinungen – Kopfschmerzen, Angstzuständen, Schlaflosigkeit. Sein Pkw war von einem Panzer überrollt worden (LG Nürnberg 4 O 291/71, VersR 1974, 398).

3000,- DM Schmerzensgeld wurden zuerkannt für Unterarmbruch, Prellungen an Stirn, Nase und Knie, Hautabschürfungen, Blutergüsse (LG Darmstadt 1 O 132/71, VersR 1974, 396).

3500,- DM Schmerzensgeld wurden zuerkannt für Trümmerbruch eines bereits durch einen früheren Unfall um 2,5 cm verkürzten

Beins unter Berücksichtigung eines Mitverschuldens des Verletzten von zwei Dritteln (OLG Bremen 3 U 35/72, VersR 1974, 148).

3500,- DM Schmerzensgeld erhielt ein 5jähriges Kind für Gehirnerschütterung, Schlüsselbeinbruch, doppelseitige Oberschenkelfraktur, langwierige und komplizierte Heilbehandlung (LG Köln, 72 O 17/73, VersR 1975, 145).

4000,- DM Schmerzensgeld wurden zugebilligt für Tibiakopfbruch und Innenknöchelfraktur, Schürfwunden, Prellungen (LG Münster 2 O 331/72, VersR 1974, 506).

4500,- DM Schmerzensgeld wurden zuerkannt für schwere Stauchung des linken Handgelenks und der Handwurzel, Querfraktur des Kahnbeins, langwierigen komplizierten Heilverlauf, bleibende Bewegungseinschränkung (LG Aurich 2 O 193/73, VersR 1974, 1186).

4500,- DM Schmerzensgeld erhielt ein 10 Jahre alter Junge für Teilverlust zweier Finger der rechten Hand bei Berücksichtigung eines hälftigen Mitverschuldens (OLG München 1 U 3912/73, VersR 1975, 453).

5000,- DM Schmerzensgeld erhielt ein linkshändiger Präzisionsarbeiter für schwere Prellungen an Hüfte und Schulter bei vorübergehender Lähmung von Fingern der linken Hand, der nicht mehr in der Lage war, seine Arbeiten zu verrichten. Langwierige Behandlung blieb erfolglos (OLG Frankfurt/M. 4 U 205/72, VersR 1975, 267).

5000,- DM Schmerzensgeld wurden zuerkannt für Zungen- und Mundbodenverletzung durch fehlerhafte zahnärztliche Behandlung (LG Bielefeld 5 O 453/71, VersR 1974, 66).

5000,- DM Schmerzensgeld erhielt eine Frau für unfallbedingte Totgeburt, Unfallschock, Beinbruch und schmerzhafte Blutergüsse und Schürfwunden. Die Verletzte befand sich im 8. Schwangerschaftsmonat (LG Ellwangen II O 73/72, VersR 1975, 385).

6000,- DM Schmerzensgeld erhielt ein 50 Jahre alter Regierungsdirektor für doppelten Unterschenkelbruch rechts, 7 Wochen Krankenhaus, 2 Operationen, 8 Monate Arbeitsunfähigkeit, Knochenschwund mit Schmerz-, Druck- und Wetterempfindlichkeit im verletzten Unterschenkel (OLG Köln 7 U 218/73, VersR 1975, 477).

7000,- DM Schmerzensgeld erhielt ein 7 Jahre alter Verletzter für multiple Verbrennungen 2. und 3. Grades bei Zurückbleiben entstellender Narben in der Gesichtspartie (LG Düsseldorf 16 O 313/72, VersR 1975, 338).

8000,- DM Schmerzensgeld wurden zuerkannt für Oberschenkelbruch, Kopfverletzung, klaffende Stirnwunde, Armwunden, Prellungen (OLG Frankfurt 2 U 127/72, VersR 1974, 1184).

10 000,- DM Schmerzensgeld wurden zuerkannt für komplizierten Unterschenkelbruch mit der Folge einer Oberschenkelamputation bei Berücksichtigung eines hälftigen Mitverschuldens als Mitfahrer auf Kraftrad, dessen Fahrer eine Blutalkoholkonzentration von 2,1 Promille aufwies (OLG Saarbrücken 3 U 2/72, VersR 1975, 430).

10 000,- DM Schmerzensgeld wurden zuerkannt für komplizierte Fraktur des linken Armes mit teilweise irreparablen Folgeschäden (LG Frankfurt 2/13 O 624/71, VersR 1974, 397).

12 000,- DM Schmerzensgeld erhielt ein leitender Angestellter für Gehirnerschütterung mit klinischem Schädelbasisbruch, Rippenreihenbruch, Ellbogenprellung, Unfallschock, Auflockerung des Trommelfells; berücksichtigt wurde, daß er befürchten mußte, wegen der Verletzungen seine Stellung zu verlieren (OLG Stuttgart 13 U 70/74, DAR 1975, 70).

12 500,- DM Schmerzensgeld erhielt ein 75jähriger Verletzter für Rippenbrüche, Schambeinastfrakturen, Stückbruch des rechten Oberschenkels, multiple Platz- und Schürfwunden, Augenverletzung mit Verlagerung des rechten Augapfels bei langwierigem Heilungsverlauf und dauernder Einschränkung der Gebrauchsfähigkeit des rechten Beines, unter Berücksichtigung hälftigen Mitverschuldens (LG Wiesbaden 3 O 74/72, VersR 1974, 448).

15 000,- DM Schmerzensgeld wurden zuerkannt für beiderseitige Augenverletzung mit völliger Erblindung des linken Auges (OLG Düsseldorf 12 U 95/72, VersR 1975, 57).

20 000,- DM Schmerzensgeld erhielt ein 21jähriger Mann für Oberschenkelstückbruch, Schienbeinkopfbruch, Prellungen, Schnittwunden im Gesicht, Gehirnerschütterung, Schock. Mehr als 3 Monate Krankenhaus, nach einem Jahr nochmals einige Tage Krankenhaus, fortlaufende ambulante Behandlung. Bleibende Unfallfolge: Verkürzung des linken Beins mit Außendrehstellung (OLG Köln 9 U 121/73, VersR 1975, 60).

22 000,- DM Schmerzensgeld wurden zugebilligt für Verlust eines Auges, einen Monat Krankenhaus, danach nochmals Krankenhaus zur operativen Entfernung des Augapfels mit der Folge dauernder Entstellung. Verletzter war ein jüngerer Mann. Bei der Bemessung des Schmerzensgeldes wurde die Geldentwertung berücksichtigt (Kammergericht Berlin 22 U 554/73, DAR 1974, 125).

23 500,- DM Schmerzensgeld wurden zugesprochen für Hirnquetschung mit Dauerfolgen (u. a. Verlust der Potenz), Wadenbeinbruch, Weichteilverletzung am linken Oberschenkel, Schnitt-

und Schürfwunden, 8 Wochen Krankenhaus, 1 Jahr arbeitsunfähig, dann dauernd beschränkt arbeitsfähig (OLG Nürnberg 1 U 125/72, VersR 1975, 64).

25 000,- DM Schmerzensgeld wurden zuerkannt für Querbruch des rechten Oberschenkels, Verstauchung des rechten Hüftgelenks mit schalenförmigem Abbruch des Oberschenkelkopfs, Schulterblattbruch links, Knieprellung, schwerwiegende Dauerfolgen, 11 Monate Krankenhaus (OLG Hamburg 7 U 78/73, VersR 1974, 441).

35 000,- DM Schmerzensgeld wurden zuerkannt für Verletzungsschock, Todesangst, Gehirnerschütterung, multiple Knochenwunden, Verrenkung des rechten Schultergelenks, Oberschenkelbruch rechts, offener Unterschenkelbruch rechts (Stück-Trümmerbruch), 4 größere Operationen, teils sehr schmerzhaft, mehr als 7 Monate doppelte Dauerdrahtstrecke, monatelang Gips, 20 Monate Krankenhaus, lange Zeit nicht die erwarteten Heilfortschritte, Befürchtung, nicht mehr gehen zu können; Berücksichtigung grober Fahrlässigkeit des alkoholbedingt fahruntüchtigen Schädigers (OLG Köln 16 U 27/73, VersR 1974, 890).

60 000,- DM Schmerzensgeld wurden zugebilligt für Querschnittslähmung mit vollständigem Ausfall aller Gefühlswahrnehmungen unterhalb der Brustwarzen, Lähmung der Blasen- und Mastdarmfunktion. Ein Jahr nach dem Unfall führte die Verletzung zum Tode im Alter von 20 Jahren (Kammergericht 12 U 1193/72, VersR 1974, 249).

100 000,- DM Schmerzensgeld und eine monatliche Schmerzensgeldrente von 450,- DM erhielt ein 6jähriges Kind für offene linksseitige Schädelhirnverletzung mit handtellergroßem Knochendefekt im Schläfen- und Hinterhauptbereich, aus dem Gehirnmasse austrat. Nach Luftröhrenschnitt Gehirnoperation. Lebensgefahr. Schwerster Schockzustand, 1 Monat bewußtlos, 4 Wochen Nahrungszufuhr durch Schlundsonde. Sprachstörung. 1 Jahr nach Unfall epileptische Anfälle. Intelligenz und Sprach- und Lernfähigkeit schwer beeinträchtigt. Spastische Halbseitenlähmung, Verbildung der Wirbelsäule mit Luxationsgefahr des rechten Hüftgelenks, Gefahr des Gebißverfalls. Epilepsie und Intelligenzstörung werden für immer bestehen (OLG Karlsruhe 10 U 134/73, DAR 1975, 158).

# Sachregister

**A**

Abkürzung
- der Sperrfrist bei Führerscheinentzug 66 ff.

Absehen von Strafe 56

Abtretung
- der Ersatzansprüche 148 ff.

Abwägung
- der Verursachung 145

Abwesenheit
- des Angeklagten 46

Abzug „neu für alt" 110, 154 ff.

Achsteile
- Austausch bei Reparatur 155

Achsverschiebung 156

Affektionswert
- kein Ersatz des A. 152

AKB
- Allg. Bedingungen f. d. Kraftverkehrsversicherung 85, 156

Alkoholeinfluß 88, 93, 124

Alcotest 32 ff.

Amtspflichtverletzung
- Haftung für A. 108, 141

Anerkenntnis
siehe Schuldbekenntnis

Anfechtung
- bei Gebrauchtwagenkauf 157

Anhalten
- nach Unfall 13 ff.
- eines Verkehrssünders 84

Anhalter
- Haftung gegenüber A. 123

Anhänger 126

Anklageschrift 45 f.

Anlage, krankhafte 113

Anlieger
- Haftung der A. für Gefahren 139

Anmeldefrist
- bei Versicherung 95, 98, 102

Anschrift
siehe Personalien

Anwaltskosten 100, 107, 112

Anzeige
- Fristen 102
- an die eigene Versicherung
  - bei Erhebung von Ansprüchen 98
  - bei Gerichtsverfahren 98
  - bei Todesfall 102
- an die Haftpflichtversicherung des Gegners 103
- an die Polizei
  - bei Entwendungs- und Brandschaden 101
  - bei unerlaubtem Entfernen vom Unfallort 21

Arbeitgeber
- Ansprüche gegen A. 136
- Betriebsrisiko der A. 134
  siehe auch Lohnfortzahlung

Arbeitnehmer
- Ansprüche gegen A. 134
- Verletzung von A. 118

Arbeitskameraden
- Ansprüche gegen A. 137

Arbeitsplatzwechsel
- Zumutbarkeit 167

Armenrechtsgesuch 98

Arrest 98

Arzneikosten 165

Arzt
- Aufsuchen eines A. 85, 94, 101, 148
- Berichte 101
- Hilfeleistung 13, 19
- Kosten 148, 165
- Kunstfehler 113, 148
  siehe auch Blutprobe

Ärzteausschuß 101

Attest, ärztliches 43

Aufklärungspflicht
- des Versicherungsnehmers 86, 100

Aufsichtspflicht über Minderjährige 117, 131

Aufsichtspflichtige
- Ansprüche gegen A. 131

Ausbleiben bei Gericht 43, 47

Auskunftspflicht
- gegenüber Haftpflichtvers. d. Gegners 104

Auslagen
- des Angeklagten 55

Ausnüchterung
- auf der Polizeiwache 33

Aussage
- bei Gericht 48
- bei der Polizei 30

Auswahl des Fahrers 130

## Sachregister

**B**
Badekur 165
Bagatelldelikte 50 ff.
Bagatellschäden 18
- Anmeldefrist 96
  siehe auch unerlaubtes Entfernen vom Unfallort
Bankkredit
- Inanspruchnahme von B. 154
Baumbruch
- Haftung für B. 140
Bedürfnisse
- vermehrte 111, 168
Beerdigungskosten 111, 119, 164
Beförderung
- unentgeltliche 123
- vertragliche 121
Beitragsermäßigung
- bei Schadensfreiheit 28, 95
Belege
- über beschädigte Sachen 94
- Vorlage von B. 94, 104
Belehrungspflicht
- des Kraftfahrers gegenüber Kindern 129
- des Versicherers 93
Beleidigung 37
Beleuchtung
- des Fahrzeugs 25
- Verantwortung für B. 129
Berufswechsel 167
- Schmerzensgeld für B. 169
Berufung 50, 65
Beschlagnahme
- des Fahrzeugs 35
- des Führerscheins 35, 60 f.
Beschwerde
- gegen vorläufige Entziehung der Fahrerlaubnis 62
Betrieb
- des Kraftfahrzeugs 125
- Tätigkeit beim B. 129
Betriebsgefahr
- des Kraftfahrzeugs 145
- der Eisenbahn 133
Betriebssicherheit
  siehe Verkehrssicherheit
Bewährung 51 f.
Beweislast
- des Aufsichtspflichtigen 131
- der Eisenbahn 133
- des Geschäftsherrn 130
- für Haftungsbeschränkung 123

- des Kraftfahrzeugführers 128
- des Kraftfahrzeughalters 102, 110, 126
- des Luftfahrtunternehmers 133
- bei Schwarzfahrt 127
- der Straßenbahn 133
- nach Straßenverkehrsgesetz 102, 126
- des Tierhalters 132
- des Versicherungsnehmers 86
Beweismittel
- Sicherung 25 ff., 81
- zulässige B. 81
Beweissicherungsverfahren 98
Bewußtsein der Pflichten 89, 92
Bierreise 124
Blechschaden 17 ff., 82, 152
Blutprobe 33
Brandschaden 101
Bremsen
- Verantwortung für B. 129
Brücken
- Glatteisgefahr auf B. 140
Bruttolohn
- bei Erwerbsausfall 167
Bundesbahn
  siehe Eisenbahn
Bundesgrenzschutz
  siehe Bundeswehr
Bundespost
  siehe Postfahrzeuge
Bundeswehr
- Haftung 143
Bundeszentralregister 72 ff.
Buße 52, 55, 68
Bußgeldverfahren 56

**D**
Diagrammscheibe 32
Diebstahl
- Pflicht zur Verhütung 95, 127
  siehe auch Entwendungsschaden
Dienstfahrt
- Haftung für Unfall bei D. 141
Dienstleistungen
- durch Unfall entgangene D. 120
- vertragliche D. 120

**E**
Ehefrau als Fahrer 130
Ehegatten
- Dienstleistungspflicht 120
- Krankenbesuche beim E. 119

## Sachregister

Eigenersparnis
– Abzug bei Mietwagenkosten 161
Eigenschaden
  siehe Unfallflucht
Einigung nach Unfall 28
Einkommen
– Angaben über E. 30, 48
Einsatzfahrten der Polizei
– Vorsicht bei E. 142
Einspruch
– gegen Strafbefehl 43 ff.
Einstellung
– wegen Geringfügigkeit 44, 53 ff.
Einstweilige Verfügung 98
Eisenbahn
– Haftung des Unternehmers 133
Eltern
– Ansprüche der E. 120
– Ansprüche gegen E. 131
– Krankenbesuche beim Kind 119, 166
Entschuldigung
– bei Ausbleiben vor Gericht 47
Entwendungsschaden 101
  siehe auch Schwarzfahrt
Entziehung der Fahrerlaubnis
  siehe Führerscheinentzug
Erholungsaufenthalt
– Kostenerstattung 165
Ermittlungsverfahren 41, 45
Ernährung, bessere 168
Ersatzfahrzeug
– Frist zur Beschaffung 161
Ersatzkraft 167
Erste Hilfe
  siehe Hilfeleistung
Erwerbsausfall 166
Erwerbsfähigkeit
– Minderung der E. 114, 166

## F

Fabrikneuer Wagen
– Finanzierungskosten 154
– Lieferfrist 161
Fahrer
– angestellter F. 127, 134
– des Kraftfahrzeugs 128
Fahrerflucht
  siehe unerlaubtes Entfernen vom Unfallort
Fahrlässigkeit
– Haftung für F. 110, 122, 123

Fahrlässigkeit, grobe 86, 102, 122
– erhöht Arbeitnehmerhaftung 135
– erhöht Schmerzensgeld 170
Fahrlehrer 128
Fahrschüler 128
Fahrtkosten, erhöhte 111
Fahrverbot 65
Fahrzeug
– Beschlagnahme 35 f.
Fahrzeugschaden 150
Fahrzeugschlüssel
– Sicherstellung der F. 127, 132
Fahrzeugstand
– Markierung nach Unfall 28, 86
Fahrzeugversicherung 85, 101
Ferienreise
– gemeinsame 122
Festnahme
– durch Polizei 30, 34
– durch Privatperson 84
Feststellung
– der Schäden 91
– des Täters 91
Finanzierung
– der Reparatur- und Mietwagenkosten 148
Finanzierungskosten
– Ersatz der F. 148
Fingerabdrücke 30
Firmenwagen
  siehe unerlaubtes Entfernen vom Unfallort
Fließender Verkehr, Schutz 25, 129
Fortpflanzungsfähigkeit
– Schmerzensgeld für Verlust 169
Flugzeug
  siehe Luftfahrzeug
Freiheitsstrafe 51
Freiwillige Leistungen 118, 166
Fristen
– für Klage 104
– gegen Zahlungsbefehl 99
Fristversäumung 42
Führerscheinentzug
– durch Gericht 61 ff.
– durch Polizei 33, 60
– Rechtsmittel 65
– durch Verwaltungsbehörde 71
– Sperrfrist 64
  – Abkürzung 66 ff.
– vorläufiger Entzug 61 f.
– Umfang des Entzugs 64

Fußgänger
- Haftung 145
- unerlaubtes Entfernen vom Unfallort 19

## G
Ganzlackierung
siehe Lackschaden
Gebrauchtwagen
- Zumutbarkeit der Anschaffung 152
Gebührenpflichtige Verwarnung 36 f.
Gefährdungshaftung 110
Gefahrenlage
- Heraufbeschwören einer G. 146
- Rettung aus G. 117
- schuldloses Geraten in G. 126
Gefahrgeneigte Arbeit 134
Gefahrübernahme 124
Gefälligkeit 121
Gefälligkeitsfahrt 123
Gefängnisstrafe 51
Gehaltsfortzahlung
siehe Lohnfortzahlung
Geldbuße 52, 55, 68
Geldmittel
- Aufwendung eigener G. zur Schadensbeseitigung 153
Geldrente
- für entgangene Dienste 120
- für Unterhalt 119
- für Verdienstausfall 111, 166
- für vermehrte Bedürfnisse 111, 168
- Kapitalisierung 169
Geldschwierigkeiten
- durch Unfall 114
Geldstrafe 50, 59
Gepäckversicherung 85, 95, 101, 105
Gerichtskosten 40, 46, 50, 55
Gerichtsverhandlung 45 ff.
- ohne den Angeklagten 46
Gerichtsvollzieher 40
Geschäftsaufgabe
- durch Unfall 114, 167
Geschäftsführung ohne Auftrag 118
Geschäftsherr
- Haftung des G. 129
Geschäftsrückgang durch Unfall 168
Gesellige Veranstaltung 122
Gesellschaftsreise 122
Gesundheitsschaden 105, 106, 109, 113, 115
Gewinn, entgangener 167
Glatteis 127, 139

Gleichberechtigung der Ehegatten 120
Gnadengesuch 44, 54 f., 58, 70, 74

## H
Haftpflichtversicherung 85, 94, 95, 103, 105
- Ausschluß von Arbeitnehmern 135
Haftungsbeschränkung 123
- formularmäßige 123
- stillschweigende 123
Halter des Kraftfahrzeugs 125
Handelsvertreter 130
Handelsware, beschädigte 164
Haushaltshilfe, Kosten 168
Haushaltskosten, ersparte 165
Haushaltungsvorstand
- Sicherungspflichten 131
Heilungskosten 111, 165
Heiratsaussichten, verminderte 169
Hilfeleistung 13 ff.
- wichtiger als Aufklärung 90
- Schadenersatz für H. 115
- Zumutbarkeit 14
Herzanfälle
- Neigung zu H. 128
Hinterbliebene
- Ansprüche 119
Höhere Gewalt 133
Hoheitsgewalt
- Haftung bei Ausübung der H. 141
Hühner
- Haftung für H. 133
Hunde
- Haftung für H. 132, 133

## I
Insassen des Kfz 114, 123
Insassen-Unfallversicherung 85, 101, 105

## K
Kameradschaft der Straße 116
Karosserie, verzogene 156
Kaskoversicherung 85, 101
Kausalzusammenhang 113
Kennzeichen notieren 18, 23
Kinder
- Ansprüche 119
- Belehrungspflicht gegenüber K. 129
- Dienstleistungspflicht 120
- Unfälle durch K. 117
Klage
- gegen eigene Versicherung 105

– gegen Führerscheinentzug durch Verwaltungsbehörde 71
– gegen Versicherung des Gegners 104
Klageschrift 107
Kleiderverschleiß, erhöhter 111
Kleidung
– Ersatz für K. 163
– Anschaffungs- u. Wiederbeschaffungspreis 163
siehe auch „neu für alt"
Körperverletzung 18, 37
Kommissarische Vernehmung 46
Kraftfahrzeugführer
– Ansprüche gegen K. 128
Kraftfahrzeughalter
– Ansprüche gegen K. 125
Kraftfahrzeugpapiere
– Vorzeigen 32
Kraftfahrzeugsachverständiger 150
Kraftverkehrsversicherung 85
Krankenbesuche, Kosten 119, 165
Krankenhauskosten 165
Kühe
– Haftung für K. 133
Kuhdung
– Straßenverschmutzung durch K. 139
Kunstfehler, ärztlicher 113, 147
Kurve
– schlecht überhöhte K. 138

L
Lackschaden 154
Lebensdauer des Fahrzeugs
– Verlängerung durch Reparatur 155
Lebensfreude
– Schmerzensgeld für verminderte L. 169
Lehrherr
– Aufsichtspflicht 131
Leichenöffnung 102
Leistungsfreiheit
– des Versicherers 86, 87, 92, 99
Lohnausfall 167
Lohnfortzahlung, nach Unfall 118
Luftfahrzeug
– Haftung des Unternehmers 133

M
Mängel
– des Fahrzeugs 126, 129
– geistige 129
– körperliche 128

Markierung des Fahrzeugstandes 18, 86
Medikamente
– Einwirkung von M. 129
Meldepflicht 99
siehe ferner Anmeldefrist und unerlaubtes Entfernen vom Unfallort
Mieter
– eines Kraftfahrzeugs 114
Mietwagenkosten
– Abzug von Eigenersparnis 161
– Ersatz 158
– während Lieferfrist 161
– Umfang der Erstattung 159
Mietwohnung
– teurere M. durch Unfall 168
Minderjährige
– Haftung gegenüber M. 123, 125
siehe auch Aufsichtspflicht
Mittelbar Geschädigte
– Schadenersatzanspruch 118
Mitverschulden 124, 144
Motor
– Austausch bei Reparatur 155
Motorschaden
– Hilfeleistungspflicht bei M. 13 f.

N
Nachtrunk 22 f.
NATO-Streitkräfte
– Haftung f. Schäden durch N. 143
– Klagefristen für Ansprüche gegen N. 104
Nebel 124
Nebenklage 37
Nervenschock 109, 115
Nervenschwäche 166
Nettolohn 167
„Neu für alt"
– beim Haftpflichtschaden 110, 154
– beim Kaskoschaden 156
– bei Kleidung 163
Neuwertiges Fahrzeug 157, 161
Nutzungsausfall 162

O
Obliegenheiten 86
– Verletzung 86
Öffentliches Interesse 37, 53
Operation
– Zumutbarkeit 147
– Kosten 147, 165
Ordnungswidrigkeiten 56 f.

## P

Parkplatz
- Unfall auf P. 17 ff.

Personalien
- Angabe beim Geschädigten 21
- Angabe bei der Polizei 30

Personenbeförderung
- entgeltliche 122

Personenschaden 164

Pferde
- Haftung für P. 132

Pflegeperson
- Kosten 168

Polizei
- Aussagepflicht bei P. 30
- Festnahme durch P. 30, 34
- Haftung der P. 141
- Protokoll 31
- Rechte der P. 29 ff.
- Vernehmung durch P. 30
- Verständigung der P. 24, 28
- Widerstand 29

Postfahrzeuge 141

Probefahrt 128

Prozeßführung
- durch Versicherung 100

Pusten
siehe Alcotest

## R

Radfahrer
- unerlaubtes Entfernen vom Unfallort 19

Ratenzahlungen 59

Rechtsanwalt 41, 44, 49, 50, 55, 100, 107
- Auskunftspflicht gegenüber R. 100
- Wahl des R. 100

Rechtsanwaltskosten
- Erstattung durch Gegner 107, 112

Rechtsberatungsmißbrauch 149

Rechtsgüter
- geschützte 109

Rechtsmittel 41, 49, 50, 64, 70, 72

Rechtsschutzversicherung 107

Rechtsweg 107

Reflexhandlung 126

Reifen
- abgefahren 124
- Verantwortung für R. 129
- Erneuerung durch Reparatur 129

Reinigung
- der Straßen 138

Reparatur
- Bezahlung aus eigenen Mitteln 153
- Verzögerung der R. 114, 160
- Weisung der Versicherung 101
- Zumutbarkeit 151, 160

Reparaturauftrag
- beschleunigte Erteilung 160

Reparaturwürdigkeit 151

Restwert des Unfallwagens 151

Rettungspflicht 94

Revision 50, 55

Richter 43, 47

Risikozuschlag
- zum Zeitwert des Unfallwagens 152

Rückkehrpflicht
- bei Verkehrsunfall 19, 21, 89

Rutschgefahr bei Schmierfilm 139

## S

Sachschaden 148

Sachverständiger 150

Schaden, Begriff 109

Schadensausgleichung 144

Schadenersatz
- Anspruchsberechtigte 114
- als Wiederherstellung 110

Schadenfeststellung
- Beschleunigung der S. 87, 150

Schadenfreiheitsrabatt 28, 96

Schadenmeldung 92, 95

Schadenminderungspflicht
- bei eigenem Schaden 94, 147
- bei Erwerbsminderung 168
- bei fremdem Schaden 95
- bei Heilbehandlung 166
- bei Mietwagenkosten 159
- bei Schadenfeststellung 150
- bei vermehrten Bedürfnissen 168
- bei Zwangsvollstreckung 168

Schätzung des Schadens 111

Schlüssel des Fahrzeugs
- Verwahrung 132

Schmerzensgeld 113, 169

Schmerzensgeldtabelle 171-176

Schmierfilm 139

Schönheitsfehler
- Beseitigungsanspruch 154
- Wertminderung durch S. 157

Schriftliche Festlegung
- des Unfallhergangs 82

Schriftliches Verfahren
siehe Strafbefehl

## Sachregister

Schuhwerk
- teureres S. durch Unfall 168
Schuldbekenntnis 82, 91, 96
Schutzbereich des Gesetzes 112
Schwarzfahrt 127
Seelische Beeinträchtigung
- Schmerzensgeld 169
Seelischer Schock
- als Verletzung 109, 115
- Schmerzensgeld 169
Selbstaufopferung 14
- Schadenersatz für S. 117
Selbstgefährdung 124
Sicherungslampen 25
Sofortige Beschwerde 70
Sorgfalt
- in eigenen Angelegenheiten 122
Sperrfrist
siehe Führerscheinentzug
Spuren, Sicherung 27, 87
Staatsanwalt 48 f.
Staatshaftung 137, 141, 143
Stärkungsmittel 111, 165, 168
Stilliegendes Fahrzeug
- ist im Betrieb 125
- Sicherungsvorkehrungen 25, 129
Strafantrag 37 f.
Strafarten 50 f.
Strafaufschub 58
Strafaussetzung zur Bewährung 51 f.
Strafbefehl 39 ff.
- Anzeigepflicht (Versicherung) 98
- Einspruch 43 ff., 76
- Inhalt 40
Strafsitzung
siehe Gerichtsverhandlung
Strafverteidigung
- Kosten 112
Straßenbahn
- Haftung des Unternehmers 106, 133
Straßenbaustellen
- Warnung an S. 137
- Reinigung von S. 139
Straßendecke
- gefährliche 138
Straßenverkehrsbehörde
- Verantwortlichkeit der S. 142
Straßenverkehrsgesetz 102, 105, 113, 115, 120, 122, 123
Straßenzustand, schlechter 138
Streupflicht 139
Stundung
- von Geldstrafen 59

## T

Tagessätze 50
Tierhalter
- Haftung 132
Todesangst
- Schmerzensgeld 169
Todesfall
- Meldung 102
Totalschaden 150
Trunkenheit
siehe Alkoholbeeinflussung und Alcotest

## U

Übermüdung 129, 135
Überwachung
- des Fahrers 130
- des Minderjährigen 131
Umschulung
- auf anderen Beruf 167
Unabwendbares Ereignis 126, 145
Unbekannter Wagen
- Fahren mit u. W. 129
Uneheliches Kind
- Dienstleistungspflicht 119
Unerlaubte Handlung 106, 109, 113, 115, 122
Unerlaubtes Entfernen vom Unfallort
- Anstiftung 20
- Bagatellschäden 17
- Begriff „Verkehrsunfall" 17
- Feststellungen 21 f.
- Firmenwagen 19, 23
- Meldepflicht 24
- Nachtrunk 22
- Parkunfall 17
- Rückkehrpflicht 19, 89
- Strafe 16
- Verzicht auf Feststellungen 18
- Visitenkarte 23
- Wartepflicht 17 ff.
Unfallaufnahme 83, 103
Unfallbeteiligte 13, 19, 21, 23, 87, 94, 103
- Wartezeit 20
- Weiterfahrt 18
- Wirkung auf Versicherungsschutz 88
Unfallhelfer 150
Unfallneurose 166
Unfallversicherung 85, 101, 105
Unfallwagen
- Abneigung gegen U. 157

Unfallwagen *(Fortsetzung)*
- Offenbarungspflicht bei Verkauf 157

Unkenntnis
- der Versicherungsbedingungen 92
- der Verkehrsvorschriften 14

Unterhalt, entgangener 111, 119
Ursächlicher Zusammenhang 113
Urteil 49

## V

Veranlagung, krankhafte 113
Verborgene Schäden 151
Verdienstausfall 111, 166
Verfolgung des Täters
- Schadenersatz für V. 116

Verjährung
- der Schadenersatzansprüche 105
- von Verkehrsverstößen 38

Verkehr
- Teilnahme am allgemeinen V. 136

Verkehrsposten
siehe Polizei

Verkehrssicherheit des Fahrzeugs
- Verantwortung für V. 126, 128, 135

Verkehrssicherungspflichtige
- Ansprüche gegen V. 137

Verkehrssünderkartei 75 ff.
- Auskünfte aus der V. 76

Verkehrsunfall, Begriff 17

Verkehrszeichen
- Verantwortlichkeit des Polizeibeamten für V. 141

Verletzter
siehe Hilfeleistung

Vermögensschaden, Ersatz 112

Vermögensverhältnisse
- bei Schmerzensgeldbemessung 170

Vernehmung
siehe Polizei

Verrichtungsgehilfe 130
Versäumnisurteil 108
Verschmutzung der Straße 115, 139
Versicherer 85
Versicherter 85
Versicherungsfall 92, 95
Versicherungsnehmer 85
Versicherungsrecht
- Grundbegriffe 85, 95, 98

Versicherungsschutz, Umfang 85
Versteigerung
- Schaden durch V. als Unfallfolge 114, 168

Verteidiger 44, 49 f.
siehe auch Rechtsanwalt und Strafverteidiger

Vertrag
- Haftung aus V. 121
- stillschweigend geschlossener V. 122

Verursachung, Abwägung 145

Verwaltungsbehörde
siehe Führerscheinentzug und Verkehrssünderkartei

Verwarnung mit Strafenvorbehalt 36

Vorfinanzierung
- der Reparaturkosten 148

Vorsatz
- des Arbeitgebers 136
- Haftung für V. 86, 102, 110, 122
- erhöht Schmerzensgeld 170

Vorschuß
- des gegnerischen Haftpflichtversicherers 150

Vorstrafe 72 ff.

## W

Wahrheitspflicht
- gegenüber Versicherung 92
- gegenüber Gericht 100

Warnleuchten 25 f., 129

Warnschilder
- Aufstellung durch Kraftfahrer 129
- Aufstellung durch Wegunterhaltspflichtige 138

Wartepflicht
- am Unfallort 15 ff.
siehe auch unerlaubtes Entfernen vom Unfallort

Wegeunterhaltungspflicht
siehe Verkehrssicherung

Werbung, unerlaubte, am Unfallort 150

Wertminderung
- technische 156
- merkantile 157

Wertverbesserung nach Reparatur 154

Widerspruch
- gegen Zahlungsbefehl 99

Widerstand
- gegen Vollstreckungsbeamte 29

Wiederbeschaffungswert 150–153
Wiedereinsetzung 42

Witwen
- Ansprüche der W. 119

Wrack 151

## Z

Zahlung verboten 96, 97
Zahlungsbefehl 98, 99, 107
Zechtour 124
Zeitverlust 109
Zeitwert siehe Wiederbeschaffungswert
Zeugen 26 f.
Zündschlüssel, Wegnahme s. Fahrzeugschlüssel
Zurechnungsfähigkeit, verminderte 89
Zusammenhang
– ursächlicher 113
Zuständigkeit des Gerichts
– örtliche 108
– sachliche 108
Zwangsvollstreckungskosten
– als Unfallschaden 168

Goldmann JURA

*Strafrecht und Strafprozeßrecht*

Gesetzesausgaben

**StGB Strafgesetzbuch.** Mit Einführungsgesetz und anderen wichtigen Nebengesetzen. (8015)

**StPO Strafprozeßordnung.** Mit Einführungsgesetz, Grundgesetz (Auszug), Gerichtsverfassungsgesetz, Deutschem Auslieferungsgesetz. (8016)

Juristische Ratgeber

**Die Reform des Strafvollzuges.** Alternativen (Grundsätze des Vollzuges, Planung des Vollzuges, Arbeit – Sozialversicherung – Wiedergutmachung). (8331)

WILHELM GOLDMANN VERLAG MÜNCHEN

Goldmann JURA

## Sozialrecht

### Gesetzesausgaben

**SGG Sozialgerichtsgesetz.** Mit Richterwahlgesetz, Gerichtsverfassungsgesetz (Auszug), Pauschgebührenverordnung, landesrechtlichen Vorschriften, Verzeichnis der Sozialgerichte. (2779)

**Unfallversicherung.** 3. Buch der RVO (Unfallversicherung), Unfallversicherungs-Neuregelungsgesetz, 7. Berufskrankheiten-Verordnung, Verordnung über die Gewährung von Mehrleistungen, Bundesversicherungsamtsgesetz und Gesetzesauszüge. (8036)

**Bundessozialhilfegesetz.** Mit den Rechtsverordnungen des Bundes. (8025)

**Jugendgesetze.** Jugendwohlfahrtsgesetz, Jugendarbeitsschutzgesetz, Jugendgerichtsgesetz u. a. (8014)

### Juristische Ratgeber

**Meine Rentenversicherung.** Rentenversicherungsträger, Kontrolle der Versicherungsdaten, Reform der gesetzlichen Rentenversicherung, Rentenspiegel. Von Richard Zeuner/Gerhard Hirsch. (8311)

**Ich berechne meine Rente.** Viele praxisnahe Beispiele, exakt durchgerechnetes Tabellenmaterial. Von Heinrich Brandenburg. (8325)

**Betriebsrenten.** Direktversicherung als betriebliche Altersversorgung. Von Dipl.-Math. Werner Hartmann. (8328)

**Betriebliche Altersversorgung.** Versorgungsbedarf, Gestaltungsformen, Hinweise und Empfehlungen. Von Gustav-Adolf Werner. (8333)

**Mein Wohngeld?** Anspruch, Höhe, Antrag, Versagung, Tabellen. Von Dr. Arnt Richter. (8326)

WILHELM GOLDMANN VERLAG MÜNCHEN

# Das Recht im Alltag

Bürgerliches Recht – Familienrecht – Erbrecht – Handelsrecht – Arbeitsrecht

**Dr. Alex Schönwiese**

Dr. Alex Schönwiese weiß als langjähriger Wirtschaftsredakteur des ›Münchner Merkur‹, wie man auch schwierige Rechtsfragen allgemeinverständlich darstellt. Mit besonderem Geschick hat er für dieses juristische Familienbuch all die Probleme zusammengestellt, mit denen sich jeder irgendwann einmal im Leben befassen muß. Ein zu begrüßendes Unternehmen, denn wie oft kommt ein »Das habe ich nicht gewußt« teuer zu stehen.

384 Seiten. Leinen

»(Dieses Buch) ist in einem Stil geschrieben, der es auch dem Nichtrechtskundigen möglich macht, sich im Recht des Alltags zurechtzufinden. Es kann Situationen vermeiden helfen, in denen dann tatsächlich der Rechtskundige benötigt wird.«

*Sender Freies Berlin*

»Dieser Wegweiser wird jedem Leser ein wertvoller Ratgeber sein und ihm helfen, sein gutes Recht zu wahren und sich vor Unrecht zu schützen.«

*Augsburger Allgemeine Zeitung*

»Das klar und übersichtlich angelegte Buch, versehen mit einem ausführlichen Stichwortregister, kann – richtig angewandt – viel Ärger, ja sogar manchmal den Rechtsanwalt ersparen. Als Nachschlagewerk für größere Büchereien zu empfehlen.«

*St. Michaelsbund, München*

**WILHELM GOLDMANN VERLAG MÜNCHEN**

Goldmann JURA

*Zivilrecht und Zivilprozeßrecht*

Gesetzesausgaben

**BGB Bürgerliches Gesetzbuch.** Mit Einführungsgesetz, Abzahlungsgesetz, Ehegesetz, Hausratsverordnung, Erbbaurechtsverordnung. (8019)

**Mietgesetze.** Bürgerliches Gesetzbuch (Mietrecht), Wohnungsvermittlungsgesetz, Wohnungsbindungsgesetz, Wohngeldgesetz, Bundesmietengesetze u. a. Gesetze und Verordnungen. (8005)

**ZPO Zivilprozeßordnung.** Mit Einführungsgesetz, Gesetz über die Zwangsversteigerung und Zwangsverwaltung, Auszügen aus weiteren Gesetzen. (8040)

Juristische Ratgeber

**Die Rechte der Mieter.** Mietvertrag, Mietwucher, Baukostenzuschuß, Kündigung, Vollstreckungsschutz. Von Otto Skopalik. (8322)

**Die Rechte der Vermieter.** Mietvertrag, Mietzins, Mietvorauszahlung, Kündigung, Mietprozeß u. a. Von Otto Skopalik. (8318)

**Deine Rechte als Untermieter.** Vertragsanfechtung, Sittenwidrigkeitsklage, Kündigung, Rechtsmittel u. a. Von Otto Skopalik. (2722)

**Deine Rechte als Gläubiger.** Forderung, Zahlungsbefehl, Zwangsvollstreckung. Von Dr. Wilhelm Weimar. (1654)

**Kann ich im Armenrecht klagen?** Ein Richter gibt Antwort. Von Dr. Bruno Bergerfurth. (8323)

Muster und Formulare

**Mietverträge (Muster + Formulare).** Wohnungsmietvertrag, Hausordnung, Garagenmietvertrag, Geschäftsraummietvertrag, Kündigungsschreiben u. a. Von Otto Skopalik. (8902)

**Das Forderungsinkasso.** Außergerichtliches und gerichtliches Mahnverfahren, Lohnabtretung, Bürgschaft/Mitschuldnerschaft, Zwangsvollstreckung. Über 70 Muster. Von Karl Gerd Sträter. (8906)

WILHELM GOLDMANN VERLAG MÜNCHEN

# Goldmann JURA

## Arbeitsrecht

### Gesetzesausgaben

**Arbeitsrecht I · Arbeitsvertrag · Berufsbildung · Kündigungsschutz.** Kündigungsschutzgesetz, Arbeitsplatzschutzgesetz, Schwarzarbeitsgesetz, Berufsbildungsgesetz (Auszug), Bundesurlaubsgesetz, Auszüge aus zahlreichen weiteren Gesetzen. (8001)

**Arbeitsrecht II · Arbeitszeit und Sonderbestimmungen für einzelne Arbeitnehmergruppen.** Arbeitszeitordnung, Hausarbeitstagsgesetze, Mutterschutzgesetz, Heimarbeitsgesetz, Schwerbehindertengesetz u. a. (8002)

**Arbeitsrecht III · Tarifvertragsrecht · Betriebsverfassungsrecht · Verfahrensrecht.** Tarifvertragsgesetz, Betriebsverfassungsgesetz, Mitbestimmungsgesetz, Arbeitsgerichtsgesetz, Personalvertretungsgesetz u. a. (8003)

**Arbeitsrecht IV · Arbeits- und Ausbildungsförderung.** Arbeitsförderungsgesetz, Bundesausbildungsförderungsgesetz u. a.; zahlreiche Durchführungsverordnungen. (8004)

**Betriebsverfassungsgesetz** mit Wahlordnung. (8027)

### Juristische Ratgeber

**Das Arbeitsverhältnis.** Arbeitsvertrag, Arbeitsentgelt, Arbeitszeit, Krankheit, Urlaub, Kündigung. Von Karl Bernemann. (8315)

**Rechte und Pflichten des Betriebsrats.** Von Theodor Bathe. (8309)

**Ausbildungsförderung auch für mich?** Ein Überblick über die verschiedenen Förderungsgebiete. Von Dr. Arnt Richter. (8332)

**Das Verfahren vor dem Arbeitsgericht.** Ein Ratgeber für Arbeitnehmer und Arbeitgeber. Verfahrensarten, Verfahrensgang, Rechtsmittel. Von Theodor Bathe. (1995)

### Muster und Formulare

**Arbeitsrechtliche Fragen (Muster+Formulare).** Arbeitsverträge, Aufhebung von Arbeitsverhältnissen, Kündigung, Zeugnisse, Tarifverträge, Betriebsvereinbarungen. Von Hans Franzke. (8901)

WILHELM GOLDMANN VERLAG MÜNCHEN

# Goldmann WIRTSCHAFT

## Wirtschaft

**Lexikon der Wirtschaft.** Ein Nachschlagewerk zum Verständnis der wirtschaftlichen Zusammenhänge. 43 Schaubilder, 41 Tabellen, Register mit über 550 Stichwörtern. Von Günter D. Roth. (10004)

**Wirtschaft – verständlich gemacht.** Mechanismus und Funktion des Wirtschaftslebens. Von Ernst Samhaber. (10002)

**Grundfragen moderner Wirtschaftspolitik.** Herausgegeben von Dr. Klaus Bolz. Mit einem Vorwort von Prof. Dr. Heinz-Dietrich Ortlieb. Band 1: Ist Inflation unser Schicksal? Inflation und Stabilität in der Wirtschaft. (10007); Band 2: Sind die Wirtschaftskrisen überwunden? Konjunktur und Wachstum in der Wirtschaft. (10008); Band 3: Ist eine gerechte Einkommensverteilung möglich? (10009)

**Glanz und Elend des deutschen Wirtschaftswunders** oder von der Verderblichkeit des Wohlstands. Gedanken und Beobachtungen seit der Gründung der BRD. Von Prof. Dr. Heinz-Dietrich Ortlieb. (7007)

**Marktwirtschaft als Programm.** Ein Kursbuch der modernen Wirtschaft. Anatomie eines Wirtschaftswunders, Verteidigung der Stabilität, Rationale Finanzpolitik, Strukturpolitik als Zukunftsplanung, Soziale Marktwirtschaft. Von Wolfgang Pohle und Hans-Hermann Lutzke. (10010)

**Einführung in das Außenwirtschaftsrecht.** Grundsätze, Warenausfuhr, Wareneinfuhr, Dienstleistungsverkehr, Kapitalverkehr und Verkehr mit Gold, Zuständigkeitsregelungen u. a. Von Wolfgang Laumann. (10006)

**EDV – Elektronische Datenverarbeitung ohne Geheimnisse.** Eine Einführung für jedermann. Von Karl Amstädter. 45 Abbildungen. (10003)

**Sei klug in Geldsachen.** Umgang mit Schecks, Wechseln, Überweisungen, Reisezahlungsmitteln; Vermögensbildung; Kreditbeschaffung. Von Dr. August Gerhard. 21 Abbildungen, 30 Tabellen. (10001)

**Aktien und Börse.** Ein Ratgeber für Aktionäre und alle, die es werden wollen. Von Dr. Ludwig Bergschneider. (10005)

WILHELM GOLDMANN VERLAG MÜNCHEN

# Goldmann RATGEBER

*Steuerrecht*

**So spart man Lohnsteuer.** Ausgabe 1976 (mit Anleitung zum richtigen Ausfüllen des Antrages auf den Lohnsteuer-Jahresausgleich 1975). Steuervorteile für Beamte, Angestellte und Arbeiter. Von Dr. Roland Lassig. Jedes Jahr in neubearbeiteter Auflage.

**So spart man Einkommensteuer.** Steuervorteile bei der Veranlagung für Hausbesitzer, Kleingewerbetreibende, Arbeitnehmer. Von Dr. Roland Lassig. Jedes Jahr in neubearbeiteter Auflage.

**Steuerreform 1975.** Ein Ratgeber zu den wichtigsten Änderungen der Einkommens- und der Lohnsteuer sowie zur Neuregelung des Familienlastenausgleichs und der Sparförderung. Von Dr. Otto Mutze. (10554)

**Das Kindergeld.** Gesetzliche Grundlagen, steuerliche Vorteile nach Wegfall der Kinderfreibeträge, Lastenausgleich für junge Familien. Von Dr. Arnt Richter. (10560)

WILHELM GOLDMANN VERLAG MÜNCHEN